Kindschafts- und Kindesunterhaltsrecht aus einem Guss

Europäische Hochschulschriften Recht

European University Studies in Law

Publications Universitaires Européennes de Droit

Band 6852

Kristin Grondinger

Kindschafts- und Kindesunterhaltsrecht aus einem Guss

Ein Reformvorschlag für ein auf das Kindschaftsrecht abgestimmtes Kindesunterhaltsrecht für alle Betreuungsformen

PETER LANG

Berlin · Bruxelles · Chennai · Lausanne · New York · Oxford

Bibliografische Information der Deutschen Nationalbibliothek
Die Deutsche Nationalbibliothek verzeichnet diese Publikation in der Deutschen Nationalbibliografie; detaillierte bibliografische Daten sind im Internet über http://dnb.d-nb.de abrufbar

Zugl.: Mannheim, Univ., Diss., 2025

DE-180
ISSN 3052-8291 (Print)
ISSN 3052-8305 (eBook)
ISBN 978-3-631-94875-0 (Print)
ISBN 978-3-631-94882-8 (ePDF)
ISBN 978-3-631-94883-5 (ePUB)
DOI 10.3726/b23547

Verlegt durch Peter Lang GmbH, Berlin, Deutschland

info@peterlang.com

www.peterlang.com

Kontakt zur Verordnung über die allgemeine Produktsicherheit (GPSR):
gpsr@peterlang.com

Inhalt

Danksagung

Ich möchte zunächst den Personen danken, ohne die diese Arbeit gar nicht zu Stande gekommen wäre. An erster Stelle sind das meine beiden Betreuer Frau Prof. Götz und Herr Prof. Brand, die mich zu dem Vorhaben motiviert haben, unermüdlich alle meine Fragen beantworteten und mich mit hilfreichen Informationen und Kontakten unterstützten.

Außerdem möchte ich meinen Nachbarn und meiner besten Freundin danken, die mich regelmäßig mit Kaffee und aufmunternden Worten versorgten, sowie dem Doktorandinnen-Netzwerk des djbs, wo ich auf viele motivierende und hilfsbereite Mitstreiterinnen getroffen bin und eine Mentorin gefunden habe, die mich an ihren Erfahrungen teilhaben gelassen hat.

Ich danke meinen Kollegen der Kanzlei WELLENSIEK, wo ich während meiner Promotionszeit als Wissenschaftliche Mitarbeiterin arbeiten konnte. Insbesondere meinen beiden Kolleginnen, die sich zum Probelesen meiner Arbeit bereiterklärt haben.

Im Übrigen danke ich noch allen, die mich in irgendeiner Form bei meinem Vorhaben unterstützt haben.

Nicht zuletzt möchte ich aber meinen größten Dank meiner Familie aussprechen, insbesondere meinen Eltern, die mir diese Chance ermöglicht haben und auf deren uneingeschränkte Unterstützung ich jederzeit vertrauen durfte.

Abkürzungsverzeichnis

Abkürzung	Bedeutung
a.A.	andere Ansicht
a.F.	alte Fassung
Abs.	Absatz
AG	Amtsgericht
AGBGB	Allgemeines Bürgerliches Gesetzbuch (Österreich)
APR	Allgemeines Landrecht für die Preußischen Staaten
ArbZG	Arbeitszeitgesetz
Art.	Artikel
BAföG	Bundesausbildungsförderungsgesetz
Bd.	Band
BeckRS	Beck-Rechtsprechung
BEEG	Bundeselterngeld- und Elternzeitgesetz
BGB	Bürgerliches Gesetzbuch
BGB-E	Bürgerliches Gesetzbuch – Entwurf
BGBl.	Bundesgesetzblatt
BGH	Bundesgerichtshof
BGHZ	Entscheidungen des Bundesgerichtshofes in Zivilsachen
BKGG	Bundeskindergeldgesetz
BMJ	Bundesministerium der Justiz
BR	Bundesrat

bspw.	beispielsweise
BT-Drs.	Bundestagsdrucksache
BVerfG	Bundesverfassungsgericht
BVerfGE	Entscheidungen des Bundesverfassungsgerichts
BVerfGK	Kammerentscheidung des Bundesverfassungsgerichts
BvL	Registerzeichen des Bundesverfassungsgerichts für Normenkontrollvefahren nach Art. 100 Abs. 1 GG
bzw.	beziehungsweise
ca.	circa
CDU/ CSU	Christlich Demokratische Union Deutschlands/ Christlich Soziale Union
d.h.	das heißt
DFGT	Deutscher Familiengerichtstag
DIJuF	Deutsches Institut für Jugendhilfe und Familienrecht e.V.
djbZ	Zeitschrift des Deutschen Juristinnenbundes
DJT	Deutscher Juristentag
dstatis	Statistisches Bundesamt
EG	Europäische Gemeinschaft
EGMR	Der Europäische Gerichtshof für Menschenrechte
EL	Ergänzungslieferung
EMRK	Europäische Menschenrechtskonvention
eS	elterliche Sorge
EStG	Einkommensteuergesetz
etc.	et cetera
EU	Europäische Union
EU-GRCh	Charta der Grundrechte der Europäischen Union
EUR (€)	Euro
evtl.	eventuell
FamFG	Gesetz über das Verfahren in Familiensachen und in den Angelegenheiten der freiwilligen Gerichtsbarkeit
FamFR	Familienrecht und Familienverfahrensrecht (Zeitschrift)
FAMOD	Familienmodelle in Deutschland (Studie)
FamRZ	Zeitschrift für das gesamte Familienrecht

FCR	Family Court Review (Zeitschrift)
FDP	Freie Demokratische Partei
FF	Forum Familienrecht (Zeitschrift)
ff.	folgenden
FPR	Familie Partnerschaft Recht (Zeitschrift)
gem.	gemäß
GG	Grundgesetz
ggf.	gegebenenfalls
ggü.	gegenüber
grds.	grundsätzlich
HKÜ	Das Haager Kindesentführungsübereinkommen
Hrsg.	Herausgeber
Hs.	Halbsatz
i.d.F.	in der Fassung
i.d.R.	in der Regel
i.H.v.	in Höhe von
i.S. einer	im Sinne einer
i.S.d.	im Sinne des
i.Ü.	im Übrigen
i.V.m.	in Verbindung mit
IAG	Institut Arbeit und Qualifikation Universität Duisburg-Essen
IfD-Allensbach	Institut für Demoskopie Allensbach
inkl.	inklusive
JArbschG	Jugendarbeitsschutzgesetz
JECH	Journal of Epidemiology and Community Health (Zeitschrift)
JFP	Journal of Family Psychology (Zeitschrift)
JuS	Juristische Schulung (Zeitschrift)
Kap.	Kapitel
KG	Kammergericht
KRK	UN-Kinderrechtskonvention
LG	Landgericht
m. Anm.	mit Anmerkung

m.w.N.	mit weiteren Nachweisen
MDR	Monatsschrift für Deutsches Recht
mind.	mindestens
NJ	Neue Justiz (Zeitschrift)
NJOZ	Neue Juristische Online Zeitschrift
NJW	Neue Juristische Wochenschrift
NJW-RR	Neue Juristische Wochenschrift Rechtsprechungs-Report
NJW-Spezial	Neue Juristische Wochenschrift (Spezial)
Nr.	Nummer
NVwZ-RR	Neue Zeitschrift für Verwaltungsrecht Rechtsprechungs-Report
NZFam	Neue Zeitschrift für Familienrecht
OLG	Oberlandesgericht
PTT	Persönlichkeitsstörungen – Theorie und Therapie (Zeitschrift)
RelKErzG	Gesetz über die religiöse Kindererziehung
Rn.	Randnummer
S.	Satz
SchlHA	Schleswig-Holsteinische Anzeigen (Justizministerialblatt)
SGB	Sozialgesetzbuch
sog.	sogenannte
SPD	Sozialdemokratische Partei Deutschlands
SüdL	Unterhaltsrechtliche Leitlinien der Familiensenate in Süddeutschland (SüdL)
u.a.	unter anderem
u.U.	unter Umständen
ULR	Utrecht Law Review (Zeitschrift)
UN	(United Nations) Vereinte Nationen
UVG	Unterhaltsvorschussgesetz
v.a.	vor allem
VG	Verwaltungsgericht
vgl.	vergleiche
vglb.	vergleichbar
VO	Verordnung

WD	Wissenschaftliche Dienste
z.B.	zum Beispiel
ZfF	Zeitschrift für Familienforschung
ZGB	Zivilgesetzbuch (Schweiz)
Ziff.	Ziffer
ZKJ	Zeitschrift für Kindschaftsrecht und Jugendhilfe

I. Einführung: Reformbedarf im Familienrecht

In den letzten Jahrzehnten haben sich die Familienstrukturen und -konstellationen in unserer Gesellschaft verändert. Traditionelle Vorstellungen von der Familie als Ehepaar mit leiblichen Kindern, bei der die Mutter schwerpunktmäßig die Kinderbetreuung und Hausarbeit übernimmt und der Vater überwiegend für den Barunterhalt aufkommt (sog. „Hausfrauenehen“[1]), sind längst nicht mehr die alleinige Realität.

Die Zahl der Trennungen und Scheidungen steigt. Im Jahr 2022 wurden in Deutschland durch richterlichen Beschluss rund 137.353 Ehen geschieden, bei denen in etwa der Hälfte der Fälle (69.626) auch minderjährige Kinder betroffen waren.[2] Und obwohl Elternscheidungen omnipräsent in der Gesellschaft sind, dürfen die erheblichen Auswirkungen auf das emotionale und körperliche Befinden aller Betroffenen und vor allem das der Kinder nicht unterschätzt werden. „In der Stressskala stehen Trennung und Scheidung nach dem Tod eines geliebten Menschen an zweiter Stelle.“[3]

Neben den emotionalen Auswirkungen führt eine Trennung und Scheidung oft auch zu einem ökonomischen Abstieg: Eine schon um die Jahrtausendwende vom Bundesfamilienministerium in Auftrag gegebene repräsentative Studie deckte auf, dass ein Jahr nach der Trennung etwa 34 % der meistens noch

---

1 Sünderhauf, Wechselmodell, S. 509.Betreuungspläne und Vorlagen für Wechselmodellvereinbarungen – Anhang Psychologie: 45 psychologische Forschungsstudien zum Wechselmodell – Anhang Recht: 65 Urteile zum Wechselmodell (Umgangsrecht, elterliche Sorge und Unterhalt)

2 Destatis, Ehescheidungen und betroffene minderjährige Kinder.

3 Salzgeber, Familienpsychologische Gutachten, S. 623.

alleinerziehenden Mütter in die Armut zu geraten drohen.[4] Aktuellere Zahlen bestätigen, dass das Problem noch allgegenwärtig ist. Im Jahr 2022 beziehen 37,1 % aller alleinerziehenden Haushalte Sozialleistungen nach dem SGB II.[5]

Der finanzielle Druck und das dringende Bedürfnis nach einer Erwerbstätigkeit führen dazu, den Wunsch nach einer partnerschaftlichen Wahrnehmung von Familie und Beruf in der Gesellschaft voranzutreiben. Auch aus Sicht der von einer Elterntrennung betroffenen Kinder kann die Familie von der geteilten Betreuungsform nach der Trennung profitieren.[6]

Die *geteilte Betreuung* ist allerdings in der aktuellen Gesetzesfassung des Familienrechts nicht vorgesehen.

Nach ersten psychologischen Erkenntnissen sollte sich generell von einem allgemeingültigen Betreuungsmodell gelöst werden und flexiblere Regelungen, die sich an die konkreten Verhältnisse anpassen und individuell von den Familien erarbeitet werden können, verwendet werden.[7]

Mit dieser Arbeit wird ein Vorschlag unterbreitet, wie ein rechtssicherer Rahmen für eine autonom entwickelte Elternvereinbarung ausgestaltet werden kann, der empirisch analysierte Leitlinien vorgibt. Dabei soll insbesondere auch ein abgestimmtes System im Unterhaltsrecht entwickelt werden, das das Konfliktpotenzial im Kindschaftsrecht reduziert, da es nicht nur an die Einkommensverhältnisse anknüpft, sondern auch den Betreuungsaufwand angemessen berücksichtigt.

A. Politische Entwicklung

Die Reform des Familienrechts ist schon lange Gegenstand politischer Diskussionen. Der Koalitionsvertrag von 2013 hatte auf fünf Seiten Ziele festgesetzt, die konkrete Maßnahmen vorstellen, um das Zusammenleben und Zusammenwirken innerhalb der Familien zu stärken.[8] Auch die Nachfolgekoalition (ebenfalls zwischen CDU/CSU und SPD) versprach, dass alle Familien

---

4 Bundesministerium für Familie, Senioren, Frauen und Jugend, Wenn aus Liebe rote Zahlen werden – über die wirtschaftlichen Folgen von Trennung und Scheidung, S. 10.

5 Bundesagentur für Arbeit, Empfängerquoten der Leistungen nach dem SGB II nach Typ der Bedarfsgemeinschaft 2022.

6 Steinbach u.a., FamRZ 2021, 729, 730.

7 Salzgeber/Bublath, NZFam 2016, 837, 837.

8 CDU u.a., Deutschlands Zukunft gestalten, S. 97.

finanziell entlastet werden sollen, sodass sich insgesamt die Kinderbetreuung verbessert und mehr Zeit für die Familie ermöglicht wird.[9]

In diesem Zusammenhang wurde u.a. das Elterngeld um das Elterngeld-Plus erweitert, das den Bezugszeitraum des Elterngelds verlängert, wenn beide Elternteile nach der Geburt wieder zumindest einer Teilzeitbeschäftigung nachgehen.[10]

Außerdem wurde im Jahr 2018 vom Bundesministerium der Justiz eine Arbeitsgruppe mit dem Titel: „Sorge- und Umgangsrecht, insbesondere bei gemeinsamer Betreuung nach Trennung und Scheidung" eingerichtet, die den Reformbedarf herausarbeitete und konkrete Vorschläge zur Änderung der Gesetzeslage unterbreitete.[11] Ebenfalls hat *Eva Schumann* in ihrem Gutachten anlässlich des 72. Deutschen Juristentages in Leipzig konkrete Formulierungsvorschläge für Gesetzesänderungen unterbreitet, die allerdings unrealisiert blieben.[12]

Die seit 2021 regierende Ampelkoalition (zwischen SPD, FDP und dem Bündnis 90/Die Grünen) möchte die partnerschaftliche Betreuung weiter fördern. Diese Betreuungsform soll durch konkrete Anreize und Beachtung der Mehrbelastungen im Sozial- und Steuerrecht in den Mittelpunkt gestellt werden.[13] Im Zuge dessen hat zunächst das Bundesfamilienministerium am 9. November 2023 einen Gesetzesentwurf zur Kindergrundsicherung im Bundestag vorgestellt, der allen Kindern die gleichen Chancen an der Teilhabe des gesellschaftlichen Angebots ermöglichen soll.[14] Die Reform konnte allerdings nicht rechtzeitig zum 1. Januar 2025 umgesetzt werden, sodass weiterhin die Umsetzbarkeit und v.a. Finanzierbarkeit diskutiert wird. Das Kindergeld und der Kinderzuschlag wurden jedoch zum 1. Januar 2025 um jeweils fünf Euro angehoben.[15]

---

9 CDU u.a., Ein neuer Aufbruch für Europa; Eine neue Dynamik für Deutschland; Ein neuer Zusammenhalt für unser Land, S. 19.

10 BGBl. I 2021, S. 240.

11 Arbeitsgruppe „Sorge- und Umgangsrecht, insbesondere bei gemeinsamer Betreuung nach Trennung und Scheidung", FamRZ 2019, 1986, 1986–1988.

12 Schumann in: Gutachten zum 72. DJT.

13 SPD u.a., Mehr Fortschritt wagen – Bündnis für Freiheit, Gerechtigkeit und Nachhaltigkeit, S. 102.

14 BT-Drs. 20/9092.

15 Seit dem 1. Januar hat sich das Kindergeld auf 255 Euro monatlich pro Kind erhöht. Der Höchstbetrag beim Kinderzuschlag beträgt seit dem 1. Januar 2025 297 Euro pro Kind.

Die 2019[16] bis 2021[17] auf Initiative der amtierenden Bundesregierung geführte Debatte im Bundestag zur Erweiterung des Grundgesetzes um ausdrückliche Kinderrechte konnte nicht die erforderliche ¾-Mehrheit für eine Grundgesetzänderung erzielen und wird seitdem nicht weiterverfolgt.[18]

Jedenfalls die Gewaltanwendung wird aber immer weiter aus der Kindererziehung gedrängt. Seit dem 1. Februar 2018 ist in Deutschland das rechtlich bindende *Übereinkommen des Europarats zur Verhütung und Bekämpfung von Gewalt gegen Frauen und häuslicher Gewalt* (sog. *Istanbul-Konvention*) in Kraft, das den Vertragsparteien aufgibt, gesetzgeberische Maßnahmen zu treffen, um sicherzustellen, dass gewalttätige Vorfälle bei Entscheidungen über das Besuchs- und Sorgerecht mit den Kindern zu berücksichtigen sind. Ferner wurde im Zuge der Vormundschafts- und Betreuungsreform 2023 die Neufassung des § 1631 Abs. 2 BGB[19] eingeführt, sodass jetzt ausdrücklich ein Recht des Kindes auf Pflege und Erziehung unter Ausschluss von Gewalt, körperlicher Bestrafung, seelischen Verletzungen und anderen entwürdigenden Maßnahmen besteht.

Eine umfassende Reform konnte sich außerdem im Vormundschafts- und Betreuungsrecht durchsetzen, die zu einer weitreichenden Neustrukturierung der Gesetze[20] seit dem 1. Januar 2023 führte und insbesondere die Rechte des Mündels stärker in den Fokus rückt.

Im allgemeinen Unterhaltsrecht sind ebenfalls Entwicklungen zu erkennen. Das Bundesjustizministerium hat im August 2023 ein Eckpunktepapier[21] veröffentlicht und zur Diskussion gestellt, bei dem v.a. eine Berechnungsmethode für den Kindesunterhalt im *atypischen Wechselmodell*[22] vorgestellt

---

16 BT-Drs. 19/10622; über den Gesetzesvorschlag wurde am 6. Juni 2019 im Bundestag diskutiert, vgl. Plenarprotokoll 19/104, 12647B.

17 BT-Drs. 19/28138; 19/28440; die zweite und dritte Lesung im Bundestag fand am 15. April 2021 statt, vgl. Plenarprotokoll 19/221, 27952B.

18 Schumann in: Gutachten zum 72. DJT.

19 § 1631 Abs. 2 BGB: „Das Kind hat ein Recht auf Pflege und Erziehung unter Ausschluss von Gewalt, körperlichen Bestrafungen, seelischen Verletzungen und anderen entwürdigenden Maßnahmen."

20 In den §§ 1773–1888 BGB.

21 Das Eckpunktepapier vom 24. August 2023 wird im Anhang abgedruckt.

22 Das atypische Wechselmodell ist synonym zu verstehen mit dem Residenzmodell mit erweitertem Umgang und meint, dass sich beide Elternteile nicht unerheblich in der Kindesbetreuung engagieren.

wird. Noch weitere Veränderungen insbesondere bei der Vertretungsregelung der getrennten Eltern sowie einer Angleichung des Betreuungsunterhalts der unverheirateten Mutter an den Ehegattenunterhalt wurden zumindest in Aussicht gestellt.[23]

Außerdem wurden im Januar 2024 Eckpunkte für eine geplante Reform des Abstammungs- und Kindschaftsrechts veröffentlicht.[24] Diese sehen insgesamt die Stärkung der Elternautonomie vor. Im Abstammungsrecht soll zwar grundsätzlich am Zwei-Eltern-Prinzip festgehalten werden, neben der Geburtsmutter soll aber künftig entweder ein Mann als Vater oder eine weitere Frau als Mutter anerkannt werden können.[25] Außerdem soll der Wunsch des leiblichen Vaters, rechtliche Verantwortung für das Kind zu übernehmen, leichter verwirklicht werden. So soll zukünftig ihm gegenüber nicht die Sperrwirkung eines Anerkennungsverfahrens eines anderen Mannes gelten.[26]

Seit der Einführung der *Ehe für alle* im Oktober 2017[27] besteht zum anderen der Wunsch, auch den sogenannten Regenbogenfamilien, in denen sich mindestens ein Elternteil als lesbisch, schwul, bisexuell, trans oder intergeschlechtlich versteht, eine vergleichbare rechtliche Stellung zu gewähren.[28] Bislang wird bspw. die Ehefrau der Geburtsmutter anders als der Ehemann nicht automatisch etwa *Co-Mutter*, sondern muss das Kind erst adoptieren. Auf das abstammungsrechtliche Bedürfnis einer Reform kann aber aufgrund des begrenzten Rahmens dieser Arbeit nicht näher eingegangen werden.

Zentrales Thema dieser Arbeit ist die politische Diskussion um die Betreuungsformen nach Elterntrennung und -scheidung. Dies v.a. aus der

---

23 Bundesjustizministerium, Eckpunkte zur Modernisierung des Unterhaltsrechts vom 24. August 2023, S. 5, 8. Dieses Eckpunktepapier ist im Anhang abgedruckt.

24 Bundesjustizministerium, Eckpunkte für eine Reform des Abstammungsrechts vom 16. Januar 2024; Bundesjustizministerium, Eckpunkte für eine Reform des Kindschaftsrechts vom 25. Januar 2024. Die beiden Eckpunktepapiere zum Abstammungs- und Kindschaftsrecht sind ebenfalls im Anhang abgedruckt.

25 Bundesjustizministerium, Eckpunkte für eine Reform des Abstammungsrechts vom 16. Januar 2024, S. 6.

26 Bundesjustizministerium, Eckpunkte für eine Reform des Abstammungsrechts vom 16. Januar 2024, S. 9–10.

27 BGBl. I 2017, S. 2787.

28 Bundesjustizministerium, Eckpunkte für eine Reform des Abstammungsrechts vom 16. Januar 2024, S. 6–7.

Perspektive des Kindes. Dabei gibt es ein kontroverses Stimmungsbild von einer symmetrisch aufgeteilten Betreuungsform als zentrales Leitmodell bis hin zur individuellen Entscheidungskompetenz der Eltern, ein Betreuungskonstrukt zu entwickeln. Einigkeit besteht allenfalls darin, dass die aktuelle Gesetzeslage ungenügend ist.[29]

Die noch streitanfälligeren Verfahren sind allerdings in den Unterhaltssachen zu finden. Wenn dem Ziel aus dem Koalitionsvertrag – die geteilte Betreuung zu stärken – entsprochen werden soll, muss ein Unterhaltsrecht entwickelt werden, das auch diese Betreuungsform abbildet. Der Vorschlag aus dem Eckpunktepapier eröffnet dafür eine erste Diskussionsgrundlage.

Die Analyse zeigt allerdings, dass der Vorschlag noch nicht vollumfänglich überzeugen kann. Es werden daher eigene Überlegungen mit teilweise konkreten Formulierungsvorschlägen aufgeführt, um die aufgeworfenen Kritikpunkte aufzugreifen und auszuräumen.

B. Aktuelle Streitthemen

Es wird bereits vielfach darauf hingewiesen, dass die bestehende Gesetzeslage im Familienrecht, die noch auf dem oben dargestellten traditionellen Familienideal basiert, den neuen Gegebenheiten nicht mehr vollumfänglich gerecht wird. Nach der Trennung und/oder Scheidung befürwortet eine breite Mehrheit der Bevölkerung eine gemeinsame Kinderbetreuung. Nur für 33 % entspricht die *Residenz*-Aufteilung, in der sich ein Elternteil – zumeist die Mutter – im Wesentlichen oder sogar ausschließlich um das Kind kümmert, auch der Wunschvorstellung.[30]

Das paritätische Wechselmodell ist allgegenwärtig in aktuellen familienrechtlichen Diskussionen und auch in der Familiensoziologie ist eine zunehmende Vielfalt der Familienrealität (Doppelverdienerhaushalte,

---

[29] Die Freien Demokraten machen sich stark für das Wechselmodell als Leitmodell, vgl. BT-Drs. 19/30363, Frage 7. Dem stehen die ersten Ergebnisse der Studie „Familienmodelle in Deutschland“ gegenüber, die das Wechselmodell für das kindliche Wohlbefinden nach elterlicher Trennung oder Scheidung untersucht und belegt, dass es kein Idealmodell für alle Trennungsfamilien gibt, vgl. Steinbach u.a., FamRZ 2021, 729, 740. Der Bedarf nach einer Gesetzesanpassung wird schließlich auch durch die inkonsequente Rechtsprechung deutlich, hierzu wird unten (unter IV. Status quo: Die inkonsistente Rechtspraxis im Zusammenhang mit der geteilten Betreuung) eingegangen.

[30] IfD-Allensbach, IfD-Umfrage 7255.

Patchwork- oder Stiefkindfamilien, Elternschaft in gleichgeschlechtlicher Partnerschaft, Pflegefamilien etc.) zu erkennen.[31]

Zwar beschränkt sich die aktuelle Gesetzeslage nicht unmittelbar auf eine bestimmte Betreuungsform oder nennt eine solche namentlich, jedoch wird besonders im Unterhaltsrecht deutlich, dass der Gesetzgeber bei der Ausgestaltung der Gesetze vorrangig das Residenzmodell (zur genaueren Definition und Abgrenzung der Betreuungsmodelle siehe III. B. Die Betreuungsmodelle) im Blick hatte, vgl. v.a. § 1606 Abs. 3 S. 2 BGB.[32]

Der Familienrichter[33] wird damit aktuell vor fast unlösbare Herausforderungen gestellt (zu der inkonsistenten Rechtsprechung siehe IV. Status quo: Die inkonsistente Rechtspraxis im Zusammenhang mit der geteilten Betreuung). Es ist nicht geklärt, wie die anteilige Betreuungsverantwortung festzustellen ist, ob allein die Eltern sich für dieses Konstrukt entscheiden können und wie der Übernahme von Betreuungsverantwortung im Unterhaltsrecht Rechnung getragen werden kann.

Der BGH ist in einer Leitentscheidung von 2017 davon ausgegangen, dass das Gericht die paritätische Betreuungsform als Umgangsregelung anordnen kann, hat dabei allerdings offengelassen, ob generell auch im sorgerechtlichen Verfahren über das paritätische Wechselmodell entschieden werden kann. Dies wirkt sich insbesondere auf die zur Verfügung stehenden Rechtsmittel im Eilverfahren, aber auch auf die generellen Zulässigkeitsvoraussetzungen des Antrags aus.

Um den Streit zu lösen, wurde teilweise schon vorgeschlagen, die paritätische Aufteilung der Betreuung als Standardfall für alle Trennungsfamilien vorzusehen und in diesem Umfang die Elternautonomie aus Art. 6 Abs. 2 S. 1 GG einzuschränken.[34] Zwar ergeben erste empirische Erhebungen, dass sich die beiderseitige Teilhabe der Eltern an der Kindeserziehung positiv auf das Wohlbefinden des Kindes auswirkt, nicht zuletzt auch, weil sich die

---

31 Vaskovics/Huinink, ZfF 2016, 221, 227–228.

32 § 1606 Abs. 3 S. 2 BGB: „Der Elternteil, der ein minderjähriges Kind betreut, erfüllt seine Verpflichtung, zum Unterhalt des Kindes beizutragen, in der Regel durch die Pflege und Erziehung des Kindes."

33 Diese Arbeit bedient sich der Sprache des Gesetzes, wobei stets alle Menschen gleichermaßen gemeint sind.

34 Vgl. die Kleine Anfrage einzelner Abgeordneter sowie der FDP-Fraktion im Bundestag, BT-Drs. 19/30363, Frage 7.

Zufriedenheit der Eltern über die Gleichberechtigung auf die Kinder projiziere,[35] dennoch können keine allgemeingültigen Aussagen getroffen werden.[36]

Die Abgrenzungsschwierigkeiten setzen sich in den Unterhaltsverfahren fort. Mangels gesetzlicher Regelung hat sich eine Rechtsprechung entwickelt, die für die Betreuung unterhalb einer hälftigen Aufteilung die alleinige Unterhaltspflicht des ggf. sogar nicht unerheblich mitbetreuenden Elternteils vorsieht. Im Falle des paritätischen Wechselmodells sollen beide Eltern barunterhaltspflichtig entsprechend ihren Einkommens- und Vermögensverhältnissen sein. Dies führt dann allerdings u.a. zu Problemen bei der Verrechnung des Kindergeldes, da die Kindergeldkassen das Geld nur an einen Elternteil auszahlen, vgl. § 64 Abs. 1 EStG.

Damit werden für die unterschiedlichen Betreuungsmodelle jeweils differenzierte Berechnungsmethoden angesetzt. Die trägt nicht zur Reduzierung des elterlichen Konfliktniveaus bei, sondern es ist zu befürchten, dass die Unterhaltsverfahren um die Ermittlung der individuellen Betreuungsanteile zur Zuordnung zu einem Betreuungsmodell erweitert werden.

Die eigentliche Zielvorgabe, die Entscheidung zu treffen, „die unter Berücksichtigung der tatsächlichen Gegebenheiten und Möglichkeiten sowie der berechtigten Interessen der Beteiligten dem Wohl des Kindes am besten entspricht“[37], gerät dadurch aus dem Fokus.

C. Forschungsgegenstand

Die vorliegende Arbeit knüpft an die Dissertation von *Dragana Damljanovic* an, die sich bereits 2016 mit dem Wechselmodell und dem daraus resultierenden Reformbedarf im Familienrecht auseinandersetzte. Sie bereitet die Herausforderungen dieser Betreuungsform auf und entwickelt konkrete Vorschläge, wie dem paritätischen Wechselmodell durch Auslegung und Analogien zur aktuellen Gesetzeslage begegnet werden kann. Zusätzlich referiert sie zu den unterschiedlichen Auffassungen der Unterhaltsberechnung bei

---

35 Salzgeber, Familienpsychologische Gutachten, S. 626; Steinbach u.a., FamRZ 2022, 1827, 1828; Michalski, FamRZ 1992, 128, 133.

36 Steinbach u.a., FamRZ 2021, 729, 740.

37 § 1697a Abs. 1 BGB: „Soweit nichts anderes bestimmt ist, trifft das Gericht in Verfahren über die in diesem Titel geregelten Angelegenheiten diejenige Entscheidung, die unter Berücksichtigung der tatsächlichen Gegebenheiten und Möglichkeiten sowie der berechtigten Interessen der Beteiligten dem Wohl des Kindes am besten entspricht.“

dieser Betreuungsform. Die Autorin befürwortet eine Methode, die eigens für das paritätische Wechselmodell entwickelt wurde und sich über den Regelungsinhalt der §§ 1606 Abs. 3 und 1612b Abs. 1 Nr. 1 BGB hinwegsetzt.[38]

Es hat sich auch *Simon M. Marchlewski* im Rahmen seiner Promotion mit dem paritätischen Wechselmodell im Kindschaftsrecht 2017 befasst. Er hat den Streit um diese Betreuungsform relativiert und kommt zu der Erkenntnis, dass sich die Eltern bereits nach der gültigen Gesetzeslage im Rahmen ihrer Elternautonomie für das paritätische Wechselmodell entscheiden können. Der Staat soll keine Betreuungsform oktroyieren dürfen. Aus seiner Sicht besteht kein akutes Bedürfnis nach einer Gesetzesänderung.[39] Die Probleme im Unterhaltsrecht klammert er in seiner Arbeit aus.

Zwischenzeitlich hat der BGH eine Rechtsprechung zum paritätischen Wechselmodell entwickelt, mit der er den Familiengerichten einseitig über § 1684 Abs. 3 BGB die Befugnis einräumt, diese Betreuungsform auch gegen den Elternwillen anzuordnen.[40] Diese Rechtsprechung steht allerdings im Widerspruch zum herkömmlichen Verständnis des Umgangsrechts und der Antragserfordernis bei Übertragung des Aufenthaltsbestimmungsrechtes nach § 1671 Abs. 1 S. 1 BGB. Sie erfährt deshalb keine uneingeschränkte Zustimmung. Teilweise wird die Entscheidung mit dem Hinweis, dass die Grenze der zulässigen Gesetzesauslegung überschritten ist, auch insgesamt abgelehnt, sodass einige unterinstanzliche Gerichte einen eigenen Weg gehen.[41]

Die Konsequenzen sind nicht mehr hinnehmbare Rechtsunsicherheiten, die eine umfangreiche, wissenschaftliche Auseinandersetzung erforderlich machen.

Der Wunsch des 12. Zivilsenates, den Anwendungsbereich der geteilten Betreuung zu erhöhen, bestärken die empirischen Ergebnisse der Studie zu den Familienmodellen in Deutschland (FAMOD).[42] Dies sollte aber weniger durch gerichtlichen Druck erreicht werden, sondern u.a. durch Anreize bei der Barunterhaltsverteilung und einer Steigerung des Bekanntheitsgrades

---

38 Damljanovic, Das Wechselmodell, S. 213–215.

39 Marchlewski, Das Wechselmodell im Kindschaftsrecht, S. 363–365.

40 BGH, Beschluss vom 1. Februar 2017 – XII ZB 601/15 –, BGHZ 214, 31–45, Rn. 23.

41 OLG Frankfurt, Beschluss vom 29. Januar 2020 – 2 UF 301/19 |m. Anm. Fischer| –, FamRZ 2020, 1181, 1182–1183; KG Berlin, Beschluss vom 18. Mai 2018 – 3 UF 4/18 –, FamRZ 2018, 1329, 1331.

42 Steinbach u.a., FamRZ 2022, 1827; Steinbach u.a., FamRZ 2021, 729.

dieser Betreuungsformen. Wozu u.a. auch diese Arbeit beitragen soll. Die Ergebnisse der Studie werden auszugsweise unten (unter V. D. 1. b. Empirische Erhebungen) dargestellt.

Zu dem Eckpunktepapier zu einer Reform des Unterhaltsrechts haben sich mit *Seiler*,[43] *Maaß*,[44] *Obermann*[45] und *Witt*[46] bereits erste Stimmen geäußert (siehe hierzu V. F. 2. Anmerkungen aus der Literatur). Dabei wird zwar insgesamt die Entwicklung zur Änderung der Gesetzeslage begrüßt, die Vorschläge können allerdings nur vereinzelnd überzeugen. Insbesondere *Witt* und *Obermann* unterbreiten in diesem Zusammenhang eigene Ansätze, wie aus ihrer Sicht der geteilten Betreuungsform unterhalb einer hälftigen Aufteilung besser entsprochen werden kann.

Diese Arbeit soll den Gesetzgeber zu einer umfassenderen Reform ermutigen, indem die aktuelle Gesetzeslage dargestellt und auf die Probleme in der Rechtspraxis hingewiesen wird. Den Schwerpunkt der Arbeit bildet die Ausgestaltung eines konkreten Ansatzes, bei dem die Wechselwirkung von Kindesunterhaltsrecht und Kindschaftsrecht aufgezeigt, und dieser mit Regelungen, die losgelöst von einer bestimmten Betreuungsform gültig sein sollen, begegnet wird. Hierfür wird eine Analyse der kürzlich veröffentlichten Eckpunktepapiere[47] integriert.

Bei der Entwicklung des Vorschlags werden interdisziplinäre Erkenntnisse einbezogen, sodass neben dem rechtlichen Hintergrundwissen auch die Erkenntnisse der Entwicklungspsychologie sowie der Wechselmodellforschung einfließen. Als Inspiration diente insbesondere das anlässlich des 72. Juristentages in Leipzig erstellte Gutachten von *Eva Schumann*, das sich mit dem Reformbedarf im Kindschaftsrecht auseinandersetzte.[48]

Die Arbeit schließt mit einem Resümee ab, mit dem die Kernthese, dass Kindschaftsrecht und Kindesunterhaltsrecht *aus einem Guss* erfolgen sollten, aufgegriffen und belegt wird.

---

43 Seiler, FamRZ 2023, 1761.
44 Maaß, NZFam 2023, 913.
45 Obermann, FamRZ 2023, 1769.
46 Witt, FF 2023, 432.
47 Bundesjustizministerium, Eckpunkte für eine Reform des Kindschaftsrechts vom 25. Januar 2024; Bundesjustizministerium, Eckpunkte für eine Reform des Abstammungsrechts vom 16. Januar 2024.
48 Schumann in: Gutachten zum 72. DJT.

II. De lege lata: Die aktuelle Gesetzeslage[49] zum Kindschafts- und Kindesunterhaltsrecht

Sorge-, Umgangs- und Kindesunterhaltsrecht leiten sich jeweils von Art. 6 Abs. 2 S. 1 GG – der *Elternverantwortung* – ab.[50] In dem verfassungsrechtlich gewährten Schutzbereich zwischen Eltern und Kindern sind staatliche Eingriffe nur in engen Grenzen zulässig, um eine Gefährdung des Kindeswohls abzuwenden. Die Reduzierung hoheitlicher Eingriffe auf das staatliche Wächteramt beruht auf der Grundannahme, „dass in aller Regel den Eltern das Wohl des Kindes mehr am Herzen liegt als irgendeiner anderen Person oder Institution."[51]

Im Grundsatz steht den verheirateten Eltern das Sorgerecht gemeinsam zu, § 1626 Abs. 1 BGB, das auch nach dem Getrenntleben der Eltern fortwirkt, vgl. § 1671 Abs. 1 S. 1 BGB. Sind die Eltern zum Zeitpunkt der Geburt nicht miteinander verheiratet, steht den Eltern das gemeinsame Sorgerecht erst nach der Abgabe einer Sorgeerklärung, nachträglichen Heirat oder durch Übertragung des Familiengerichts zu, siehe § 1626a Abs. 1 BGB.

Nach einer Elterntrennung geht die gegenwärtige Gesetzeslage davon aus, dass schwerpunktmäßig ein Elternteil die Obhut des Kindes hat, dort, wo sich das Kind gewöhnlich aufhält, vgl. u.a. §§ 1629 Abs. 2 S. 1, 1687 Abs. 1 S. 2 BGB. Dieser Elternteil hat für die Alltagsangelegenheiten die Alleinentscheidungsbefugnis, § 1687 Abs. 1 S. 2 BGB. Angelegenheiten, die von

49 Als Bearbeitungsstand dieser Arbeit wird die Gesetzeslage zum 01. Januar 2025 zugrunde gelegt.

50 BVerfG, Beschluss vom 29. Juli 1968 – 1 BvL 20/63 –, BVerfGE 24, 119–155, Rn. 57.

51 BVerfG, Urteil vom 19. Februar 2013 – 1 BvL 1/11 –, BVerfGE 133, 59–100, Rn. 49.

erheblicher Bedeutung für das Kind sind, müssen aber weiterhin gemeinsam von beiden Elternteilen entschieden werden, vgl. § 1687 Abs. 1 S. 1 BGB.

Auch das Unterhaltsrecht ist von einem veralteten Rollenverständnis geprägt. § 1606 Abs. 3 S. 2 BGB gibt zu erkennen, dass der Gesetzgeber davon ausgeht, dass ein Elternteil seine Unterhaltsverpflichtung bereits durch die Pflege und Erziehung des Kindes erfüllt und daher nur der andere Elternteil auf Barunterhalt[52] in Anspruch genommen werden kann.

Wenn sich die Eltern die Kinderbetreuung aufteilen, könnten grundsätzlich beide Elternteile den Wegfall der Unterhaltspflicht geltend machen. Eine Abstufung dieses Regel-Ausnahmeverhältnisses, wenn die Pflege und Erziehung des Kindes nur teilweise übernommen wird, ist im Gesetz nicht vorgesehen.

Mit den nachstehenden Ausführungen wird die aktuelle Gesetzeslage des Kindschafts- und des Kindesunterhaltsrechts aufgezeigt.

A. Das Kindschaftsrecht

Die elterliche Sorge und das Umgangsrecht können gemeinsam unter dem Oberbegriff *Kindschaftsrecht* zusammengefasst werden. Die beiden Rechte ergänzen einander, stehen aber zugleich selbständig nebeneinander. Das Umgangsrecht dient nach der ursprünglichen Intention v.a. dem nicht zugleich sorgeberechtigten Elternteil dazu, sich von dem Wohlbefinden des Kindes zu überzeugen und die verwandtschaftliche Beziehung aufrechtzuerhalten.[53] Es beschränkt sich heute aber nicht auf den nicht sorgeberechtigten Elternteil, sondern steht nach § 1684 Abs. 1 Hs. 1 BGB grds. *jedem Elternteil* zu.

Art. 6 Abs. 2 S. 1 GG gibt den Eltern die Pflicht auf, für die angemessene Pflege und Erziehung des Kindes zu sorgen.[54] Dies wird einfach gesetzlich in den §§ 1626 ff. BGB konkretisiert, die ein am Kindeswohl orientiertes Heranwachsen des Kindes zur Eigenverantwortlichkeit und Selbständigkeit sicherstellen.

---

52 Mit Barunterhalt ist die Leistung eines bestimmten Geldbetrages gemeint, mit dem der Lebensunterhalt des Kindes zu finanzieren ist.

53 Dürbeck in: Staudinger BGB, § 1684 Rn. 1; Hennemann in: MüKo BGB, § 1684 Rn. 9.

54 Jarass in: Jarass/Pieroth/Kment GG, Art. 6 Rn. 45; vgl. BVerfG, Nichtannahmebeschluss vom 17. Februar 2022 – 1 BvR 743/21 –, FamRZ 2022, 794, 795.

1. Kindeswohl

Mit der UN-Kinderrechtskonvention (KRK) hat sich Deutschland als Vertragsstaat dazu verpflichtet, bei allen Maßnahmen, die Kinder betreffen, das Wohl des Kindes vorrangig zu beachten, Art. 3 Abs. 1 KRK. Diese Dominanz der Kindeswohlbelange erklärt sich dadurch, dass Kinder verletzbarer sind als Erwachsene und nicht immer ausreichend ihre Interessen selbst vertreten können.[55]

Das *Kindeswohl* kann nicht absolut bestimmt werden, sondern unterliegt primär der Interpretation der Sorgeberechtigten, die den Reife- und Entwicklungsgrad des Kindes zu berücksichtigen haben.[56] Die Kontrolle des Staates beschränkt sich nach dem verfassungsrechtlich vorgezeichneten Stufenverhältnis darauf, eine Unvertretbarkeitskontrolle hinsichtlich der elterlichen Entscheidungen vorzunehmen, vgl. Art. 6 Abs. 2 S. 2 GG.

Ist eine Gerichtsentscheidung erforderlich, ist das Kindeswohlprinzip als einheitlicher, vorrangig zu berücksichtigender Maßstab in § 1697a Abs. 1 BGB zu beachten.[57] Dies wird später bei der Entwicklung des eigenen Ansatzes noch thematisiert (vgl. V. Transformation: Ein kinderfreundliches Familienrecht am Puls der Zeit und mit Perspektive).

2. Elterliche Sorge (eS)

Die eS ist in § 1626 Abs. 1 BGB legal definiert und wird allgemein den rechtlichen *Eltern* zugewiesen, die diese im Interesse des Kindes ausüben sollen.[58] Den Eltern steht primär die Personen-, Vermögenssorge und gesetzliche Vertretung des Kindes zu und sekundär überwachen die staatlichen Institutionen deren Umsetzung und haben bei der Identifikation einer Kindeswohlgefährdung die Elternautonomie durch geeignete Maßnahmen (vgl. § 1666 BGB) einzuschränken.

Die Ausübung der eS soll im Grundsatz nach § 1627 S. 1 BGB im gegenseitigen Einvernehmen erfolgen. Bei Meinungsverschiedenheiten müssen die Eltern versuchen, sich zu einigen (§ 1627 S. 2 BGB).

---

55 Schmahl in: UN-Kinderrechtskonvention Nomos Kommentar, Art. 3 Rn. 1.
56 Schmahl in: UN-Kinderrechtskonvention Nomos Kommentar, Art. 3 Rn. 2.
57 Volke in: MüKo BGB, § 1697a Rn. 1; BT-Drs. 13/4899, S. 110–111.
58 Lettmaier in: Staudinger BGB, § 1626 Rn. 2.

a. Exkurs: Historische Entwicklung

Die elterliche Sorgeverantwortung war im römischen Recht als *patria potestas* geregelt und hat dem Vater die unbeschränkte Entscheidungsherrschaft über die Freiheit und das Leben des Kindes übertragen.[59] Auch nach der Einführung des Preußischen Landrechts[60] stand die Letztentscheidungskompetenz dem Mann zu. Er konnte sogar über Angelegenheiten, die die Mutter betrafen, z.B. wie lange das Kind gestillt werden soll, entscheiden, vgl. § 68 APR II.

Nach Inkrafttreten des Bürgerlichen Gesetzbuches am 01. Januar 1900 waren in den §§ 1627–1683 BGB a.F. immer noch nur die *väterlichen Gewalt*-Befugnisse beschrieben.[61] Der Mutter war lediglich die Personensorge übertragen; die Vermögensverwaltung oder Vertretungsbefugnisse hatte sie nicht, § 1634 Abs. 1 BGB a.F.

Erst 1953 entschied das Bundesverfassungsgericht, dass die Differenzierung nach dem Geschlecht bei der Personensorge für das gemeinsame Kind nicht mit Art. 3 Abs. 2 GG zu vereinbaren ist.[62] Durch das Gesetz über die Gleichberechtigung von Mann und Frau auf dem Gebiet des bürgerlichen Rechts von 1957 steht die elterliche Gewalt erstmals beiden Eltern gemeinsam zu, vgl. § 1626 BGB i.d.F. von 1957.[63]

1980 folgte mit der begrifflichen Neufassung der *elterlichen Sorge* anstelle der *elterlichen Gewalt* in § 1626 BGB eine weitere bedeutende Änderung.[64] Das ausdrückliche Recht der Kinder auf eine gewaltfreie Erziehung, wie es heute in § 1631 Abs. 2 BGB normiert ist, wurde allerdings erst im Jahr 2000 durch das Gesetz zur Ächtung der Gewalt in der Erziehung[65] gesetzlich festgelegt. Die alte Fassung vom 08. November 2000 lautete, dass Kinder generell ein Recht auf gewaltfreie Erziehung haben. Im Jahr 2023 wurde die Regelung durch die Negativ-Formulierung dahingehend konkretisiert, dass das Kind ein Recht auf Pflege und Erziehung *unter Ausschluss von Gewalt* hat.[66]

---

59 Kaser u.a., Römisches Privatrecht, § 71 Rn. 1.
60 Das Preußische Landrecht trat am 1. Juni 1794 in Kraft.
61 RGBl. 1896, S. 195.
62 BVerfG, Urteil vom 18. Dezember 1953 – 1 BvL 106/53 –, BVerfGE 3, 225–248, LS 5.
63 BGBl. I 1957, S. 624.
64 BGBl. I 1979, S. 1061.
65 BGBl. I 2000, S. 1479.
66 BGBl. I 2021, S. 884.

Mit dem Kindschaftsrechtsreformgesetz[67] von 1998 startete der Versuch, die Statusrechte ehelicher und nichtehelicher Kinder einander anzugleichen. Das zentrale Anliegen der Reform war, das gemeinsame Sorgerecht bei allen Kindern zu ermöglichen, unabhängig davon, ob die Eltern miteinander verheiratet sind, waren oder sein würden.[68] In diesem Zusammenhang sind die §§ 1626a–1626e BGB in das Gesetz aufgenommen worden. § 1626a Abs. 1 Nr. 3 BGB ermöglicht es dem unehelichen Vater seit 2013 unabhängig von der Mitwirkungsbereitschaft der Mutter, das gemeinsame Sorgerecht gerichtlich zu beantragen.[69]

Der Vorschrift geht eine rege Diskussion in Rechtsprechung und Literatur voraus. 2009 hat der Europäische Gerichtshof für Menschenrechte entschieden, dass es mit Art. 14 i.V.m. 8 EMRK nicht zu vereinbaren ist, das gemeinsame Sorgerecht von der Zustimmungsbereitschaft eines Elternteils abhängig zu machen.[70] Die Institution *Familie* hänge nicht von dem rechtlichen Band der Ehe ab, sondern davon, ob tatsächlich eine enge persönliche Bindung vorliegt und der Vater nachweislich ein Interesse zeigt, für das Wohl des Kindes einstehen zu wollen.[71]

Daraufhin hat auch das Bundesverfassungsgericht seine Rechtsprechung geändert und § 1626a Abs. 1 Nr. 1 BGB a.F. für verfassungswidrig erklärt.[72] Dies führte zur Ergänzung der Vorschrift des § 1626a Abs. 1 BGB[73] in Nummer 3: die Möglichkeit der gerichtlichen Übertragung des gemeinsamen Sorgerechts.

Seit der Änderung in § 1626a BGB haben sich lediglich kleinere Anpassungen des Familienrechts ergeben, die v.a. darauf zurückzuführen sind, dass andere Normen, auf die das Kindschaftsrecht verweist, geändert wurden und daher die Verweiskette angepasst wurde, bspw. im Zusammenhang mit den

---

67 BGBl. I 1997, S. 2942.

68 Diederichsen, NJW 1998, 1977, 1978.

69 BGBl. I 2013, S. 795.

70 Europäischer Gerichtshof für Menschenrechte, Urteil vom 3. Dezember 2009 – 22028/04 –, FamRZ 2010, 103, 104.

71 Europäischer Gerichtshof für Menschenrechte, Urteil vom 3. Dezember 2009 – 22028/04 –, FamRZ 2010, 103, 105.

72 BVerfG, Beschluss vom 21. Juli 2010 – 1 BvR 420/09 –, BVerfGE 127, 132-165, Rn. 34, –76.

73 BGBl. I S. 795.

Änderungen zur Reform des Vormundschafts- und Betreuungsrechts[74] (vgl. hierzu auch V. A. Systematisierung des Familienrechts).

b. Sorgerechtsinhaber

Die Sorgeberechtigten sind in erster Linie die rechtlichen Eltern. Die Mutter eines Kindes ist die Frau, die es geboren hat, § 1591 BGB. Rechtlicher Vater ist automatisch der Mann, der zum Zeitpunkt der Geburt mit der Mutter verheiratet ist, § 1592 Nr. 1 BGB. Der nicht mit der Mutter verheiratete, biologische Vater muss die Vaterschaft ausdrücklich anerkennen und kann das gemeinsame Sorgerecht nur über § 1626a BGB erlangen.

Wird den Eltern die eS entzogen (§ 1666 Abs. 3 Nr. 6 BGB), ist von den Familiengerichten ein Vormund zu bestellen, dem das Recht und die Pflicht zur Personen-, Vermögenssorge und der gesetzlichen Vertretung des Mündels gem. § 1789 Abs. 1 und 2 BGB zusteht.

aa. Verheiratete Eltern

Den rechtlichen Eltern steht von Gesetzes wegen das gemeinsame Sorgerecht zu, vgl. § 1626 Abs. 1 BGB. Das Gesetz unterstellt, dass Kinder verheirateter Eltern in eine intakte Lebensgemeinschaft hineingeboren werden, ungeachtet dessen, ob die Eltern zur Zeit der Geburt noch zusammenleben.[75]

Gemäß der Maßgabe des § 1627 BGB haben die Eltern die eS nicht nur in eigener Verantwortung, sondern auch im gegenseitigen Einvernehmen wahrzunehmen. Bei Meinungsverschiedenheiten müssen sie versuchen, sich zu einigen. Können sich die Eltern in einzelnen bedeutsamen Angelegenheiten nicht einigen, kann das Familiengericht auf Antrag eines Elternteils die Entscheidungsbefugnis auf einen Elternteil übertragen, von dem das Gericht glaubt, dass er im Sinne des Kindeswohls die bessere Entscheidung trifft, § 1628 S. 1 BGB.

Die Entscheidung in der Sache steht den Gerichten aber gerade nicht zu, da andernfalls die hohen Hürden des Sorgerechtsentzugs (§ 1666 Abs. 3 Nr. 6 BGB) unterlaufen werden könnten und um generell die Familienautonomie

---

[74] BGBl. I 2021, S. 882.

[75] Schwab, Familienrecht, § 63 Rn. 760.

vor staatlichen Eingriffen zu schützen.[76] Die Gerichte können allenfalls die Alleinentscheidungsbefugnis einem Elternteil übertragen und diese Entscheidung mit Auflagen oder Beschränkungen versehen, siehe § 1628 S. 2 BGB. Die Grenzen, ab wann dadurch faktisch eine Sachentscheidung vorgegeben wird, sind fließend.[77]

Bei gleichgeschlechtlichen Ehepartnern gestaltet sich die Zuordnung des Kindes schwierig, da das Abstammungsrecht eine *Co*-Elternschaft nicht vorsieht.[78] Die nicht gebärende Frau hat nach der gegenwärtigen Rechtslage nur die Möglichkeit, einen Adoptionsantrag zu stellen, dessen Erfolg sich an einer Kindeswohlprüfung des Familiengerichts zu messen hat, vgl. § 1741 Abs. 1 S. 1 BGB.[79]

bb. Unverheiratete Eltern

Nach § 1626a Abs. 1 Nr. 1 BGB wird die eS den nicht miteinander verheirateten Eltern erst durch eine Erklärung, dass sie die Sorge gemeinsam übernehmen wollen, gemeinsam übertragen. Dabei sind die formalen Vorgaben der §§ 1626b–1626e BGB zu beachten. Das Familiengericht kann die eS auch auf Antrag eines Elternteils beiden Elternteilen gemeinsam übertragen, wenn dies dem Kindeswohl nicht widerspricht, vgl. § 1626a Abs. 2, Abs. 1 Nr. 3

---

[76] BVerfG, Nichtannahmebeschluss vom 4. Dezember 2002 – 1 BvR 1870/02 –, FamRZ 2003, 511, 511; Lettmaier in: Staudinger BGB, § 1628 Rn. 70 m.w.N.

[77] Überschreitet das Familiengericht seine Befugnisse, ist darin ein Verstoß gegen das verfassungsrechtlich garantierte Elternrecht aus Art. 6 Abs. 2 S. 1 GG zu sehen. Eine Befugnisüberschreitung ist bspw. anzunehmen, wenn das Familiengericht zwar formal die Entscheidungskompetenz einem Elternteil überträgt, aber zugleich durch konkrete Vorgaben die elterliche Entscheidungsfreiheit so beschränkt, dass es faktisch nur eine Lösung vorgibt, BVerfG, Beschluss vom 4. Dezember 2012 – 1 BvR 1870/02 –, FamRZ 2003 511, 511.

[78] Zum Thema diskriminierungsfreies Abstammungsrecht setzt sich der Deutsche Juristinnenbund e.V. ein und unterbreitet einen Vorschlag zur Anerkennung gleichgeschlechtlicher Eltern, vgl. Deutscher Juristinnenbund e.V., Pressemitteilung vom 29. Mai 2020 – Verschärfung der Diskriminierung von Zwei-Mütter-Familien durch Adoptionshilfegesetz, online abrufbar unter: https://www.djb.de/presse/pressemitteilungen/detail/pm20-25 (zuletzt aufgerufen am: 14. Mai 2024). Hier setzt außerdem auch das Eckpunktepapier des BMJ zum Abstammungsrecht vom 16. Januar 2024 an. Das Abstammungsrecht soll allerdings nicht Gegenstand dieser Arbeit sein.

[79] Die Regelungen der Elternschaft durch Adoption sind geschlechtsneutral formuliert, vgl. §§ 1741 ff. BGB.

BGB. Ferner steht die eS den Eltern nach § 1626a Abs. 1 Nr. 2 BGB auch dann gemeinsam zu, wenn sie einander heiraten.

Da allerdings nur die *Eltern* das gemeinsame Sorgerecht erlangen können, muss generell bei nicht miteinander verheirateten Eltern stets die Vaterschaft i.S.d. § 1594 BGB feststehen.[80] Die bloße Klärung der biologischen Vaterschaft ohne statusrechtliche Wirkung reicht daher noch nicht aus.[81]

cc. Getrenntlebende Eltern

Stand das Sorgerecht den Eltern gemeinsam zu, folgt aus § 1671 Abs. 1 S. 1 BGB, dass dies grundsätzlich auch nach deren Trennung gelten soll, wobei jeder Elternteil beantragen kann, dass ihm das Familiengericht die eS allein überträgt.

Auch der bislang noch nicht sorgeberechtigte Vater kann die Übertragung des alleinigen Sorgerechts nach § 1671 Abs. 2, 3 BGB beantragen. Im Einklang mit § 1626a Abs. 1 Nr. 3 BGB benötigt er dafür auch nicht zwingend die Zustimmung der Mutter, sondern das Gericht hat dem Antrag stattzugeben, wenn dies dem Wohl des Kindes am besten entspricht (§ 1671 Abs. 2 S. 2 BGB). Der Kindeswohlmaßstab ist dabei ein strengerer gegenüber der Begründung des gemeinsamen Sorgerechts nach § 1626a Abs. 2 S. 1 BGB („dem Kindeswohl nicht widerspricht“), um eine bestehende Ausübung der eS durch die Mutter nicht vorschnell zu durchbrechen.

c. Inhalt

Zum Inhalt der eS gehört zum einen die Sorge für die Person des Kindes und zum anderen die Vermögenssorge (§ 1626 Abs. 1 S. 2 BGB), wobei eine trennscharfe Abgrenzung nicht immer gelingt, da sich die wirtschaftlichen Verhältnisse unweigerlich auf das persönliche Leben des Kindes auswirken.[82] Auf eine Unterscheidung kommt es aber entscheidend dann an, wenn die Sorgerechtsbefugnisse in einzelne Teilbereiche unter den Eltern aufgeteilt werden; wenn bspw. der Mutter die Entscheidung für medizinische Maßnahmen übertragen wird, muss der Vater, dem die Vermögensverwaltung

---

80 BT-Drs. 17/11048, S. 16.

81 Götz in: Grüneberg BGB, § 1626a Rn. 3.

82 Die Geltendmachung von Unterhaltsansprüchen des Kindes wird bspw. der Personensorge zugeordnet (vgl. § 1612 Abs. 2 S. 2 BGB).

obliegt, trotzdem vor dem Abschluss eines Behandlungsvertrages beteiligt werden, soweit zu dessen Erfüllung auf das Kindesvermögen zurückgegriffen werden muss.[83]

aa. Personensorge

Im Einzelnen umfasst die Personensorge insbesondere die Förderung und gewaltfreie Erziehung des Kindes zur Entwicklung einer eigenverantwortlichen und gemeinschaftsfähigen Persönlichkeit sowie das Aufenthaltsbestimmungsrecht (vgl. § 1631 Abs. 1, 2 BGB).[84] Die Aufzählung in § 1631 Abs. 1 BGB ist nicht abschließend, sondern im Grundsatz sind alle persönlichen Angelegenheiten des Kindes unter Berücksichtigung des Einzelfalles (der Entwicklungsstand des Kindes, die Lebenssituation der Eltern etc.) eingeschlossen – insbesondere Fragen der Ernährung, Bekleidung und medizinischen Angelegenheiten.[85] Bei den Fragen der Ausbildung und des Berufes sind v.a. die Eignung und Neigung des Kindes zu berücksichtigen, § 1631a S. 1 BGB.

Im Rahmen des Aufenthaltsbestimmungsrechts können die Eltern über den aktuellen Aufenthaltsort des Kindes bestimmen und daher u.a. festlegen, wo sich der Lebensmittelpunkt des Kindes befindet.[86]

bb. Vermögenssorge

Die Vermögenssorge umfasst grundsätzlich das gesamte Kindesvermögen mit Ausnahme derjenigen Mittel, die dem Kind nach § 110 BGB als Taschengeld oder nach §§ 112, 113 BGB im Zusammenhang eines Erwerbsgeschäfts zur freien Verfügung gestellt werden.[87]

Grundsätzlich besteht die Verpflichtung einer wirtschaftlichen Vermögensverwaltung (§ 1642 BGB), d.h. das Geld ist im Sinne einer wirtschaftlich denkenden Person anzulegen, indem nicht nur die bestmögliche Rendite, sondern auch eine größtmögliche Sicherheit zu beachten ist.[88]

---

83 Lettmaier in: Staudinger BGB, § 1626 Rn. 204; Salgo in: Staudinger BGB, § 1631 Rn. 22.

84 Gernhuber/Coester-Waltjen, Familienrecht, § 59 Rn. 1.

85 Lettmaier in: Staudinger BGB, § 1626 Rn. 182.

86 Salgo in: Staudinger BGB, § 1631 Rn. 56, 57.

87 Götz in: Grüneberg BGB, § 1626 Rn. 19.

88 Budzikiewicz, in: Jauernig BGB, § 1642 Rn. 1.

cc. Gesetzliche Vertretung

Die gesetzliche Vertretung des Kindes nach außen folgt im Grundsatz der eS (§ 1629 Abs. 1 S. 3 BGB). Die Eltern können das Kind aber nicht in den gerichtlichen Verfahren nach § 1598a Abs. 2 BGB vertreten, vgl. § 1629 Abs. 2a BGB. Für diese Fälle ist ein Ergänzungspfleger nach § 1808 Abs. 1 S. 1 BGB zu bestellen.

Außerdem können Vater und Mutter das Kind insoweit nicht vertreten, als nach § 1824 BGB ein Betreuer gleichfalls von der Vertretung ausgeschlossen ist, vgl. § 1629 Abs. 2 S. 1 BGB.[89]

Bei der Geltendmachung von Unterhaltsansprüchen ist speziell in § 1629 Abs. 2 S. 2 BGB festgelegt, dass bei gemeinsamer eS derjenige Elternteil den Anspruch gegenüber dem anderen geltend machen kann, in dessen Obhut sich das Kind befindet. Im anhängigen Scheidungsverfahren ist allerdings die gesetzliche Vertretung ausgeschlossen und der begehrende Elternteil hat den Anspruch im eigenen Namen geltend zu machen, § 1629 Abs. 3 S. 1 Nr. 1 BGB. Damit soll das Kind aus dem Scheidungsstreit der Eltern herausgehalten werden.[90]

Schließlich kann das Familiengericht, wenn es einen erheblichen Interessengegensatz i. S. d. § 1789 Abs. 2 S. 4 BGB feststellt, dem betroffenen Elternteil für den konkreten Bereich die Vertretungsmacht entziehen, § 1629 Abs. 2 S. 3 BGB. Der Entzug der Vertretungsmacht ist dabei nicht auf die tatsächliche Durchsetzung des Anspruchs beschränkt, sondern umfasst auch die Entscheidung darüber, ob der Anspruch überhaupt geltend gemacht werden soll.[91] Anders als beim Ausschluss der Vertretungsmacht nach § 1629 Abs. 2 S. 1 BGB genügt hierfür eine abstrakte Gefahr nicht; es muss eine konkrete Interessenskollision vorliegen, die der familiengerichtlichen Würdigung unterliegt.[92]

d. Grenzen

Grenzen bei der Ausgestaltung der eS bestehen im Hinblick auf die einsetzbaren Mittel sowie der wachsenden Selbstbestimmung des Kindes. Da das

---

89 Huber in: MüKo BGB, § 1629 Rn. 48; OLG München, Beschluss vom 27. September 2021 – 34 Wx 253/21–, NZFam 2022, 236, 236.

90 Veit in: BeckOK BGB, 1629 Rn. 90; BT-Drs. 18/5901, S. 23.

91 Huber in: MüKo BGB, § 1629 Rn. 57.

92 Huber in: MüKo BGB, § 1629 Rn. 43.

Elternrecht im Interesse des Kindes auszuüben ist, geht die Reichweite der elterlichen Verantwortung mit zunehmendem Alter immer weiter zurück und endet schließlich mit dem Erreichen der Volljährigkeit.

Vor dem Erreichen der Volljährigkeit können zwar einzelne Entscheidungen (bspw. soll ab Vollendung des 14. Lebensjahrs das Kind über sein religiöses Bekenntnis entscheiden, vgl. § 5 RelKErzG) dem Kind übertragen werden. Eine vorzeitige Volljährigkeitserklärung mit gleichzeitiger vollständiger Beendigung der eS ist dem Gesetz aber fremd.[93]

aa. Grenzen der eS

Die §§ 1631–1631c, 1631e und 1643–1645 BGB halten zahlreiche Beschränkungen bei der Ausübung der Personen- bzw. Vermögenssorge vor, um das Kind zu schützen. So haben bspw. die Eltern bei den Angelegenheiten der Ausbildung und des Berufs auf die Eignung und Neigung des Kindes Rücksicht zu nehmen (§ 1631a BGB), freiheitsentziehende Unterbringungen bedürfen grundsätzlich, sofern mit einem Aufschub keine Gefahren verbunden sind, der Genehmigung des Familiengerichts (§ 1631b Abs. 1 BGB) und die Sterilisation des Kindes ist grundsätzlich verboten (§ 1631c BGB). Ferner bedürfen die Eltern auch für bestimmte Rechtsgeschäfte eine familiengerichtliche Genehmigung, vgl. § 1643 BGB, der auf die Vorschriften des Betreuungsrechts verweist.

Gerade das Recht des Kindes auf eine gewaltfreie Erziehung aus § 1631 Abs. 2 S. 1 BGB unterliegt einem regelmäßigen Entwicklungsprozess (siehe hierzu auch die Ausführungen zur historischen Entwicklung des Kindschaftsrechts, II. A. 2. a. Exkurs: Historische Entwicklung).[94]

bb. Ruhen

Stehen der Ausübung der eS tatsächliche oder rechtliche Hindernisse entgegen, ruht sie für diese Zeit nach §§ 1673–1674a BGB. Der andere Elternteil übt dann allein die eS aus, sofern er dazu imstande ist, § 1678 Abs. 1 BGB.

Während des Ruhens der Vermögenssorge ist dem Kind nach Erreichen der Volljährigkeit bzw. bei anhaltender Minderjährigkeit dem neuen Inhaber

---

93 Der Gesetzgeber hat sich bewusst für eine feste Altersgrenze entschieden, Lettmaier in: Staudinger BGB, § 1626 Rn. 148.

94 Salgo in: Staudinger BGB, § 1631 Rn. 1.

der Vermögenssorge das Vermögen herauszugeben und auf Verlangen über die Verwaltung Rechenschaft abzulegen (§ 1698 Abs. 1 BGB). Bei Tod des Kindes hat die Herausgabe an den Rechtsnachfolger zu erfolgen.[95]

cc. Sorgerechtsentzug

Als *ultima ratio* kann das Familiengericht den Eltern die elterliche Sorge entziehen (§ 1666 Abs. 3 Nr. 6 BGB) und gem. § 1773 BGB einem Vormund übertragen. Dieser entscheidet, ob das Kind bei seinen Eltern verbleibt oder fremd untergebracht werden soll. Generell ist für sämtliche gerichtliche Maßnahmen des § 1666 BGB erforderlich, dass eine konkrete Gefährdung des Kindeswohls vorliegt, zu deren Abwendung die Eltern nicht gewillt oder in der Lage sind,

§ 1666 Abs. 1 BGB. Da diese Maßnahmen auch stets einen Grundrechtseingriff darstellen, haben sie sich zusätzlich einer Verhältnismäßigkeitsprüfung[96] zu unterziehen.[97]

Besteht die Gefahr für das Wohl des Kindes nicht mehr und/oder ist die Erforderlichkeit der Maßnahme weggefallen, sind die gerichtlichen Anordnungen unmittelbar aufzuheben, § 1696 Abs. 2 BGB. Daher hat das Gericht in regelmäßigen Abschnitten eine Überprüfung der Voraussetzungen vorzunehmen, § 166 Abs. 2 FamFG.

e. Ende der eS

Mit Entzug (§ 1666 Abs. 3 Nr. 6 BGB) oder Todes- bzw. Verschollenheitserklärung eines Elternteils endet dessen eS (§ 1677 BGB). Waren beide Eltern sorgeberechtigt, wird der andere Elternteil nach § 1680 Abs. 1 BGB automatisch zum Alleinsorgeberechtigten, § 1680 Abs. 1 bzw. § 1680 Abs. 3 i.V.m. Abs. 1 BGB.

---

95 Veit in: BeckOK BGB, 1698 Rn. 5.

96 Verfolgung eines legitimen Zwecks mit der geeigneten, erforderlichen und im angemessenen Verhältnis stehenden gerichtlichen Maßnahme. Geringe Beeinträchtigungen des Kindeswohls sind durch das elterliche Erziehungsrecht abgedeckt und hinzunehmen, vgl. OLG Köln, Beschluss vom 07. November 2007 – 4 UF 110/07 –, FamRZ 2008 1553, 1554.

97 Volke in: MüKo BGB, § 1666 Rn. 156; entspricht i.Ü. der ständigen Rechtsprechung des BVerfG, zuletzt BVerfG, Stattgebender Kammerbeschluss vom 21. September 2020 – 1 BvR 528/19 –, FamRZ 2021 104, 106.

Stand das Sorgerecht dem anderen Elternteil bislang allein zu, hat das Familiengericht dem verbleibenden Elternteil das alleinige Sorgerecht zu übertragen, sofern dies dem Wohl des Kindes nicht widerspricht, § 1680 Abs. 2 BGB bzw. § 1680 Abs. 3 i.V.m. Abs. 2 BGB.[98]

3. Umgangsrecht

Das Umgangsrecht (früher *Verkehrsrecht*[99]) und die in diesem Zusammenhang bestehenden Befugnisse sind in den §§ 1684–1688 BGB geregelt. Das Umgangsrecht regelt die tatsächliche Wahrnehmung der Elternverantwortung durch Kontakt und Austausch der Eltern mit dem Kind. Zugleich soll mit dem Umgangsrecht eine Eltern-Kind-Beziehung aufgebaut und aufrechterhalten werden können, und es dient der Kontrollmöglichkeit über das Wohlergehen des Kindes.[100] Auf der anderen Seite soll das Kind die Möglichkeit haben, in das Leben der Eltern integriert zu werden.[101]

a. Umgangsberechtigte

Das Gesetz differenziert zwischen drei Fällen von Umgangsberechtigungen: die Eltern (§ 1684 BGB), andere Bezugspersonen (§ 1685 BGB) und der leibliche, aber nicht rechtliche Vater (§ 1686a BGB). Ein durchsetzbares Umgangsrecht des Kindes besteht allerdings nur gegenüber den Eltern, vgl. § 1684 Abs. 1 Hs. 2 BGB.[102]

---

98 Es würde dem Wohl des Kindes bspw. widersprechen, wenn das einsichtsfähige Kind den Elternteil wiederholt ernsthaft abgelehnt hat, OLG Köln, Beschluss vom 9. Januar 2012 – II-4 UF 229/11 –, Rn. 4, 5, juris.

99 Vgl. § 1634 BGB in der Fassung von 1977: „Ein Elternteil, dem die Sorge für die Person des Kindes nicht zusteht, behält die Befugnis, mit ihm persönlich zu verkehren."

100 BVerfG, Nichtannahmebeschluss vom 25. Mai 2022 – 1 BvR 326/22 –, FamRZ 2022, 1286, 1287.

101 BVerfG, Urteil vom 1. April 2008 – 1 BvR 1620/04 –, BVerfGE 121, 69-108, Rn. 75.

102 Das Eckpunktepapier zur Reform des Kindschaftsrechts möchte hieran ansetzen und auch dem Kind das einklagbare Recht auf Umgang mit seinem leiblichen Vater einräumen, Bundesjustizministerium, Eckpunkte für eine Reform des Kindschaftsrechts vom 25. Januar 2024, S. 8. Das Eckpunktepapier ist im Anhang abgedruckt.

aa. Eltern

Das Kind hat ein eigenes Recht auf Umgang mit *jedem* Elternteil und *jeder* Elternteil ist zum Umgang mit dem Kind berechtigt und verpflichtet, § 1684 Abs. 1 BGB, soweit es dem Wohl des Kindes dient.

Nach § 1626 Abs. 3 BGB wird *vermutet*, dass grundsätzlich der Umgang des Kindes mit beiden Elternteilen zum Wohl des Kindes gehört. Das elterliche Umgangsrecht kann nur höchstpersönlich erfüllt werden.[103]

Das Umgangsrecht besteht grundsätzlich fort, auch wenn die eS nach § 1666 Abs. 1 Nr. 6 BGB entzogen wurde.[104]

bb. Andere Bezugspersonen

Seit der Kindschaftsrechtsreform 1998 ist ein eigenes Recht auf Umgang für Großeltern, Geschwister und sonstige enge Bezugspersonen mit sozialer-familiärer Beziehung, bspw. den Stiefelternteilen, in § 1685 Abs. 1 und 2 BGB unter dem Vorbehalt der Kindeswohldienlichkeit eingeführt worden, wenn die Aufrechterhaltung des Umganges für die Entwicklung des Kindes förderlich ist, § 1626 Abs. 3 S. 2 BGB.[105] Bei Geschwistern und Großeltern bedarf es einer sozial-familiären Beziehung i.S.d. Abs. 2 nicht. Hier wird generell davon ausgegangen, dass ein Umgang mit diesen Personen dem Kindeswohl dient.[106]

Bei sonstigen Bezugspersonen ist eine sozial-familiäre Beziehung erforderlich, die nach Satz 2 in der Regel anzunehmen ist, wenn die Person mit dem Kind längere Zeit[107] in häuslicher Gemeinschaft zusammengelebt hat.

---

[103] Dürbeck in: Staudinger BGB, § 1684 Rn. 61.

[104] Vgl. BVerfG, Nichtannahmebeschluss vom 29. November 2012 – 1 BvR 335/12 –, BVerfGK 20, 135–146, Rn. 24, 25.

[105] Altrogge in: Künkel/Kemper/Rahm Familien- und Familienverfahrensrecht, Teil 1, 6. Kap. C. Umgang Rn. 7, 8.

[106] Die Vermutung ist allerdings widerlegt, wenn bspw. Eltern und Großeltern so zerstritten sind, dass zu befürchten ist, dass das Kind in einen Loyalitätskonflikt geraten könnte, da sich die Umgangsperson nicht an die Vorgaben des Sorgerechtsinhabers hält, vgl. BGH, Beschluss vom 12. Juli 2017 – XII ZB 350/16 –, FamRZ 2017, 1668, 1670; a.A. OLG Koblenz, das trotz des drohenden Loyalitätskonfliktes der Kinder aufgrund der Ablehnung der Mutter den Umgang der Großeltern gestattete, da die Kinder seit Längerem fremduntergebracht sind und sie sich daher in einem stabilen Umfeld befinden, welches dem Interessenskonflikt standhalten kann, OLG Koblenz, Beschluss vom 19. Mai 2020 – 9 UF 191/20 –, Rn. 20, BeckRS 2020, 32945.

[107] Der Gesetzgeber hat offengelassen, welche Zeitdauer als „länger" anzusehen ist. Nach einer Ansicht in der Literatur soll nach zwei Jahren des Zusammenlebens eine

cc. Leiblicher, nicht rechtlicher Vater

Gemäß § 1686a Abs. 1 Nr. 1 BGB wird dem leiblichen Vater, der nicht zugleich der rechtliche Vater ist, ein Umgangsrecht gewährt, um eine soziale-familiäre Beziehung aufbauen zu können.[108] Eine bestehende rechtliche Vaterschaft eines anderen Mannes sperrt den Rückgriff auf § 1684 Abs. 1 BGB des biologischen Vaters.

Das Umgangsrecht des biologischen Vaters tritt allerdings hinter dem Schutz des Familienlebens der rechtlich-sozialen Familie (Art. 6 Abs. 1 GG) zurück.[109]

b. Umsetzung

Das Umgangsbestimmungsrecht ist Teil des Sorgerechts und steht daher primär den Sorgerechtsinhabern zu.[110] Diese haben eine adäquate und konkrete Umgangsregelung auch mit Wirkung für die sonstigen Bezugspersonen auszugestalten (§ 1632 Abs. 2 BGB), die sich insbesondere am Alter und Entwicklungsstand des Kindes (v.a. den individuellen Bedürfnissen des Kindes, der Auslastung durch Schul- und Freizeitveranstaltungen etc.) orientiert und sich in der Praxis realisieren lässt.[111]

aa. Entscheidungsbefugnis

Konfliktpotential besteht vor allem beim Getrenntleben der Eltern. Hierfür sieht § 1687 Abs. 1 BGB ein abgestuftes System der Entscheidungsbefugnis vor. Die Ortsabwesenheit eines Elternteils und das Risiko eines Konfliktes sollen nicht zu einer Erschwernis der alltäglichen Lebenspraxis führen, sodass dem Elternteil, bei dem sich das Kind zu diesem Zeitpunkt berechtigterweise

---

soziale-familiäre Beziehung in der Regel anzunehmen sein, Fehr, NJW-Spezial. 2021, 708, 708. Nach der Ansicht des Bundesverfassungsgerichts ist auf den konkreten Einzelfall abzustellen, wobei insbesondere das Alter des Kindes und das kindliche Zeitempfinden zu beachten ist, BVerfG, Stattgebender Kammerbeschluss vom 11. Dezember 2000 – 1 BvR 661/00 –, Rn. 15, juris.

108 Vgl. BT-Drs. 17/12163, S. 9. Die Vorschrift entspricht der Vorstellung des Art. 8 Abs. 1 EMRK, der bereits das ernsthaft beabsichtigte Familienleben schützt, vgl. Europäischer Gerichtshof für Menschenrechte, Urteil vom 21. Dezember 2010 – 20578/07 –, FamRZ 2011, 269, 270.

109 Hennemann in: MüKo BGB § 1686a Rn. 25.

110 Götz in: Grüneberg BGB, § 1632 Rn. 3.

111 Huber in: MüKo BGB § 1632 Rn. 79, 80.

gewöhnlich aufhält, die Alleinentscheidungsbefugnis für Alltagsangelegenheiten hat, § 1687 Abs. 1 S. 2 BGB.[112] Zu diesen Alltagsangelegenheiten gehören nach § 1687 Abs. 1 S. 3 BGB in der Regel solche, die häufig vorkommen und keine schwer abzuändernden Auswirkungen auf die Entwicklung des Kindes haben. Davon abzugrenzen sind die Angelegenheiten von erheblicher Bedeutung, bspw. die An- und Abmeldung in einer Kindertageseinrichtung,[113] aber auch die Veröffentlichung von Fotos des Kindes im Internet.[114]

In Angelegenheiten der tatsächlichen Betreuung des Kindes entscheidet der jeweilige Umgangsberechtigte während seiner Umgangszeit allein, § 1687 Abs. 1 S. 4 BGB. Hierunter fallen bspw. die Fragen, was das Kind zu Essen bekommt oder wann es ins Bett geht.[115] Auch der Ort des Umgangs kann bis zur Grenze einer Kindeswohlgefährdung frei gewählt werden.[116]

bb. Wohlverhaltensgebot

Bestehende persönliche Abneigungen gegenüber dem anderen Elternteil sind zum Wohl des Kindes hintenanzustellen.[117] § 1684 Abs. 2 S. 2 BGB legt den Eltern wechselseitig die Pflicht auf, alles zu unterlassen, das das Verhältnis des Kindes zum anderen Elternteil beeinträchtigt oder erschwert, um das Kind nicht in einen Loyalitätskonflikt zu drängen.[118] Das Gebot erschöpft sich nicht im Unterlassen, sondern das Umgangsrecht mit dem anderen Elternteil ist aktiv zu fördern.[119] Die konkrete Organisation des Umgangs ist so auszurichten, dass er sich in den Alltag beider Elternteile integrieren lässt.[120]

---

112 BT-Drs. 13/4899, S. 107. Der Gesetzgeber legt damit das Residenzmodell zugrunde.

113 VG Köln, Urteil vom 1. März 2013 – 19 K 2690/11 –, Rn. 20, juris.

114 OLG Düsseldorf, Beschluss vom 20. Juli 2021 – II-1 UF 74/21 –, FamRZ 2021, 1714, 1715.

115 BT-Drs. 13/4899, S. 108.

116 OLG Brandenburg, Beschluss vom 20. August 2020 – 9 UF 119/20, NZFam 2020, 976, 976.

117 AG Leutkirch, Beschluss vom 2. März 1993 – GR 1003/92 –, FamRZ 1994, 401, 401.

118 BT-Drs. 8/2788, S. 54.

119 Dazu zählt bspw., dass das Kind mit der notwendigen Kleidung sowie den erforderlichen Schulsachen ausgestattet wird und auch der Besuch beim anderen als etwas Positives vermittelt wird, vgl. BGH, Beschluss vom 1. Februar 2012 – XII ZB 188/11 , FamRZ 2012, 533, 535; Hennemann in: MüKo BGB, § 1684 Rn. 20; Götz in: Grüneberg BGB, § 1684 Rn. 5.

120 Rake in: JHA BGB, § 1684 Rn. 14.

cc. Auskunftsanspruch

Mit dem in § 1686 BGB geregelten Auskunftsanspruch sollen sich die Eltern über die Bedürfnisse und das Wohlbefinden des Kindes auch außerhalb ihrer Umgangszeit informieren können, insbesondere wenn das Kind noch nicht in der Lage ist, selbst zu artikulieren.[121] Dies setzt aber ein berechtigtes Interesse voraus, das abzulehnen ist, wenn der auskunftsbegehrende Elternteil sich selbst die nötigen Informationen beschaffen kann.[122]

Im Übrigen ist die Auskunft mit Rücksicht auf das Kindeswohl zu beschränken, wenn höchstpersönliche Umstände aus der Privat- und Intimsphäre des Kindes abgefragt werden, die es selbst nicht mitteilen möchte,[123] oder wenn über die persönlichen Verhältnisse des Kindes hinaus Informationen verlangt werden.[124]

dd. „Kleines Sorgerecht"

Dem neuen Ehegatten des sorgeberechtigten Elternteils wird nach § 1687b BGB die Befugnis eingeräumt, in Alltagsangelegenheiten des Kindes mitzuentscheiden. Damit stehen dem Stiefelternteil im Grundsatz sogar mehr Befugnisse zu als dem leiblichen, nicht sorgeberechtigten Elternteil, der nur über die Angelegenheiten im Zusammenhang mit seiner Betreuung allein entscheiden kann, §§ 1687a, 1687 Abs. 1 S. 4 BGB.[125] Der Gesetzgeber geht davon aus, dass durch das Zusammenleben mit dem neuen Partner zu erwarten ist, dass ein soziales Band entsteht, in der auch der Nicht-Elternteil Pflege- und Erziehungsaufgaben übernimmt.[126]

Durch eine gerichtliche Entscheidung oder bei dauerhafter Auflösung der Beziehung entfallen die Befugnisse wieder, § 1687b Abs. 3, 4 BGB.

---

121 BT-Drs. 13/4899, S. 107; vgl. BGH, Beschluss vom 15. März 2017 – XII ZB 245/16 –, FamRZ 2017, 918, 919.

122 Vgl. OLG Koblenz, Beschluss vom 14. Februar 2014 – 13 WF 146/14 –, MDR 2014, 725, 725.

123 OLG Köln, Beschluss vom 28. Juni 2016 – II-10 UF 21/15 –, Rn. 21, juris.

124 Ein Anspruch auf Information über die vermögensrechtlichen Verhältnisse kann sich allenfalls aus § 1605 BGB ergeben.

125 Veit in: BeckOK BGB, 1687b Rn. 9.

126 BT-Drs. 14/3751, S. 39.

c. Umgangsregelung

Gelingt es den Eltern nicht, Umgangsregelungen zu treffen, kann[127] das Familiengericht nach § 1684 Abs. 3 S. 1 BGB den Umfang und die Ausübung näher regeln. Insbesondere bei Verstößen gegen das Wohlverhaltensgebot in § 1684 Abs. 2 BGB kann das Familiengericht bereits unterhalb der Schwelle des § 1666 BGB Anordnungen treffen und den Umfang und die Ausübung des Umgangsrechts festsetzen (bspw. die Teilnahme an Beratungsgesprächen anordnen).[128] Ob damit auch gegen den Willen der Eltern oder eines Elternteils eine Umgangsregel angeordnet werden kann, geht aus dem Gesetzestext nicht hervor und spaltet die Auffassung der Rechtsprechung. Dieser Punkt wird gesondert unter (IV. C. Gerichtliche Anordnung des paritätischen Wechselmodells) erörtert.

Bei dauerhafter oder wiederholter erheblicher Verletzung des § 1684 Abs. 2 BGB, z.B. bei mangelnder Kommunikationsbereitschaft oder ständiger Unpünktlichkeit, kommt die Anordnung einer Umgangspflegschaft nach § 1684 Abs. 3 S. 3 BGB in Frage.[129] Sie dient der organisatorischen Absicherung der Umgangskontakte, indem die Umgangsmodalitäten z.B. zur Abholung und Rückgabe des Kindes festgelegt und überwacht werden.

d. Umgangsbeschränkung

Hiervon abzugrenzen ist die Möglichkeit der zeitweisen oder dauerhaften Einschränkung oder Versagung des Umgangs durch das Familiengericht nach § 1684 Abs. 4 BGB, soweit dies für das Wohl des Kindes[130] erforderlich

---

127 Das Ermessen beschränkt sich hierbei auf die konkrete Auswahl und nicht das Entschließungsermessen des Gerichts, überhaupt eine Entscheidung zu treffen, Döll in: Erman-KO BGB, § 1684 Rn. 18.

128 KG Berlin, Beschluss vom 26. November 2020 – 16 UF 138/19 –, Rn. 26, juris; KG Berlin, Beschluss vom 30. Januar 2019 – 13 UF 161/18 –, Rn. 14, juris.

129 Hennemann in: MüKo BGB, § 1684 Rn. 66.

130 Beruht die Verweigerung auf einem nachvollziehbaren und beachtlichen Willen des Kindes, dessen Missachtung die seelische Entwicklung des Kindes gefährden könnte und mit dem Allgemeinen Persönlichkeitsrecht des Kindes unvereinbar ist, darf der Umgang nicht erzwungen werden, BVerfG, Nichtannahmebeschluss vom 29. November 2012 – 1 BvR 335/12 –, BVerfGK 20, 135–146, Rn. 25. Die Erkenntnisse der Sozialwissenschaften bestätigen, dass der erzwungene Umgang gegen den ernsthaften Widerstand des Kindes mehr Schaden verursacht als Nutzen für das

ist.[131] Dabei kann insbesondere auch der begleitete Umgang nach Satz 3 angeordnet werden.

Entscheidungen, durch die das Umgangsrecht für längere Zeit oder auf Dauer eingeschränkt oder ausgeschlossen werden, dürfen aber nur ergehen, wenn eine konkrete *Gefährdung* des Kindeswohls besteht, § 1684 Abs. 4 S. 2 BGB.

Kann im Einzelfall eine Umgangszeit aufgrund von Transportausfällen oder Krankheit des Kindes oder der Betreuungsperson nicht wahrgenommen werden, entfällt diese grundsätzlich ersatzlos, um nicht das Recht des anderen Elternteils zu beschneiden.[132] Den Eltern steht es aber frei, eine Nachholregelung zu vereinbaren, die insbesondere während des Aufbaus der Eltern-Kind-Beziehung sinnvoll sein kann.[133]

e. Umgangsausschluss

Einem Elternteil ist der Umgang insgesamt zu versagen, wenn „aggressive Spannungen", „Hass" oder „Gewalt gegen den anderen Elternteil" zu erheblichen seelischen Belastungen des Kindes führen würden.[134] Ist das Kind

---

Kind bringt, Salzgeber, Familienpsychologische Gutachten, S. 263; Walper in: 16. DFGT, S. 120–121.

131 Die Abgrenzung zwischen einer Umgangsregelung i.S.d. des § 1684 Abs. 3 BGB und einer Umgangseinschränkung gem. § 1684 Abs. 4 BGB ist fließend. Soweit eine Umgangsregelung den Umgangszweck, die Aufrechterhaltung des Kontaktes des Kindes mit den Eltern, erheblich einschränkt, muss sich die Festsetzung an den Voraussetzungen des § 1684 Abs. 4 BGB messen lassen, Schleswig-Holsteinisches Oberlandesgericht, Beschluss vom 30. Mai 2016 – 10 UF 11/16 –, Rn. 38, juris; Döll in: Erman-KO BGB, § 1684 Rn. 18.

132 Brandenburgisches Oberlandesgericht, Beschluss vom 21. August 2020 – 9 UF 119/20 –, Rn. 8, 9, juris.

133 OLG Düsseldorf, Beschluss vom 23. Dezember 2019 – 5 UF 69/19 –, Rn. 35, juris; OLG Saarbrücken, Beschluss vom 08. November 2011 – 6 UF 140/11 –, FamRZ 2012 646, 647.

134 Brandenburgisches Oberlandesgericht, Beschluss vom 19. Juli 2013 – 3 UF 20/12 –, Rn. 23, juris. An dieser Stelle knüpft auch die Istanbul-Konvention an, die in Art. 31. Nr. 2 den Vertragsparteien aufgibt, durch erforderliche gesetzgeberische Maßnahmen sicherzustellen, dass die Ausübung des Besuchs- oder Sorgerechts nicht die Sicherheit des Opfers oder der Kinder gefährdet, vgl. WD 8 – 3000 – 049/24, S. 4.

bereits in einem Reifestadium, dass es einen eigenen Willen bilden kann, hat auch der geäußerte Wunsch des Kindes in die Entscheidung einzufließen.[135]

Der Ausschluss des Umgangs führt zu jeglichem (persönlich, telefonisch, brieflich) Kontaktausschluss mit dem Kind.[136] Aufgrund des hohen verfassungsrechtlichen Rangs des Umgangsrechts ist ein Kontaktausschluss zeitlich zu begrenzen.[137] Der Europäische Gerichtshof für Menschenrechte fordert die nationalen Gerichte zu einer jährlichen Überprüfung der Voraussetzungen des anhaltenden Umgangsausschlusses auf.[138] Dem Kind ist es aber nicht verwehrt, während des Umgangsausschlusses selbständig den Kontakt zu dem betroffenen Elternteil zu suchen.[139]

f. Sanktionen

Die Umgangsverweigerung eines Elternteils kann nach § 1579 Nr. 8 BGB zu einer Beschränkung oder Versagung des Ehegattenunterhaltsanspruches führen. Hierfür ist ein schwerwiegendes Fehlverhalten vorausgesetzt, das nur bei wiederholender massiver schuldhafter Umgangsvereitelung angenommen werden kann.[140]

Im Übrigen kommen Schadensersatzansprüche des Umgangselternteils aus §§ 280 Abs. 1 i.V.m. 241, 242 BGB oder § 823 Abs. 1 BGB in Betracht. Ein gesetzliches Schuldverhältnis mit allgemeinen Rücksichtnahmepflichten – insbesondere auf die Vermögensbelange des Umgangsberechtigten (§§ 280 Abs. 1 i.V.m. 241, 242 BGB) – ergibt sich aus der Wohlverhaltenspflicht, § 1684 Abs. 2 BGB.[141] Im Rahmen der deliktischen Haftung ist das Umgangsrecht als *sonstiges Recht* i.S.d. § 823 Abs. 1 BGB zu verstehen.[142]

---

[135] Der ablehnende Kindeswillen ist grundsätzlich beachtlich, wenn davon auszugehen ist, dass er autonom, intensiv, stabil und zielorientiert gefasst wurde, KG Berlin, Beschluss vom 14. November 2012 – 13 UF 141/12 –, FamRZ 2013, 709, 709.

[136] Veit in: BeckOK BGB, § 1684 Rn. 177.

[137] OLG Nürnberg, Beschluss vom 22. Juni 2009 – 10 UF 790/08 –, NJOZ 2010, 979, 981.

[138] Europäischer Gerichtshof für Menschenrechte, Urteil vom 28. April 2016 – 20106/13 –, FamRZ 2017, 891, 894.

[139] Schleswig-Holsteinisches Oberlandesgericht, Beschluss vom 15. Juni 1984 – 10 UF 159/83 –, SchlHA 1984, 173, 173.

[140] Vgl. BGH, Urteil vom 14. März 2007 – XII ZR 158/04 –, FamRZ 2007, 882, 887; BGH, Urteil von 14. Januar 1987 – IVb ZR 65/85 –, FamRZ 1987, 356, 358.

[141] BGH, Urteil vom 19. Juni 2002 – XII ZR 173/00 –, BGHZ 151, 155–164, Rn. 11.

[142] BGH, Urteil vom 19. Juni 2002 – XII ZR 173/00 –, BGHZ 151, 155–164, Rn. 10.

Als Schaden können die Mehrkosten angesetzt werden, die dem Umgangselternteil durch die Umgangsvereitelung entstanden sind.[143] Zwar sind die Kosten des Umgangs grundsätzlich vom umgangsberechtigten Elternteil zu tragen, er ist allerdings vor fehlgehenden Dispositionen zu schützen, die freiwillig vor dem Pflichtverstoß des anderen Elternteils eingegangen wurden und durch die spätere Schädigung nutzlos wurden (sog. *fehlgeschlagene Aufwendungen*).[144]

B. Kindesunterhalt

Das Unterhaltsrecht wird grundsätzlich losgelöst vom Kindschaftsrecht behandelt, wobei sich die Übernahme von Sorgeverantwortung auf die Unterhaltsverpflichtung auswirkt, vgl. § 1606 Abs. 3 S. 2 BGB.[145]

Seit der Einführung des BGB im Jahr 1900 ist der Verwandtenunterhalt in §§ 1601 ff. BGB geregelt. Bis zur geschlechtsneutralen Änderung durch das Gesetz zur Vereinheitlichung des Unterhaltsrechts minderjähriger Kinder 1998[146] unterstellte das Gesetz, dass die Mutter ihre Unterhaltsverpflichtung durch die Pflege und Erziehung des Kindes erbringt und der Vater daher vorrangig den Barunterhaltsanspruch zu erfüllen hat. Dem liegt das zu dieser Zeit prägende Verständnis zugrunde, dass die Frau vorrangig für die Hausarbeit und Unterstützung des Mannes verantwortlich war und sie nur, wenn es mit diesen Pflichten zu vereinbaren war, einer eigenen Erwerbstätigkeit nachgehen durfte.[147]

Nach der Änderung des Gesetzes entfällt die Unterhaltspflicht grundsätzlich – unabhängig vom Geschlecht – für den *Elternteil*, der seine Verpflichtung durch die *Pflege und Erziehung* des Kindes erfüllt, siehe § 1606 Abs. 3 S. 2 BGB.

Eine Unterhaltsverpflichtung der Eltern besteht im Rahmen ihrer Leistungsfähigkeit nach § 1603 BGB, solange der Unterhaltsberechtigte seinen Unterhalt nicht aus eigenen Mitteln bestreiten kann (sog. *Bedürftigkeit*) und

143 Vgl. KG Berlin, Beschluss vom 18. Mai 2020 – 13 UF 88/18 –, FamRZ 2020, 1731, 1735.
144 Vgl. KG Berlin, Beschluss vom 18. Mai 2020 – 13 UF 88/18 –, FamRZ 2020, 1731, 1736.
145 Klinkhammer in: Wendl/Dose Unterhaltsrecht, § 2 Rn. 6.
146 BGBl. I 1998, S. 666.
147 Diehl, djbZ 2014, 13, 13.

sofern kein Ausschlussgrund (§§ 1611, 1615 BGB) vorliegt, in der Höhe seines Bedarfes.[148] Es sind jeweils die konkreten Gegebenheiten in jedem Einzelfall zu betrachten.

Das minderjährige Kind genießt entsprechend dem Rangverhältnis aus § 1609 BGB den höchsten Schutz unter den Unterhaltsberechtigten. Den Minderjährigen werden die Kinder bis zur Vollendung des 21. Lebensjahrs, die noch im Haushalt der Eltern wohnen und einer allgemeinen Schulausbildung nachgehen (sog. *privilegiert Volljährige*), regelmäßig gleichgestellt, vgl. § 1609 Nr. 2 BGB.

Die Anspruchshöhe steigt mit dem Alter des Kindes sowie den Einkommensverhältnissen der Unterhaltsverpflichteten. Als Orientierungswert dienen die Werte der Düsseldorfer Tabelle.[149]

Die Unterhaltsverteilung bei geteilter Betreuung ist gesetzlich nicht geregelt und unterliegt der Ausgestaltung in der Rechtspraxis. Dass dies zu erheblichen Unsicherheiten und kontroversen Auffassungen führt, wird im vierten Kapitel (IV. D. Unterhaltsberechnung bei geteilter Betreuung) dargestellt.

1. Unterhaltsverpflichtete

Die wechselseitige Unterhaltspflicht trifft grundsätzlich Verwandte in gerader Linie, § 1601 BGB. Entscheidend sind allein die rechtlichen Verwandtschaftsverhältnisse nach §§ 1589 ff. BGB bzw. für die Annahme des Kindes gilt § 1751 Abs. 4 BGB.[150]

Neben dem gesetzlichen Unterhaltssystem ist es ebenso möglich, rechtsgeschäftliche Unterhaltsverpflichtungen einzugehen. Gegenüber dem gesetzlichen Anspruch ist dann allerdings zu ermitteln, ob damit der ursprünglich von Gesetzes wegen Unterhaltsverpflichtete entlastet werden soll. Jedenfalls kann eine freiwillig übernommene Unterhaltsverpflichtung keinen

---

148 Der Bedarf bemisst sich nach den Werten der Düsseldorfer Tabelle und soll die angemessene Lebensstellung des Bedürftigen absichern (vgl. II. B. 3. Bedarf).

149 Der Arbeit werden die aktuelle Fassung der Düsseldorfer Tabelle (Stand 01. Januar 2025) sowie die Leitlinien der Familiensenate in Süddeutschland (Stand 01. Januar 2025) zugrunde gelegt.

150 BGH, Beschluss vom 29. Januar 2020 – XII ZB 580/18 –, FamRZ 2020, 577, 579.

Ausschluss des gesetzlichen Unterhaltsanspruchs mangels Leistungsfähigkeit begründen.[151]

2. Bedürftigkeit

Die Bedürftigkeit ist gem. § 1602 Abs. 1 BGB anzunehmen, wenn nicht ausreichend Mittel für die eigene angemessene Lebensführung aufgebracht werden können und auch nicht aufgebracht werden müssen.[152] Es ist grundsätzlich zu erwarten, dass einer eigenen Arbeitsleistung nachgegangen wird, sofern damit kein Verstoß gegen das Jugendarbeitsschutzgesetz (§ 5 JArbSchG) vorliegt, das minderjährige Kind nicht mehr der allgemeinen Schulpflicht unterliegt oder sich in einem Ausbildungsverhältnis befindet und dies dem Unterhaltsberechtigten nach Würdigung seiner Belange zumutbar ist.[153]

Hat das Kind eigenes Vermögen, schließt das grundsätzlich nicht die Bedürftigkeit aus, § 1602 Abs. 2 BGB.[154] Eine Ausnahme besteht, falls die Eltern mangels Leistungsfähigkeit ausfallen und der Unterhalt aus dem Stamm des Kindesvermögens bestritten werden kann, vgl. 1603 Abs. 2 S. 3 Hs. 2 BGB. Vermögen, das dem Kind explizit für die Bedarfsdeckung zur Verfügung gestellt wird, ist vorrangig einzusetzen.[155]

Auf die Ursache der Bedürftigkeit kommt es nicht an. Selbst eine schwere Verfehlung bzw. ein sittliches Verschulden kann die Unterhaltspflicht der Eltern gegenüber ihren minderjährigen Kindern nicht beschränken, vgl. § 1611 Abs. 2 BGB. Anders ist dies bei Volljährigen, da § 1611 Abs. 2 BGB ausdrücklich nur die minderjährigen Kinder vom Anwendungsbereich des Absatzes 1 ausschließt.

---

151 Vgl. BGH, Urteil vom 11. Mai 2005 – XII ZR 211/02, NJW 2005, 3277, 3279.

152 Vgl. Gutdeutsch, System der Unterhaltsberechnung, S. 9.

153 BGH, Urteil vom 10. Mai 2001 – XII ZR 108/99 –, FamRZ 2001, 1068, 1070; Klinkhammer in: Staudinger BGB, § 1602 Rn. 108; Von Pückler in: Grüneberg BGB, § 1602 Rn. 5.

154 Lediglich die Vermögens- und Erwerbseinkünfte wirken sich auf die Bedürftigkeitsberechnung aus, das Vermögen des minderjährigen Kindes bleibt nach § 1602 Abs. 2 BGB unberücksichtigt.

155 Von Pückler in: Grüneberg BGB, § 1602 Rn. 3.

a. Erwerbseinkommen

Eine Erwerbsobliegenheit besteht nach der oben beschriebenen Maßgabe, wenn das Kind nicht mehr der Schulpflicht unterliegt, auch sonst keinem Ausbildungsverhältnis nachgeht, die Arbeitsaufnahme mit dem JArbSchG zu vereinbaren und im Übrigen zumutbar ist. Wird dieser schuldhaft nicht nachgekommen, können fiktive Einkommenswerte berücksichtigt werden.[156]

Vom Einkommen sind ausbildungsbedingte Aufwendungen in Höhe von 100 EUR abzuziehen.[157]

Wird über eine Verpflichtung hinaus freiwillig Einkommen erzielt, bspw. aufgrund einer Nebentätigkeit während des Studiums, ist es als überobligatorisches Erwerbseinkommen nur im Ausnahmefall – aus Billigkeitserwägungen – zu berücksichtigen.

b. Kindergeld

Das Kindergeld ist *zur Deckung des Barbedarfs des Kindes zu verwenden* (vgl. § 1612b Abs. 1 S. 1 BGB) und wird daher vom Unterhaltsbedarf abgezogen.[158] Ist das Kind noch betreuungsbedürftig, soll auch dem betreuenden Elternteil die Hälfte des Kindergeldes zukommen, sodass sich der Barbedarf nur um die Hälfte reduziert (vgl. § 1612b Abs. 1 S. 1 Nr. 1 BGB).[159]

c. Sonstige kinderbezogene Leistungen

Sonstige wiederkehrende kindbezogene Leistungen (bspw. die Ausbildungsförderung (BAföG)[160], das Wohngeld oder der Kinderzuschlag) sind ähnlich

---

156 Von Pückler in: Grüneberg BGB, § 1602 Rn. 7.

157 Ziff. 10.2.3 SüdL; BGH, Urteil vom 25. Januar 1995 – XII ZR 240/93 –, FamRZ 1995, 475, 477.

158 BT-Drs. 16/1830, S. 29.

159 Der Ausgleich erfolgt, da das Kindergeld gem. § 64 Abs. 1 EStG nur an einen Elternteil ausgezahlt wird. Für Personen, die nicht uneingeschränkt einkommenssteuerpflichtig sind, ergibt sich der Kindergeldanspruch aus dem Bundeskindergeldgesetz (BKGG), das den Regelungen des Einkommensteuergesetzes (§§ 62–67 EStG) im Wesentlichen folgt. Wie das Kindergeld zu berücksichtigen ist, wenn sich beide Eltern die Betreuung hälftig teilen, wird kontrovers diskutiert (vgl. IV. D. 1. Barunterhaltsermittlung beim paritätischen Wechselmodell).

160 Macht der Auszubildende allerdings glaubhaft, dass seine Eltern nicht den nach dem BAföG errechneten Unterhaltsbetrag leisten, wodurch die Ausbildung gefährdet wird, wird die vollständige Ausbildungsförderung ohne Anrechnung des

wie das Kindergeld bedarfsreduzierend zu berücksichtigen, § 1612b BGB. Davon abzugrenzen sind solche staatlichen Subventionen, die die Leistungsfähigkeit der Eltern sicherstellen sollen und daher dem Einkommen der Eltern zuzurechnen sind.[161] Diese werden im Abschnitt zur Leistungsfähigkeit der Unterhaltsverpflichteten näher behandelt (II. B. 4. b. Sozialleistungen).

d. Auskunftsanspruch

Die Verwandten können wechselseitig Auskunft über die wirtschaftlichen Verhältnisse der beteiligten Personen nach § 1605 Abs. 1 S. 1 BGB verlangen, um zu ermitteln, ob und in welcher Höhe ein Unterhaltsanspruch besteht. Eine Auskunftsverpflichtung besteht aber dann nicht, wenn die begehrte Auskunft den Unterhaltsanspruch in keiner Weise beeinflussen kann, da die Einkommensverhältnisse bekannt sind und der Unterhaltsverpflichtete den vollen Anspruch erfüllt, ohne einen Ausgleich verlangen zu wollen, oder wenn die Informationen ausschließlich die private Lebensgestaltung betreffen.[162] Verweist der Unterhaltsschuldner hingegen allein auf seine Leistungsfähigkeit, reicht das noch nicht aus, da die konkrete Einkommens- und Vermögenssituation zur Bestimmung der Unterhaltshöhe relevant ist.[163]

Wird innerhalb von zwei Jahren erneut Auskunft verlangt, ist ein berechtigtes Interesse glaubhaft zu machen, bspw. dass davon auszugehen ist, dass wesentlich höhere Einkünfte oder Vermögenspositionen vorhanden sind als bislang angenommen, § 1605 Abs. 2 BGB.

3. Bedarf

Der Bedarf des Kindes leitet sich bis zur Erlangung einer eigenen Lebensstellung von den Eltern ab. Es wird dafür deren (nach neuerer Rechtsprechung) zusammengerechnetes Einkommen herangezogen.[164] Die entwickelten

---

Unterhaltsbetrags geleistet, vgl. § 36 BAföG. Der Unterhaltsanspruch geht in diesen Fällen in Höhe der erbrachten Leistung auf das Land über, vgl. Schürmann, Sozialrecht für die familienrechtliche Praxis, S. 208.

161 Vgl. BGH, Beschluss vom 15. November 2017 – XII ZB 503/16 –, FamRZ 2018, 260, 262; OLG Brandenburg, Beschluss vom 26. September 2013 – 3 WF 101/13 –, NJW 2014, 1248, 1248.

162 BGH, Beschluss vom 17. April 2013 – XII ZB 329/12 –, FamRZ 2013, 1027, 1028.

163 BGH, Beschluss vom 16. September 2020 – XII ZB 499/19 –, NJW 2020, 3721, 3722.

164 BGH, Beschluss vom 16. September 2020 – XII ZB 499/19 –, BGHZ 227, 41–49, Rn. 14; BGH, Beschluss vom 11. Januar 2017 – XII ZB 565/15 –, FamRZ 2017, 437, 439.

Unterhaltstabellen sehen altersentsprechende Bedarfssätze vor, die Kosten für Verpflegung, Pflege, Wohnen, Kultur etc. festsetzen.[165] Die erste Stufe entspricht dem Mindestunterhalt, der sich nach dem steuerfrei zu stellenden sächlichen Existenzminimum des Kindes richtet, § 1612a Abs. 1 S. 2 BGB.

Ist das Einkommen der Eltern nicht mehr durch die Tabellensätze abgebildet oder übersteigt im konkreten Fall der Bedarf die vorgesehenen Sätze, kann ein konkreter Bedarf dargelegt werden. Eine Teilhabe am Luxus muss dem Kind aber nicht ermöglicht werden.[166]

a. Unterhaltsformen

Der Kindesunterhalt kann in Form des Natural-, Betreuungs- und Barunterhalts gewährt werden.

Zum Naturalunterhalt zählt das Bereitstellen bestimmter Sachleistungen, z.B. Nahrung, Kleidung, Unterkunft etc. sowie ein angemessenes Taschengeld.[167]

Bei minderjährigen Kindern ist außerdem die Betreuung, Erziehung und Haushaltsführung gegenüber dem Kind geschuldet (sog. *Betreuungsunterhalt*).[168] Bei Unfähigkeit des betreuenden Elternteils können ersetzende Drittleistungen ggf. ersatzweise verlangt werden.[169]

Im Übrigen ist der Unterhalt durch die Gewährung einer Geldrente zu erfüllen, in der Höhe, dass der gesamte Lebensbedarf des Kindes abgedeckt wird, § 1612 Abs. 1 S. 1 BGB.[170]

Die sorgeberechtigten Eltern können nach § 1612 Abs. 2 S. 1 BGB bestimmen, in welcher Art und für welche Zeit sie Unterhalt gewähren, sofern sie auf die Bedürfnisse des Kindes Rücksicht nehmen.[171] Dem nicht sorgeberechtigten Elternteil steht das Bestimmungsrecht zumindest während der Zeit zu, in der das Kind in seinem Haushalt aufgenommen ist, § 1612 Abs. 2 S. 2 BGB. Er soll dabei aber nicht die erzieherischen Vorstellungen des anderen

---

165 Schramm, NJW-Spezial. 2017, 644, 644.

166 BGH, Urteil vom 23. Februar 1983 – IVb ZR 362/81 –, Rn. 14, juris; Klinkhammer in: Staudinger BGB, § 1610 Rn. 297.

167 Klinkhammer in: Wendl/Dose Unterhaltsrecht, § 2 Rn. 18.

168 Klinkhammer in: Wendl/Dose Unterhaltsrecht, § 2 Rn. 19.

169 Klinkhammer in: Wendl/Dose Unterhaltsrecht, § 2 Rn. 19.

170 Vgl. Klinkhammer in: Wendl/Dose Unterhaltsrecht, § 2 Rn. 21.

171 BT-Drs. 16/1830, S. 26.

Elternteils unterlaufen, indem er bspw. Gegenstände als Naturalunterhalt gewährt, die der sorgeberechtigte Elternteil untersagt.[172] Von einer getroffenen Vereinbarung zur Unterhaltsgewährung kann sich ein Elternteil nicht ohne besondere Begründung wieder lösen.[173]

Das Kind hat eine wirksame Unterhaltsbestimmung zu akzeptieren und kann bspw. nicht verlangen, dass die Eltern eine eigene Wohnung finanzieren, wenn das Wohnen im Elternhaushalt zumutbar[174] ist.[175] Im Einzelfall sind die wechselseitigen Interessen des Verpflichteten und Berechtigten gegeneinander abzuwägen.[176]

Pflegt und erzieht ein Elternteil das minderjährige Kind, erfüllt er nach aktueller Gesetzeslage in der Regel schon dadurch seine Unterhaltspflicht, § 1606 Abs. 3 S. 2 BGB. Das gilt auch, wenn er sich dabei der Hilfe dritter Personen bedient. Zu berücksichtigen ist, dass etwaig anfallende Kosten grundsätzlich allein vom betreuenden Elternteil zu bezahlen sind und allenfalls dann als Mehrbedarf des Kindes zum Ausgleich angesetzt werden können, wenn die Betreuung pädagogisch veranlasst ist (bspw. die Betreuung in staatlichen Einrichtungen wie Kindergärten, Schulen und Hort).[177]

Ausnahmsweise soll auch der betreuende Elternteil zusätzlich zur Gewährung des Barunterhalts verpflichtet werden, wenn ein wesentliches wirtschaftliches Ungleichgewicht[178] zwischen den Unterhaltspflichtigen besteht (vgl. § 1603 Abs. 2 S. 3 Hs. 1 BGB).[179]

---

172 Vgl. BGH, Urteil vom 23. Februar 1983– IVb ZR 362/81 –, Rn. 13, juris.

173 BGH, Urteil vom 1. Juni 1983 – IVb ZR 365/81 –, NJW 1983, 2200, 2202.

174 Insbesondere darf die Bestimmung der Eltern nicht die Ausbildung des Kindes behindern oder gefährden, Klinkhammer in: Wendl/Dose Unterhaltsrecht, § 2 Rn. 36.

175 Klinkhammer in: Wendl/Dose Unterhaltsrecht, § 2 Rn. 32–33, 48.

176 Klinkhammer in: Staudinger BGB, § 1612 Rn. 21.

177 BGH, Beschluss vom 4. Oktober 2017 – XII ZB 55/17 –, BGHZ 216, 96–103, Rn. 13.

178 Ein wirtschaftliches Ungleichgewicht ist bspw. anzunehmen, wenn der nicht betreuende Elternteil bei voller Leistung des Barunterhalts seinen eigenen Bedarf nicht mehr decken könnte und der betreuende Elternteil über ein deutlich höheres Einkommen verfügt, das ihm ermöglicht, auch einen Beitrag zum Barunterhalt leisten zu können. Der BGH hat dies bei einem dreifach höheren unterhalsrelevanten Nettoeinkommen des betreuenden Elternteils angenommen, BGH, Beschluss vom 10. Juli 2013 – XII ZB 297/12 –, MDR 2013, 1037, 1038.

179 Vgl. Prenzyna, Familiäre Verantwortung versus Gemeinwohlverantwortung beim Kindes- und Elternunterhalt, S. 45.

In dem Fall, dass sich beide Elternteile in der Betreuung des Kindes engagieren, kann an dem Wegfall des Barunterhaltsanspruchs nicht uneingeschränkt festgehalten werden, da andernfalls der Barbedarf des Kinds nicht gedeckt wird. Hierauf wird unten (unter V. F. 2. a. Streichung des § 1606 Abs. 3 S. 2 BGB) detailliert eingegangen.

b. Zahlbetrag

„Der Unterhalt umfasst den gesamten Lebensbedarf, einschließlich der Kosten einer angemessenen Vorbildung zu einem Beruf, bei einer der Erziehung bedürftigen Person auch die Kosten der Erziehung", § 1610 Abs. 2 BGB. Von den Richtwerten der Unterhaltstabellen ist grundsätzlich das hälftige Kindergeld bei minderjährigen Kindern abzuziehen (§ 1612b Abs. 1 BGB), woraus sich der Zahlbetrag des Barunterhaltsschuldners ergibt.[180] Bei volljährigen Kindern ist das Kindergeld in voller Höhe bedarfsreduzierend anzusetzen. Wird das Kind nicht von einem Elternteil betreut, sondern ist dauerhaft bei Verwandten, Stiefeltern etc. untergebracht, ist das Kindergeld ebenfalls vollständig anzusetzen.[181]

aa. Tabellenunterhalt

Die Düsseldorfer Tabelle[182] wird von der Unterhaltskommission des Deutschen Familiengerichtstags zusammen mit den Vertretern aller Oberlandesgerichte beraten und beschlossen[183] und üblicherweise im Dezember eines Jahres veröffentlicht. Sie stellt den altersentsprechenden[184] Grundbedarf zur Lebensführung des Kindes dar.[185] Eine wesentliche Erweiterung hat die Tabelle 2022 erfahren, indem fünf weitere Einkommensgruppen (jetzt bis zu einem monatlichen Einkommen von 11.200 EUR) ergänzt wurden.

---

180 B. Heiß/H. Heiß in: Heiß/Born Unterhaltsrecht, Erster Teil, 3. Kap. Rn. 753.
181 Von Pückler in: Grüneberg BGB, § 1612b Rn. 10.
182 Sie wurde als Richtlinie erstmalig am 01. Juli1977 herausgegeben.
183 Fußnote 1 der Düsseldorfer Tabelle.
184 Durch die Untergliederung in die drei Altersstufen wird dem Umstand Rechnung getragen, dass erfahrungsgemäß mit zunehmendem Alter der Unterhaltsbedarf des Kindes steigt, BT-Drs. 16/1830, S. 28; Von Pückler in: Grüneberg BGB, § 1612a Rn. 20.
185 BGH, Urteil vom 26. November 2008 – XII ZR 5/07–, NJW 2009, 1816, 1818.

Den Tabellenwerten liegen bestimmte Annahmen zugrunde, die in den Leitlinien der Oberlandesgerichte definiert sind.[186] Die Rechtsprechung nimmt davon im Einzelfall durch die Herauf- oder Herabstufung in den Einkommensgruppen Korrekturen vor.[187]

Die aktuellen Werte der Düsseldorfer Tabelle

Stand: 01.01.2025

	Nettoeinkommen des/der Barunterhaltspflichtigen	Altersstufen in Jahren (§ 1612a Abs. 1 BGB)				Prozent-satz	Bedarfs-kontrollbe-trag (Anm. A. III)
		0 - 5	6 - 11	12 - 17	ab 18		
Alle Beträge in Euro							
1.	bis 2.100	482	554	649	693	100	1.200 / 1.450
2.	2.101 - 2.500	507	582	682	728	105	1.750
3.	2.501 - 2.900	531	610	714	763	110	1.850
4.	2.901 - 3.300	555	638	747	797	115	1.950
5.	3.301 - 3.700	579	665	779	832	120	2.050
6.	3.701 - 4.100	617	710	831	888	128	2.150
7.	4.101 - 4.500	656	754	883	943	136	2.250
8.	4.501 - 4.900	695	798	935	998	144	2.350
9.	4.901 - 5.300	733	843	987	1.054	152	2.450
10.	5.301 - 5.700	772	887	1.039	1.109	160	2.550
11.	5.701 - 6.400	810	931	1.091	1.165	168	2.850
12.	6.401 - 7.200	849	976	1.143	1.220	176	3.250
13.	7.201 - 8.200	887	1.020	1.195	1.276	184	3.750
14.	8.201 - 9.700	926	1.064	1.247	1.331	192	4.350
15.	9.701 - 11.200	964	1.108	1.298	1.386	200	5.050

Abbildung: Düsseldorfer Tabelle (Stand 01. Januar 2025)[188]

Der Bedarfskontrollbetrag in der rechten Spalte soll ein ausgewogenes Verhältnis des Einkommens zwischen Unterhaltsberechtigten und -verpflichteten

186 Es wird grds. von zwei Unterhaltsberechtigten ausgegangen. Beiträge für die Kranken- und Pflegeversicherung des Kindes sind nicht einkalkuliert, dafür aber Umgangs- und Verpflegungskosten sowie Wohnkosten, vgl. Ziff. 11 SüdL.

187 Anmerkungen zur Düsseldorfer Tabelle, Ziff. 1.

188 Online abrufbar auf der Internetseite des Oberlandesgericht Düsseldorf: Oberlandesgericht Düsseldorf, Düsseldorfer Tabelle.

gewährleisten.[189] Nach Abzug aller Unterhaltsverpflichtungen ist dem Barunterhaltsschuldner der dort angegebene Betrag von seinem Einkommen zu belassen.[190] Der Wert entspricht in der ersten Einkommensgruppe dem notwendigen und in der zweiten Einkommensgruppe dem angemessenen Selbstbehalt[191].

In höheren Einkommensgruppen ist unter dem Gesichtspunkt einer gleichwertigen Verwendung der verfügbaren Mittel (§ 1603 Abs. 2 S. 1 BGB) dem Barunterhaltsschuldner ein eigener höherer Betrag zu belassen.

Unterschreitet das Resteinkommen des Pflichtigen den Bedarfskontrollbetrag, ist eine Herabstufung der Einkommensgruppe, bis er nicht mehr unterschritten wird, vorzunehmen.[192]

bb. Sonder- und Mehrbedarf

Der Grundbedarf gem. § 1610 Abs. 2 BGB kann durch konkret vorgetragen Sonder- oder Mehrbedarf ergänzt werden.

(1) Sonderbedarf

Der Sonderbedarf ist in § 1613 Abs. 2 Nr. 1 BGB legal definiert als ein unregelmäßig, außergewöhnlich hoher Bedarf, der aufgrund seiner Unvorhersehbarkeit nicht durch den allgemeinen Lebensbedarf abgedeckt ist.[193] Dieser kann grundsätzlich für die Vergangenheit geltend gemacht werden, vgl. § 1613 Abs. 2 Nr. 1 S. 1 BGB. Nach Ablauf eines Jahres seit der Entstehung des Anspruchs gilt allerdings die Einschränkung, dass der Anspruch nur geltend gemacht werden kann, wenn vorher der Verpflichtete in Verzug gekommen oder der Anspruch rechtshängig geworden ist, vgl. § 1613 Abs. 2 Nr. 2 S. 2 BGB bzw. wenn der Berechtigte aus tatsächlichen oder rechtlichen Gründen, die in den Verantwortungsbereich des Unterhaltspflichtigen fallen,

---

189 Anmerkungen zur Düsseldorfer Tabelle, Ziff. 6.

190 Kohlberg in: Heiß/Born Unterhaltsrecht, Erster Teil, 12. Kap. Rn. 77.

191 Selbstbehalt meint den notwendigen Eigenbedarf, der dem Unterhaltsverpflichteten für seine eigene Lebensführung verbleiben soll, vgl. II. B. 4. d. Selbstbehalt.

192 Anmerkungen zur Düsseldorfer Tabelle, Ziff. 6.

193 Ein Sonderbedarf wurde von der Rechtsprechung bspw. für die Baby-Erstausstattung bejaht oder für eine kieferorthopädische Behandlung, BGH, Beschluss vom 18. Mai 2022 – XII ZB 25/20 –, BGHZ 233, 309, Rn. 44–46; OLG Celle, Beschluss vom 20. Oktober 2008 – 10 WF 336/08 –, FamRZ 2009, 704, 704.

an der Geltendmachung des Unterhaltsanspruchs gehindert war, vgl. § 1613 Abs. 2 Nr. 2 BGB.

(2) Mehrbedarf

Unter Mehrbedarf fallen regelmäßige Kosten, die zumindest über einen längeren Zeitraum anfallen und das Übliche übersteigen. Die Kosten sind daher noch nicht in den Tabellenwerten berücksichtigt, aber werden fortlaufend regelmäßig anfallen.[194] Der Mehrbedarf ist von beiden Elternteilen gem. § 1606 Abs. 3 S. 1 BGB anteilig nach den Erwerbs- und Vermögensverhältnissen im Rahmen des Zumutbaren zu tragen.[195]

Die Erfüllung der Unterhaltspflicht durch die Kinderbetreuung kann hiergegen aber nicht angeführt werden, da die Ausnahme des § 1606 Abs. 3 S. 2 BGB nur für den Elementarunterhalt gilt.[196]

Für die Vergangenheit kann der Mehrbedarf nur dann verlangt werden, wenn der Schuldner rechtzeitig dazu aufgefordert wurde, über seine Einkünfte und sein Vermögen Auskunft zu erteilen, der Verpflichtete in Verzug gekommen oder der Unterhaltsanspruch rechtshängig geworden ist, vgl. § 1613 Abs. 1 S. 1 BGB. Ferner ebenfalls darüber hinaus auch für den Zeitraum, in dem der Berechtigte aus rechtlichen oder tatsächlichen Gründen, die in den Verantwortungsbereich des Verpflichteten fallen, gehindert war, den Unterhaltsanspruch geltend zu machen, vgl. § 1613 Abs. 2 Nr. 2 BGB.

cc. Richterliche Überprüfung der Tabellenwerte

Die Werte der Düsseldorfer Tabelle dienen nur als Orientierungshilfe, sodass das daraus gewonnene Ergebnis stets auf seine Angemessenheit und Ausgewogenheit im konkreten Einzelfall hin gerichtlich zu überprüfen ist.[197]

---

194 Als Mehrbedarf wurde in der Rechtsprechung bspw. ein Auslandsstudium oder Mehraufwendungen für eine kulturelle oder sportliche Zusatzausbildung, z.B. die Ausbildung zum Konzertpianisten anerkannt, BGH, Urteil vom 11. April 2001 – XII ZR 152/99 –, FamRZ 2001, 1603, 1604; OLG Hamm, Beschluss vom 19. Juli 2013 – II-6 UF 46/13 –, FamRZ 2014, 563, 564.

195 BGH, Beschluss vom 10. Juli 2013 – XII ZB 298/12 –, FamRZ 2013, 1563, 1564; BGH, Urteil vom 05. März 2008 – XII ZR 150/05 –, FamRZ 2008, 1152, 1154; Klinkhammer in: Wendl/Dose Unterhaltsrecht, § 2 Rn. 456.

196 Ebert, NZFam 2016, 438, 439.

197 BGH, Urteil vom 19. Juli 2000 – XII ZR 161/98 –, FamRZ 2000, 1492, 1493.

4. Leistungsfähigkeit

Die Unterhaltspflicht besteht von vornherein nicht, wenn der Unterhaltsverpflichtete selbst unterhaltsbedürftig werden würde. Ihm ist daher ein Selbstbehalt (vgl. hierzu II. B. 4. d. Selbstbehalt) zu belassen.[198]

Im Kontext mit dem Minderjährigenunterhalt gilt § 1603 Abs. 2 S. 1 BGB (sog. *gesteigerte Unterhaltspflicht*), sodass Eltern ihren minderjährigen Kindern gegenüber grundsätzlich dazu verpflichtet sind, *alle verfügbaren Mittel* gleichermaßen für ihren und den Kindesunterhalt bis zur Grenze des *notwendigen Selbstbehaltes*[199] zu verwenden. Den minderjährigen Kindern stehen die privilegiert Volljährigen gleich, § 1603 Abs. 2 S. 2 BGB.

Daraus ergibt sich, dass der Unterhaltspflichtige alle Anstrengungen unternehmen muss, um den Kindesbedarf zu decken. Unterlässt er eine zumutbare Möglichkeit, Einkommen zu erzielen, können fiktive Einkommenswerte hinzugerechnet werden.[200]

Im Verhältnis zum eigenen Vermögensaufbau der Eltern (bspw. zur privaten Altersvorsorge) hat ebenfalls die akute Deckung des Existenzminimums des Kindes Vorrang.[201] Die gesteigerte Unterhaltspflicht tritt allerdings nicht ein, wenn ein anderer unterhaltspflichtiger Verwandter vorhanden ist oder der Unterhalt aus dem Vermögensstamm des Kindes bestritten werden kann, § 1603 Abs. 2 S. 3 BGB.

a. Einkommen

Als Einkommen können grundsätzlich alle Vermögenspositionen angesetzt werden, die dem Unterhaltspflichtigen monatlich zur Verfügung stehen, um den Unterhaltsbedarf zu decken.[202] Die größte Komponente ist in der Regel das erzielte

---

198 Niepmann, NZFam 2022, 141, 143.

199 Der notwendige Selbstbehalt gibt den absoluten Mindestbedarf an, den der Unterhaltsverpflichtete auch in einfachsten Verhältnissen für seine eigene Lebensstellung benötigt, Reinken in: BeckOK BGB, § 1603 Rn. 11.
Der Betrag, den die Rechtsprechung gegenwärtig als notwendigen Selbstbehalt gewährt, kann jeweils aus der aktuellen Fassung der Düsseldorfer Tabelle herausgelesen werden, vgl. Anmerkungen zur Düsseldorfer Tabelle, Ziff. 7.

200 OLG Frankfurt, Beschluss vom 21. November 2018 – 4 UF 137/17 –, FamRZ 2019, 1419, 1421.

201 BGH, Urteil vom 30. Januar 2013 – XII ZR 158/10 –, NJW 2013, 1005, 1006.

202 Maßgeblich ist eine Monatsbetrachtung, da auch die Unterhaltslast als monatlich gleichbleibender Geldbetrag zu leisten ist.

Netto-Arbeitsentgelt inkl. Zuwendungen des Arbeitgebers (Firmenwagen, freie Kost etc.)[203] bzw. lohnersetzende Sozialhilfen oder Steuererstattungen.[204] Ebenfalls zu berücksichtigen sind wirtschaftliche Nutzungen wie bspw. der Wohnvorteil, der sich aus ersparten Mietzahlungen ergibt, sofern die ersparten Aufwendungen höher sind als die anzurechnenden Hausunkosten (v.a. Kreditraten).[205]

Die Einkünfte aus abhängiger Arbeit werden aus der Summe aller Bruttoeinnahmen eines Kalenderjahres ermittelt. Dabei werden nicht nur die laufenden Bezüge, sondern auch einmalige Sonderzuwendungen berücksichtigt.[206] Bei Vorliegen entsprechender Anhaltspunkte können pauschal 5 % des Nettoeinkommens für notwendige berufsbedingten Aufwendungen abgezogen werden. Ein höherer Wert kann zusätzlich konkret dargelegt werden, vgl. Ziff. 10.2.1 SüdL.

Bei einer selbstständigen Erwerbstätigkeit ist in der Regel ein durchschnittliches Monatseinkommen der letzten drei Jahre zu ermitteln.[207] Dabei werden Investitionen einkommensmindernd berücksichtigt, wenn sie in einem angemessenen Verhältnis zum unternehmerischen Ertrag stehen.[208]

b. Sozialleistungen

Im Zusammenhang mit der Kinderbetreuung und Geburt eines Kindes werden den Eltern unterschiedliche Sozialleistungen gewährt (bspw. Mutterschaftsgeld, Elterngeld, Kinderzuschlag etc.). Im Verhältnis zum Unterhaltsrecht ist danach zu differenzieren, ob die staatlichen Mittel eine Lohnersatzfunktion haben, d.h. wegen des Ausfalls des Arbeitsentgelts entstehen (z.B. das Elterngeld). Diese sind als Einkommens anzusetzen. Davon abzugrenzen sind Sozialleistungen mit Unterhaltsersatzfunktion zur Existenzsicherung der Familie. Bspw. wird der Kinderzuschlag Familien gewährt, die andernfalls zur Deckung Kindesunterhalts auf Arbeitslosengeld II oder

---

203 Ziff. 4 SüdL.

204 BGH, Beschluss vom 18. Mai 2022 – XII ZB 325/20 –, BGHZ 233, 309–325, Rn. 24; Langeheine in: MüKo BGB, § 1603 Rn. 13.

205 BGH, Beschluss vom 9. März 2022 – XII ZB 233/21 –, BGHZ 233, 136–145, Rn. 13; BGH, Beschluss vom 18. Januar 2017 – XII ZB 118/16 –, BGHZ 213, 288–301, Rn. 33; Klinkhammer in: Staudinger BGB, § 1603 Rn. 62 m.w.N.

206 Dose in: Wendl/Dose Unterhaltsrecht, § 1 Rn. 65.

207 BGH, Urteil vom 16. Januar 1985 – IVb ZR 59/83 –, MDR 1985, 476, 476.

208 Langenheine in: MüKo BGB, § 1603 Rn. 21.

Sozialgeld angewiesen wären.[209] Dieser steht in einem Subsidiaritätsverhältnis zum Unterhaltsanspruch.[210]

c. Erwerbsobliegenheit

Die Rechtsprechung setzt grundsätzlich eine 40-Stunden-Arbeitswoche voraus.[211] Der Unterhaltsberechtigte hat die ihm zumutbaren Anstrengungen[212] auf sich zu nehmen, um eine angemessene Erwerbstätigkeit zu finden, ggf. auch durch die Aufnahme einer Nebenbeschäftigung, sofern die Vorgaben des Arbeitszeitgesetzes (§§ 3 ff. ArbZG) beachtet werden (sog. *Erwerbsobliegenheit*).[213] Kommt er dem nicht nach, können fiktive Einkünfte hinzugerechnet werden.[214] Dabei darf nicht unberücksichtigt bleiben, dass dem Verpflichteten auch Zeit für seine Haushaltsführung und Umgangsausübung mit dem Kind (ggf. auch weiteren Kindern) einzuräumen ist.[215]

---

209 Vgl. BGH, Urteil vom 17. März 1999 – XII ZR 139/97 –, FamRZ 1999, 843, 845; Pfuhlmann-Riggert in: Scholz/Kleffmann Praxishandbuch Familienrecht, Teil L Rn. 27: „Wesentliches Strukturmerkmal des SGB XII (und des SGB II) ist das Prinzip der Subsidiarität. Wer nicht bedürftig ist, hat keinen Sozialhilfeanspruch."

210 Für weiterführende Ausführungen wird auf Schürmann, Sozialrecht für die familienrechtliche Praxis verwiesen, S. 135 ff.

211 BGH, Urteil vom 03. Dezember 2008 – XII ZR 182/06 –, NJW 2009, 1410, 1412; OLG Brandenburg, Beschluss vom 20. Februar 2014 – 9 UF 106/13 –, NZFam 2014, 568, 568.

212 Es sind insbesondere auch Alter, berufliche Qualifikation und Erfahrungen, Gesundheitszustand und das Vorhandensein einer adäquaten Arbeitsstelle in die Beurteilung einzubeziehen, vgl. BVerfG, Beschluss vom 15. Februar 2010 – 1 BvR 2236/09–, FamFR 2010, 202, 202.

213 BGH, Urteil vom 03. Dezember 2008 – XII ZR 182/06 –, NJW 2009, 1410, 1412.

214 Im Verhältnis zum Mindestunterhalt muss regelmäßig auch das Einkommen aus einer nach dem Maßstab des § 1603 Abs. 1 BGB unzumutbaren Erwerbstätigkeit eingesetzt werden, wenn andernfalls der Mindestunterhalt nach § 1612a Abs. 1 BGB gefährdet wäre. Soweit sich der Tabellenwert aus einer höheren Einkommensgruppe der DT ergibt, ist der angemessene Bedarf nach Treu und Glauben zu ermitteln und ggf. der Bedarf nur aufgrund des reduzierten Einkommens (ohne das fiktive Einkommen) zu bemessen, BGH, Urteil vom 12. Januar 2011 – XII ZR 83/08 –, BGHZ 188, 50, Rn. 54, 55.

215 BGH, Urteil vom 03. Dezember 2008 – XII ZR 182/06 –, NJW 2009, 1410, 1412.

Bei Selbständigen ist eine Vergleichsrechnung vorzunehmen, die berücksichtigt, in welchem Umfang mit großer Wahrscheinlichkeit der Tätigkeit nachgegangen werden könnte.[216]

Wird über das zumutbare Maß hinaus Einkommen erzielt,[217] kann es im Einzelfall angemessen sein, diese Einkünfte nach den Grundsätzen von Treu und Glauben, § 242 BGB außer Betracht zu lassen.[218]

d. Selbstbehalt

Dem Unterhaltsschuldner ist nach § 1603 Abs. 1 BGB grundsätzlich ein *angemessener Selbstbehalt*[219] zur Erhaltung des eigenen Lebensunterhalts zu belassen. Die Darlegungs- und Beweislast zur eigenen Leistungsunfähigkeit liegt beim Unterhaltsschuldner.[220]

Im Verhältnis zum minderjährigen Kind reduziert sich der Betrag auf den notwendigen Selbstbehalt, vgl. § 1603 Abs. 2 S. 1 BGB. Dieser liegt nach den Werten der Düsseldorfer Tabelle vom 01. Januar 2025 bei 1.200 EUR für Nichterwerbstätige und 1.450 EUR für erwerbstätige Unterhaltspflichtige.[221]

216 BGH, Urteil vom 12. Januar 2011 – XII ZR 83/08 –, BGHZ 188, 50, Rn. 26.

217 Bspw. wenn nach Eintritt des Rentenalters noch weitergearbeitet wird, BGH, Urteil vom 12. Januar 2011 – XII ZR 83/08 –, BGHZ 188, 50, Rn. 19; Brandenburgisches Oberlandesgericht, Urteil vom 29. April 2008 – 10 UF 124/07 –, FPR 2008, 533, 534.

218 BGH, Urteil vom 12. Januar 2011 – XII ZR 83/08 –, BGHZ 188, 50, Rn. 53.

219 Der angemessene Selbstbehalt bildet die grundsätzliche Basis zur Beurteilung der Leistungsfähigkeit im Verwandtenunterhalt (vgl. § 1603 Abs. 1 BGB). Er ist gegenüber dem notwendigen Selbstbehalt (der als Referenzwert im Unterhaltsrecht ggü. dem minderjährigen Kind gilt) um rund 20 % erhöht, Reinken in: BeckOK BGB, § 1603 Rn. 9.

220 BGH, Beschluss vom 27. Oktober 2021 – XII ZB 123/21 –, BGHZ 231, 350–365, Rn. 32.

221 Anmerkungen zur Düsseldorfer Tabelle, Ziff. 5. Im nachehelichen Unterhalt und Trennungsunterhalt ist nach ständiger Rechtsprechung zugunsten des erwerbstätigen Ehegatten der mit der Berufsausübung verbundene Aufwand zu berücksichtigen und ihm ein höheres Einkommen zu belassen (sog. Erwerbstätigenbonus), BGH, Beschluss vom 13. November 2019 – XII ZB 3/19 –, BGHZ 224, 54–72, Rn. 22; BGH, Beschluss vom 8. September 2004 – XII ZB 92/03 –, FamRZ 2004, 1867, 1868; BGH, Urteil vom 16. April 1997 – XII ZR 233/95 –, FamRZ 1997, 806, 807 m.w.N. Dieser Erwerbstätigenbonus wird allerdings bei der Berechnung des Kindesunterhalts nicht berücksichtigt.

e. Mangelfallberechnung

Im Mangelfall, wenn das Einkommen des Unterhaltsschuldners nicht ausreicht, um sämtliche Unterhaltspflichten zu erfüllen, ist das den Selbstbehalt überschießende Einkommen auf die Unterhaltsberechtigten des gleichen Ranges (§ 1609 BGB) gleichmäßig aufzuteilen (sog. *Mangelfallberechnung)*.[222]

f. Ersatzhaftung und Forderungsübergang

In der Höhe des Ausfalls des Unterhaltsverpflichteten hat der nach ihm haftende Verwandte einzuspringen und den Unterhalt zu gewähren, § 1607 Abs. 1 BGB. Bei mehreren nachrangigen Verwandten, die ihrerseits gleichrangig sind, gilt die Ersatzhaftung anteilig.

Der Ersatzschuldner erhält im Wege der *cessio legis* einen Ausgleichsanspruch gegenüber dem primären Unterhaltsschuldner, § 1607 Abs. 3 S. 1 BGB. Dieser darf aber nicht zum Nachteil des Unterhaltsberechtigten führen, wenn der Unterhaltsschuldner dadurch erneut ausfallen würde.[223] Bei völliger Leistungsunfähigkeit tritt von Anfang an der im Rang danach stehende Schuldner in die Unterhaltsverpflichtung ein.[224]

5. Grenzen

Der Unterhaltsbedarf kann u.U. beschränkt werden oder ausnahmsweise insgesamt wegfallen, wenn die Anspruchsvoraussetzungen nicht mehr vorliegen oder dem Unterhaltsberechtigten ein Verhalten vorgeworfen werden kann, das es rechtfertigt, einen Unterhaltsanspruch insgesamt zu versagen.

a. Ende der Unterhaltspflicht

Nach § 1615 Abs. 1 BGB endet die Unterhaltsverpflichtung mit dem Tod des Berechtigten oder des Verpflichteten. Außerdem tritt nach Vollendung des 18. Lebensjahres gem. § 2 BGB die Volljährigkeit ein, sodass zumindest die Privilegien des Minderjährigenunterhalts grundsätzlich enden.

Bestehen die Voraussetzungen einer Unterhaltspflicht fort, kann ein Unterhaltsanspruch des Volljährigen in Betracht kommen, der sich ebenfalls am individuellen Bedarf i.S.d. § 1610 BGB und der Leistungsfähigkeit

---

222 BT Drs. 16/1830, S. 24.

223 Schwab, Familienrecht, § 83 Rn. 1080.

224 Klinkhammer in: Staudinger BGB, § 1607 Rn. 4.

der Verpflichteten orientiert, wobei die generelle Betreuungsverpflichtung nach Eintritt der Volljährigkeit entfällt.[225]

b. Wegfall der Verpflichtung

Der Ausschluss nach § 1611 BGB wegen einer sittlichen Verfehlung kann einem minderjährigen Kind[226] nicht entgegengehalten werden. Nach Art. 6 Abs. 2 S. 1 GG sind die Eltern zur Pflege und Erziehung des Kindes verpflichtet. Dieser Pflicht sollen sich die Eltern nicht entziehen können, indem sie bei aufkommenden erzieherischen Problemen auf einen Wegfall der Unterhaltspflicht verweisen.[227]

C. Zusammenfassung Kapitel 2

- Das Kindschaftsrecht ist in den §§ 1626–1698b BGB geregelt und gewährleistet die einfach gesetzliche Umsetzung des verfassungsrechtlich garantierten Elternrechts (Art. 6 Abs. 2 S. 1 GG). Es umfasst die rechtliche Verantwortung und Vertretung des Kindes – die elterliche Sorge -, die im Grundsatz den Eltern gemeinsam zustehen soll.
- Die Eltern haben das gemeinsame Sorgerecht im gegenseitigen Einvernehmen auszuüben und bei Meinungsverschiedenheiten nach einer Einigung zu suchen, § 1627 BGB. Gelingt keine Einigung, kann jeder Elternteil beim Familiengericht beantragen, dass ihm in der konkreten Angelegenheit die alleinige Entscheidungskompetenz nach § 1628 Abs. 1 BGB übertragen wird. Außerdem können die getrenntlebenden Eltern jeweils beantragen, dass ihnen das alleinige Sorgerecht vom Familiengericht übertragen wird, § 1671 Abs. 1 S. 1 BGB.
- Der Inhalt und die Grenzen des Sorgerechts sind durch den individuellen Einzelfall auszufüllen. Bei einer konkreten Kindeswohlgefährdung hat das Familiengericht die Maßnahmen zu treffen, die zur Abwendung der Gefahr erforderlich sind. Dafür enthält § 1666 Abs. 3 BGB eine beispielhafte Aufzählung der gerichtlichen Maßnahmen.

---

225 Von Pückler in: Grüneberg BGB, § 1612b Rn. 12.

226 Den privilegiert Volljährigen kann hingegen die Einwendung des § 1611 BGB entgegengehalten werden, da die Vorschrift ausdrücklich nur das minderjährige Kind aus dem Anwendungsbereich ausschließt.

227 Langeheine in: MüKo BGB, § 1611 Rn. 43.

- Das Umgangsrecht sichert den persönlichen Kontakt der Eltern mit dem Kind. Die Eltern haben die Pflicht und das Recht zum Umgang mit dem Kind, § 1684 Abs. 1 S. 1 BGB. Das Familiengericht kann aber über den Umfang des Umgangsrechts entscheiden und ggf. Maßnahmen bestimmen, soweit andernfalls das Wohl des Kindes gefährdet wäre, vgl. § 1684 Abs. 4 S. 3 BGB.
- Leben die gemeinsam sorgeberechtigten Eltern getrennt, sollen sie abweichend zu § 1627 S. 1 BGB nur in den Angelegenheiten von erheblicher Bedeutung zusammenwirken müssen. Alltagsangelegenheiten entscheidet der Obhutselternteil grds. allein, § 1687 Abs. 1 S. 2 BGB.
- Großeltern, sonstige Bezugspersonen mit sozial-familiärer Bindung und dem leiblichen, aber nicht rechtlichen Vater steht auch ein Recht auf Umgang mit dem Kind zu, wenn es dem Wohl des Kindes dient (§§ 1685, 1686a BGB). Über die konkrete Ausübung entscheiden grundsätzlich die Sorgerechtsinhaber, § 1632 Abs. 2 BGB.
- Die Eltern sind dem Kind zur Gewährung eines angemessenen Unterhalts verpflichtet. Dieser setzt nach den §§ 1601–1615 BGB die Bedürftigkeit des Berechtigten und die Leistungsfähigkeit des Verpflichteten voraus.
- Der Kindesunterhalt unterteilt sich in Betreuungs-, Natural- und Barunterhalt, wobei der Elternteil, der das Kind pflegt und erzieht, dadurch regelmäßig schon seine Unterhaltspflicht erfüllt, § 1606 Abs. 3 S. 2 BGB. Die Eltern können grds. frei bestimmen, in welcher Art und für welche Zeit im Voraus der Unterhalt gewährt werden soll, sofern auf die Belange des Kindes die gebotene Rücksicht genommen wird, § 1612 Abs. 2 S. 1 BGB.
- Der Unterhaltsbedarf wird v.a. durch die Düsseldorfer Tabelle konkretisiert, wobei auch Mehr- oder Sonderbedarf berücksichtigt werden kann.
- Fällt ein Elternteil aus, da er bei vollständiger Leistung seinen eigenen Lebensunterhalt nicht mehr bestreiten kann, trifft den anderen Elternteil oder ggf. weitere nachrangige Unterhaltsverpflichtete eine Ersatzhaftung nach § 1607 Abs. 1 BGB. Es ist in jedem Fall ein angemessenes Ergebnis für alle Betroffenen zu erzielen.

III. Das *Wechselmodell*: Die Betreuungsalternative für moderne Familien?

Die Idealvorstellung in der familienrechtlichen Praxis ist, dass auch nach einer Elterntrennung oder Scheidung beide Elternteile für die Kinderbetreuung zur Verfügung stehen und sie kooperativ in Erziehungsfragen zusammenwirken können. Die Vermutung des § 1626 Abs. 3 S. 1 BGB, dass es zum Wohl des Kindes gehört, dass beide Eltern regelmäßig Kontakt zu dem Kind haben, soll auch über das Zusammenleben hinaus fortgelten.

Um dieses Ziel zu erreichen, wird im politischen Diskurs vorgeschlagen, das paritätische Wechselmodell als Leitmodell für die Kinderbetreuung getrennter Elternteile allgemeingültig vorzusehen.[228] Dies hatte die Bundesregierung bislang abgelehnt,[229] und obwohl das *Wechselmodell* bereits 1996 im Rahmen des Gesetzgebungsverfahrens um die Kindschaftsrechtsreform erwähnt wurde, geht das BGB nach wie vor allein von dem Residenzmodell mit einem hauptsächlich betreuenden Elternteil aus (vgl. II De lege lata: Die aktuelle Gesetzeslage zum Kindschafts- und Kindesunterhaltsrecht).

Hildegund Sünderhauf-Kravets veröffentlichte 2013 eine umfassende Publikation, bei der sie auf die Vorteile der paritätisch aufgeteilten Betreuungsform für die gesamte Familie hinweist.[230]

---

228 Vgl. die Kleine Anfrage einzelner Abgeordneter sowie der FDP-Fraktion im Bundestag, BT-Drs. 19/30363, Frage 7.

229 BT-Drs. 19/30895, S. 4.

230 Sünderhauf, Wechselmodell, S. 268–322. Betreuungspläne und Vorlagen für Wechselmodellvereinbarungen – Anhang Psychologie: 45 psychologische Forschungsstudien zum Wechselmodell – Anhang Recht: 65 Urteile zum Wechselmodell (Umgangsrecht, elterliche Sorge und Unterhalt

Aus psychologischer Sicht wird allerdings vor einer Generalisierung als Leitmodell gewarnt, da das Betreuungsarrangement an den individuellen Bedürfnissen des Kindes sowie den Anforderungen der Familie zu entwickeln ist.[231] Es gibt bislang keine ausreichende empirische Grundlage, die die Häufigkeiten der Wechsel und die Periode, die das Kind jeweils bei einem Elternteil verbringt, evaluiert und mit den Kindesbelastungen ins Verhältnis setzt, sodass allgemeingültige Aussagen nicht getroffen werden können.[232]

Nachfolgend werden die Betreuungsmodelle, die nach aktuellem Stand in der Rechtspraxis differenziert werden, dargestellt. An späterer Stelle der Arbeit wird hieran mit einem Vorschlag angeknüpft, der sich von der starren Einordnung in ein bestimmtes Betreuungsmodell löst (vgl. V. Transformation: Ein kinderfreundliches Familienrecht am Puls der Zeit und mit Perspektive).

A. Entwicklung

Im europäischen Umland (v.a. in Schweden und Belgien) ist die geteilte elterliche Betreuung nach einer Trennung oder Scheidung zumindest als gleichwertige Alternative zum gewohnten Alleinerziehermodell – zum Teil sogar als vorrangiges Leitmodell – in den einschlägigen Gesetzen vorgesehen.[233] Dazu hat der Europarat in einer Resolution vom 02. Dezember 2015[234] mit dem Titel „Equalitiy and shared parental responsibility: the role of fathers“ aufgefordert. Dort heißt es unter Ziff. 5.5: „[…] the Assembly calls on the member States to introduce into their laws the principle of shared residence following a separating […].“[235] Ferner sollen im Grundsatz nach einer Trennung weiterhin beide Elternteile bei Entscheidungen von erheblicher

231 Berufsverband Deutscher Psychologinnen und Psychologen, Schriftliche Stellungnahme für die öffentliche Anhörung im Rechtsausschuss zum Thema „Wechselmodell als Regelfall“ am 13. Februar 2019.

232 Salzgeber/Bublath, NZFam 2016, 837, 841. Der aktuelle Stand der Wechselmodellforschung wird unten noch vorgestellt (siehe V. D. 1. b. Empirische Erhebungen).

233 Eine rechtsvergleichende Umschau zu ausgewählten Mitgliedsstaaten findet sich unten (V. D. 1. b. Empirische Erhebungen).

234 Europarat, Resolution 2079 (2015): Gleichberechtigung und geteilte elterliche Verantwortung: die Rolle der Väter.

235 „Die Versammlung fordert die Mitgliedstaaten auf, in ihren Gesetzen den Grundsatz des gemeinsamen Aufenthalts nach einer Trennung einzuführen.“

Bedeutung gleichberechtigte Informations- und Mitbestimmungsrechte haben (5.3. Resolution 2079 (2015)).

Deutschland ist dieser Aufforderung bislang noch nicht nachgekommen. Der BGH stand daher am 01. Februar 2017 vor der Herausforderung, in einem Verfahren zur Anordnung des paritätischen Wechselmodells die Anforderungen und Voraussetzungen erstmals zu definieren.[236] Mit dieser Grundsatzentscheidung hat der 12. Zivilsenat eine umfassende Diskussion angestoßen, die in unzähligen Vorschlägen zur Einführung des paritätischen Wechselmodells sowie Berechnungsmodellen für diese Betreuungsform im Unterhaltsrecht mündete. Dabei stellt sich insbesondere auch die Frage, wie die Betreuungsmodelle voneinander abzugrenzen sind.

B. Die Betreuungsmodelle

Bereits die Bezeichnung *Betreuungsmodell* ist unglücklich gewählt, da der Begriff der *Betreuung* keine Entsprechung im Gesetz erfährt. Das Unterhaltsrecht legt vielmehr fest, dass derjenige, der ein Kind *pflegt* und *erzieht,* damit regelmäßig seine Unterhaltspflicht erfüllt, § 1606 Abs. 3 S. 2 BGB. Eine ähnliche Formulierung findet sich auch in § 1631 Abs. 1 BGB zum Inhalt der Personensorge: „Die Personensorge umfasst insbesondere die Pflicht und das Recht, das Kind zu pflegen, erziehen, zu beaufsichtigen und seinen Aufenthalt zu bestimmen.“ Es ist daher zu vermuten, dass *Betreuung* mit der *Pflege* und *Erziehung* eines Kindes gleichgesetzt werden kann.

Die Eltern können sich die Aufgaben entweder teilen oder wenn ein kooperatives Zusammenwirken nicht möglich oder nicht gewünscht ist, kann einem Elternteil In die alleinige Betreuungsverantwortung übertragen sein, der den Lebensmittelpunkt des Kindes festsetzt.[237]

Von der Alleinbetreuung und der hälftigen Betreuung beider Elternteile ist die Fremdunterbringung abzugrenzen. Diese wird aber im Rahmen dieser Arbeit nicht näher behandelt.

---

236 BGH, Beschluss vom 1. Februar 2017 – XII ZB 601/15 –, BGHZ 214, 31–45. Der Beschluss des BGHs wird im nächsten Kapitel (IV. C. b. Umgangsrechtliche Lösung) analysiert.

237 Obermann, NZFam 2023, 337, 342.

1. Alleinbetreuung

Die alleinige Betreuung durch einen Elternteil meint, dass dieser überwiegend oder ausschließlich die Pflege und Erziehungsaufgabe des Kindes übernimmt.[238] Die Interaktion mit dem anderen Elternteil bleibt dahinter deutlich zurück. Diese Betreuungsform kann auch als Residenzmodell im engeren Sinne verstanden werden, da das Kind eindeutig der *Residenz* bzw. dem Lebensmittelpunkt eines Elternteils zugeordnet werden kann.[239]

Nach der oben dargestellten Gesetzeslage (siehe II. De lege lata: Die aktuelle Gesetzeslage zum Kindschafts- und Kindesunterhaltsrecht) schuldet der Residenzelternteil neben der Pflege und Erziehung des Kindes regelmäßig keinen Barunterhalt, § 1606 Abs. 3 S. 2 BGB.

Die überwiegende oder ausschließliche Alleinbetreuung ist v.a. dann sinnvoll, wenn der andere Elternteil aufgrund räumlicher, zeitlicher oder persönlicher Gründe die Betreuung nicht übernehmen kann. Hierfür werden dem alleinerziehenden Elternteil teilweise staatliche Unterstützungsleistungen gewährt.[240]

2. Geteilte Betreuung

Hiervon abzugrenzen ist die geteilte Betreuung, bei der sich beide Elternteile nicht unerheblich engagieren. Im Rahmen der wissenschaftlichen Diskussion tauchen hierzu die Begriffe *Residenzmodell mit erweitertem Umgang*, *atypisches Wechselmodell* oder allgemein die *geteilte Betreuung* auf, denen allesamt das gleiche Verständnis zugrunde liegt.

Beim 72. Deutschen Juristentag in Leipzig sprach sich die deutliche Mehrheit dafür aus, die *geteilte Betreuung* als gleichwertiges Betreuungsmodell neben dem Residenzmodell anzuerkennen.[241] Nach dem Vorschlag von *Eva*

---

[238] Oberverwaltungsgericht für das Land Nordrhein-Westfalen, Beschluss vom 18. Februar 2008 – 16 E 1118/06 –, Rn. 19, juris.

[239] Marchlewski, Das Wechselmodell im Kindschaftsrecht, S. 11.

[240] Bspw. kann nach § 1 Abs. 1 Nr. 2 UVG Unterhaltsvorschuss gewährt werden, wenn das Kind bei einem Elternteil lebt. Die finanzielle Besserstellung ist aber nicht mehr gerechtfertigt, wenn auch der andere Elternteil an der erzieherischen Leistung mitwirkt, Oberverwaltungsgericht für das Land Nordrhein-Westfalen, Beschluss vom 18. Februar 2008 – 16 E 1118/06 –, Rn. 19, juris.

[241] Beschlüsse der Abteilung Familienrecht des 72. Deutschen Juristentages, FamRZ 2018, 1732, 1733.

Schumann sollen alle Ausprägungen des Wechselmodells sowie das Nestmodell einheitlich unter den Oberbegriff *geteilte Betreuung* gefasst werden.[242]

Die „Arbeitsgruppe zur Reform des Sorge- und Umgangsrechts" hat in ihrem Thesenpapier von 2018 den Begriff der *geteilten Betreuung* ebenfalls verwendet, legt dabei aber ein anderes Verständnis zugrunde. Es wird bei der Aufzählung dem paritätischen Wechselmodell gegenübergestellt (vgl. These 4), sodass damit eher eine Betreuungsform des Residenzmodells mit erweitertem Umgang gemeint sein muss.[243] Im Rahmen dieser Arbeit soll gemäß dem Vorschlag von *Schumann* die *geteilte Betreuung* als Oberbegriff verstanden werden, der sowohl das symmetrische als auch das asymmetrische Wechselmodell einschließt.

Nimmt der Mitbetreuungsanteil eine in etwa gleichwertige Übernahme der Erziehungsleistung ein, wird allgemein von dem *paritätischen Wechselmodell* oder auch *Doppelresidenzmodell* gesprochen.[244] Wie dieser Mitbetreuungsanteil zu bestimmen ist, ist Gegenstand der breiten Diskussion um das paritätische Wechselmodell. In diesem Kapitel sollen zunächst die vertretenen Anknüpfungspunkte für eine Abgrenzung aufgezeigt werden, bevor im nächsten Kapitel (IV. Status quo: Die inkonsistente Rechtspraxis im Zusammenhang mit der geteilten Betreuung) auf die sich daraus ergebenden Probleme in der Rechtsprechung eingegangen wird.

Der Vollständigkeit halber sei auch noch auf das sogenannte *Nestmodell* hingewiesen, das dann anzunehmen ist, wenn das Kind in einem Haushalt verbleibt und die Eltern abwechselnd zu dem Kind einziehen, um es dort zu betreuen.[245] Da damit allerdings ein erheblicher Abstimmungsaufwand einhergeht und es viel Toleranz erfordert, wenn der Ex-Partner regelmäßig in den privaten Lebensraum eindringt, nimmt diese Betreuungsform sowohl in der wissenschaftlichen Diskussion als auch in der Praxis nur einen zu vernachlässigenden Anteil ein.[246] Diese Betreuungsform wird daher in der weiteren Analyse ausgeklammert.

242 Schumann in: Gutachten zum 72. DJT, S. 10.

243 Arbeitsgruppe „Sorge- und Umgangsrecht, insbesondere bei gemeinsamer Betreuung nach Trennung und Scheidung", FamRZ 2019, 1986, 1986.

244 Damljanovic, Das Wechselmodell; S. 23.

245 Hennemann in: MüKo BGB, § 1671 Rn. 24.

246 Salzgeber/Bublath, NZFam 2016, 837, 838.

a. Asymmetrisches Wechselmodell

Kann ein eindeutiger Betreuungsschwerpunkt eines Elternteils festgestellt werden, wobei auch der andere (Nicht-Residenz-) Elternteil einen nicht unerheblichen Mitbetreuungsanteil übernimmt und das Kind sich regelmäßig phasenweise in dessen Wohnung aufhält, ist von einem *atypischen Wechselmodell* auszugehen.[247] In diesem Kontext wird auch teilweise der Ausdruck *Residenzmodell* ggf. mit erweitertem Umgang verwendet.[248] Um Abgrenzungsschwierigkeiten gegenüber dem Alleinerziehermodell zu vermeiden, wird im weiteren Verlauf die Bezeichnung als *atypisches* bzw. *asymmetrisches Wechselmodell* gewählt.

Nach der Vorstellung in der Literatur ist ein Mitbetreuungsanteil von mind. 30 % erforderlich, der bis zur Angleichung einer nahezu hälftigen Betreuung beider Elternteile variieren kann.[249] Die Rechtsprechung hat ein atypisches Wechselmodell bspw. dann angenommen, wenn das Kind zwar durch den Vater an 6 von 14 Tagen betreut wird, sich aber immer noch ein Schwergewicht der Pflege- und Erziehungsaufgaben zugunsten der Kindesmutter feststellen lässt.[250]

Diese Betreuungsform wird oft gewählt, wenn eine gleichmäßige Betreuung aus verschiedenen Gründen nicht möglich ist, aber dennoch eine enge Beziehung zu beiden Elternteilen gewünscht wird.

b. Paritätisches Wechselmodell

Wenn das Kind abwechselnd von beiden Elternteilen in nahezu gleich langen Episoden betreut wird, sodass sich kein Betreuungsschwerpunkt des Kindes bei einem Elternteil feststellen lässt, und daneben auch die Verantwortungsbereiche zwischen den Eltern gleichmäßig aufgeteilt wurden, wird dieses Betreuungsmodell allgemein *paritätisches Wechselmodell* oder *Doppelresidenzmodell* genannt.[251] Die Konsequenz daraus ist, dass sich keine eindeutige *Obhut*

247 Diese Formulierung verwendet bspw. des Bundesjustizministeriums in den veröffentlichten Eckpunktepapieren.

248 Veit in: BeckOK BGB, § 1687 Rn. 7.

249 Hennemann in: MüKo BGB, § 1671 Rn. 23; Steinbach u.a., FamRZ 2021, 729, 729.

250 OLG Frankfurt, Beschluss vom 8. Dezember 2016 – 1 UF 68/16 –, FamRZ 2017, 889, 890.

251 Götz in: Grüneberg, BGB, § 1687 Rn. 2; Hennemann in: MüKo BGB, § 1671 Rn. 23. Steinbach u.a., FamRZ 2021, 729, 729.

gem. § 1629 Abs. 2 S. 2 BGB bei einem Elternteil feststellen lässt, sodass diese und andere Vorschriften, die an die Residenz des Kindes anknüpfen, nicht ohne Weiteres angewendet werden können (zu den Herausforderungen in der Rechtsprechung vgl. IV. Status quo: Die inkonsistente Rechtspraxis im Zusammenhang mit der geteilten Betreuung).[252]

Der 12. Zivilsenat erkennt – wenn auch noch zurückhaltend – das paritätische Wechselmodell mittlerweile als alternative Betreuungsform an.[253] Er spricht zwar allgemein von dem *Wechselmodell*, legt aber ebenfalls das Verständnis des paritätischen Wechselmodells zugrunde.[254]

Diese Betreuungsform nimmt ca. 6,8 % der Kinderbetreuung von Kindern im Alter von einem bis drei Jahren in der Praxis ein und kommt damit weitaus seltener vor, als die kontroverse Diskussion vermuten lässt.[255]

Vom Sinngehalt ist die Bezeichnung als *Doppelresidenz*modell treffender, da das paritätische *Wechsel*modell suggeriert, dass allein auf die Wechsel des Kindes zwischen den Haushalten der Eltern abzustellen ist. Dies trifft allerdings auch auf die Betreuungsformen unterhalb einer hälftigen Aufteilung zu. Da sich der Begriff des *Wechselmodells* allerdings bereits etabliert hat, soll im Weiteren daran festgehalten werden.

Übernehmen phasenweise dritte Personen einzelne Betreuungszeiten bspw. während der Schulzeit oder bei Freizeitaktivitäten, verbleibt die Hauptverantwortung grundsätzlich bei dem aktuell Betreuenden. Ihm wird dann die Betreuungseinheit der dritten Betreuungsperson gutgeschrieben.[256] Dies ist v.a. im Hinblick eines (krankheitsbedingten) Ausfalls relevant, da dann der jeweilige Elternteil ersatzweise einspringen muss.[257]

---

252 OLG Koblenz, Beschluss vom 3. Juli 2008 – 11 WF 547/08 –, Rn. 4, juris.

253 BGH, Beschluss vom 1. Februar 2017 – XII ZB 601/15 –, BGHZ 214, 31–45, Rn. 24.

254 Vgl. bspw. BGH, Beschluss vom 1. Februar 2017 – XII ZB 601/15 –, BGHZ 214, 31–45.

255 Salzgeber/Bublath, NZFam 2016, 837, 837. Bei der ganzen juristischen Diskussion um das Wechselmodell ist zu beachten, dass in der gesellschaftlichen Realität die schwerpunktmäßige Betreuung durch einen Elternteil weitaus häufiger vorkommt, vgl. Steinbach u.a., FamRZ 2021, 729, 729.

256 OLG Dresden, Beschluss vom 29. Oktober 2015 – 20 UF 851/15 –, FamRZ 2016, 470, 471.

257 Im Zusammenhang mit der Coronakrise zeigte sich, dass in Krisensituationen rund 25 % der Frauen ihre Arbeitszeit reduzierten, um die Kinderbetreuung abzufedern, obwohl sich die Eltern die Kinderbetreuung in etwa gleich aufgeteilt hatten. Unter den Vätern waren es knapp 16 %, die ihre Arbeitszeit für

Mit dem paritätischen Wechselmodell wird oft die Intention verfolgt, eine enge Beziehung zu beiden Eltern aufrechtzuhalten und das Kind in den Alltag beider Elternteile zu integrieren.

Aus Kinderperspektive wird damit außerdem dem Wunsch entsprochen, keinen Elternteil zurückdrängen zu müssen.[258] Als Kehrseite erfordert diese Form der Betreuung aber einen erhöhten Abstimmungsbedarf, der nicht von allen Trennungspaaren gewährleistet werden kann und ggf. in weiteren Konflikten mündet.[259]

Im Unterhaltsrecht werden zudem regelmäßig erhöhte wechselbedingte Mehrkosten geltend gemacht. Die Gerichte stehen damit vor der Herausforderung, die gegenwärtige Gesetzeslage auf eine beiderseitige anteilige Barunterhaltspflicht anzuwenden. Die Rechtsprechung zur Unterhaltsberechnung im paritätischen Wechselmodell wird im vierten Kapitel (IV. Status quo: Die inkonsistente Rechtspraxis im Zusammenhang mit der geteilten Betreuung) detailliert dargestellt.

Ferner sind auch einige Vorschriften des Sozial- und Steuerrechts nicht ohne Weiteres mit dem Wechselmodell vereinbar. Dem Kind kann kein eindeutiger Lebensmittelpunkt zugewiesen werden, an den zahlreiche Sozialleistungen anknüpfen[260] und der für die Identifikation des Kindes (insbesondere für das Meldewesen) von Bedeutung ist.[261] Das Sozial- und Steuerrecht soll

---

die Kinderbetreuung reduziert haben, Kohlrausch/Zucco, Die Corona-Krise trifft Frauen doppelt – weniger Erwerbseinkommen und mehr Sorgearbeit, S. 8. In einem anderen Fall hatte das OLG Frankfurt das paritätische Wechselmodell abgelehnt, obwohl der Vater einen nicht zu vernachlässigenden Betreuungsanteil übernommen hat, da durch die Schichtarbeit des Vaters die Kindesmutter jederzeit für die Kindesbetreuung zur Verfügung stehen musste, bspw. da das Kind krankheitsbedingt die Schule nicht besuchen konnte, OLG Frankfurt, Beschluss vom 3. April 2013 – 2 UF 394/12 –, FamRZ 2014, 46, 47.

258 OLG Stuttgart, Beschluss vom 23. August 2017 – 18 UF 104/14 –, FamRZ 2018, 35, 37.

259 BGH, Beschluss vom 1. Februar 2017 – XII ZB 601/15 –, BGHZ 214, 31–45, Rn. 25.

260 Bspw. wird das Kindergeld an denjenigen Elternteil ausgezahlt, der das Kind in seinen Haushalt aufgenommen hat, § 64 Abs. 2 S. 1 EStG. Unterhaltsvorschuss wird auch nur dann gewährt, wenn das Kind unter 13 Jahren bei einem seiner Elternteile lebt, § 1 Abs. 1 Nr. 1 UVG.

261 Hennemann, NZFam 2016, 825, 825.

aber nicht Gegenstand dieser Arbeit sein, sodass für nähere Informationen auf den Beitrag von *Heike Hennemann* verwiesen wird.[262]

c. Abgrenzungskriterien

Allein die Zeitspanne, die das Kind beim jeweiligen Elternteil verbringt, reicht als Abgrenzungskriterium zwischen dem paritätischen Wechselmodell und dem atypischen Wechselmodell nicht aus. Das Beharren auf festgelegte Betreuungszeiten beschränkt die Spontanität und Flexibilität und soll nicht dazu führen, dass das Kind die jeweiligen Betreuungsanteile akribisch messen muss, wenn es bspw. ungeplant Kontakt zum aktuell nicht betreuenden Elternteil sucht.[263] Die starre Zeitbetrachtung befördert jedenfalls das Konfliktpotential über die konkreten Anteile der Alltagsbetreuung.[264]

Es gibt auch keine einheitliche Auffassung darüber, ab welchem prozentualen Anteil der Betreuung die Grenze zum paritätischen Wechselmodell erreicht ist.[265] In der Rechtsprechung wird in der Regel ein 14-tägiger Betrachtungszeitraum angenommen und die Betreuungstage bis zum jeweiligen Aufenthaltswechsel des Kindes einander gegenübergestellt.[266] Dabei lehnte der BGH bei einem prozentualen Betreuungsverhältnis von 47 % zu 53 % (sechs von vierzehn Betreuungstagen beim Vater) aufgrund des noch bestehenden Betreuungsschwerpunktes bei der Mutter das paritätische Wechselmodell ab.[267] Das KG Berlin ließ hingegen eine Aufteilung der Betreuungstage von 45 % zu 55 % ausreichen.[268]

---

262 Hennemann, NZFam 2016, 825, 825–829.

263 Rakete-Dombek, FF 2002, 16, 17.

264 Spangenberg, FamRZ 2014, 88, 89.

265 Hier setzt das Eckpunktepapier zur Reform des Unterhaltsrechts vom 24. August 2023 an und sieht den Anwendungsbereich des paritätischen Wechselmodells eröffnet, wenn mind. 49 % der Nächte durch den mitbetreuenden Elternteil übernommen werden, wobei im Einzelfall auch zu besonderen Umständen vorgetragen werden kann. Siehe hierzu V. F. 1. Das Eckpunktepapier des BMJ zur Reform des Kindesunterhalts.

266 BGH, Beschluss vom 1. Februar 2017 – XII ZB 601/15 –, BGHZ 214, 31–45, Rn. 12; OLG Düsseldorf, Beschluss vom 7. November 2012 – II-6 UF 191/12 –, Rn. 10, juris m.w.N.

267 BGH, Beschluss vom 5. November 2014 – XII ZB 599/13 –, FamRZ 2015, 236, 238.

268 KG Berlin, Beschluss vom 15. April 2019 – 13 UF 89/16 –, FamRZ 2019, 1321, 1321–1322.

Andere Gerichte stellen nicht auf die Anzahl der Tage ab, sondern auf die Nächte und argumentieren damit, dass die Betreuung am Tag maßgeblich durch die Schulzeit durchbrochen wird, von der beide Eltern profitieren sollen.[269]

Als dritter Ansatz werden exakt die Betreuungsstunden einander gegenübergestellt, die in den jeweiligen Verantwortungsbereich der Eltern fallen.[270]

Jedenfalls soll die Zeitkomponente aber nur indizielle Bedeutung haben und daneben auch die tatsächliche Übernahme der elementaren Lebensbedingungen (Organisation des Tagesablaufs, Pflege und Erziehung, Verpflegung, Ausstattung mit Kleidung, gesundheitliche Verantwortung etc.)[271] in die Bewertung einfließen.[272]

Die ständige Fachkonferenz des Deutschen Instituts für Jugendhilfe und Familienrecht e.V. (DIJuF) hat in ihrer 16. Sitzung am 16. Januar 2012 zusätzlich gefordert, dass von einem echten paritätischen Wechselmodell nur dann gesprochen werden kann, wenn auch der finanzielle Ausgleich bei dieser Betreuungsform vereinbart wurde. Liegt eine Einigung hierüber nicht vor, würde das gegen die Einordnung als paritätisches Wechselmodell sprechen.[273]

Ob und welche weiteren Kriterien für die Auswahl einer bestimmten Betreuungsform heranzuziehen sind, wird unten im Zusammenhang mit dem Reformvorschlag für eine flexiblere Betreuungsvereinbarung präsentiert (vgl. V. D. I. c. Entscheidungsparameter).

D. Zusammenfassung Kapitel 3

- Die Betreuungsmodelle lassen sich zunächst danach untergliedern, ob ein Elternteil ganz überwiegend oder allein die Betreuungsverantwortung

269 OLG Frankfurt, Beschluss vom 3. April 2013 – 2 UF 394/12 –, FamRZ 2014, 46, 46; Brandenburgisches Oberlandesgericht, Urteil vom 26. Oktober 2006 – 15 UF 64/06 –, FamRZ 2007, 1354, 1354.

270 OLG Koblenz, Beschluss vom 3. Juli 2008 – 11 WF 547/08 –, Rn. 8, juris.

271 Die Übernahme der Verantwortung für die Alltagsbedürfnisse des Kindes wird in der psychologischen Praxis unter dem Oberbegriff des mental loads zusammengefasst, vgl. Salzgeber, Familienpsychologische Gutachten, S. 503.

272 BGH, Beschluss vom 5. November 2014 – XII ZB 599/13 –, FamRZ 2015, 236, 237; KG Berlin, Beschluss vom 15. April 2019 – 13 UF 89/16, NJ 2019, 294, 296.

273 Ständige Fachkonferenz 3 „Familienrecht und Beistandschaft, Amtsvormundschaft" des Deutschen Instituts für Jugendhilfe und Familienrecht e.V. (DIJuF), FamRZ 2013, 346, 347.

nach einer Trennung oder Scheidung tragen soll (dann *Alleinbetreuung*) oder diese unter den Eltern aufgeteilt wird (sog. *geteilte Betreuung*).

- Im Rahmen der geteilten Betreuung lässt sich dann weiter nach der genauen Verteilung der Betreuungsanteile differenzieren. Neben der zeitlichen Komponente ist auch ganz wesentlich auf die tatsächliche Übernahme von essenzieller Betreuungsverantwortung abzustellen.
- Die in etwa gleiche Verteilung der Beiträge führt zur Annahme des *paritätischen Wechselmodells,* wobei nach Auffassung mancher Oberlandesgerichte auch unterhalb einer strengen 50:50 Verteilung der Anwendungsbereich bereits eröffnet ist. Teilweise wird zusätzlich gefordert, dass auch der finanzielle Ausgleich bei dieser Betreuungsform vereinbart wurde.
- Ist zugunsten eines Elternteils ein Schwerpunkt an Betreuungsverantwortung feststellbar, wird von einem *atypischen Wechselmodell* gesprochen.
- Der Europarat hat in einer Empfehlung ausgesprochen, dass die Mitgliedsstaaten Regelungen schaffen sollen, mit denen die geteilte Betreuung im Gesetz vorgesehen wird. Dem ist Deutschland bisher noch nicht nachgekommen, sodass die Gerichte angehalten sind, die Gesetzeslage auszulegen.
- Andere europäische Mitgliedsstaaten haben das paritätische Wechselmodell sogar als Leitmodell nach jeder Trennung gesetzlich vorgesehen oder zumindest als gleichwertige Alternative normiert.

IV. Status quo: Die inkonsistente Rechtspraxis im Zusammenhang mit der geteilten Betreuung

Wie zuvor erläutert, definiert die gegenwärtige Gesetzeslage zwar nicht konkret die Betreuungsmodelle, legt aber in einigen Vorschriften die Residenzbetreuung mit deutlichem Schwergewicht bei einem Elternteil zugrunde. Dies ist insbesondere im Hinblick auf das paritätische Wechselmodell problematisch, da die gesetzgeberische Wertung – mit einem hauptbetreuenden Elternteil und einem barunterhaltsschuldenden Elternteil – auf diese Konstellation gerade nicht passt.

Bei geteilter Betreuung könnten sich bei strenger Anwendung des Gesetzeswort-lautes beide Elternteile auf den Wegfall ihrer Barunterhaltspflicht berufen. Eine nur anteilige Verkürzung oder Ähnliches ist nicht vorgesehen. Die Familiengerichte stehen deshalb vor der Herausforderung, die bestehende Gesetzeslage zu modifizieren.

Das paritätische Wechselmodell ist in der jüngeren Vergangenheit zum Gegenstand zahlreicher Diskussionen geworden.[274] Bereits die dogmatische Einordnung, ob darüber im Sorge- oder Umgangsverfahren zu entscheiden ist, wird unterschiedlich gesehen. Ferner wird im Unterhaltsrecht diskutiert, wie die Mitbetreuungsanteile bei geteilter Betreuung ausreichend gewürdigt werden können. An § 1606 Abs. 3 S. 2 BGB (dem Wegfall der Barunterhaltsschuld durch die Übernahme von Pflege- und Erziehungsleistung) kann nicht uneingeschränkt festgehalten werden. Es stellt sich daher die Frage, wie der Kindesbedarf gerecht auf beide Elternteile verteilt werden kann und

---

274 Zum Zeitpunkt des Erstellens der Arbeit war das paritätische Wechselmodell Gegenstand in 17 Entscheidungen des 12. Zivilsenats.

dennoch gesichert bleibt. Dabei spielt auch die Verteilung des Kindergeldes eine entscheidende Rolle.

Schließlich kann ein *Obhuts*-Elternteil, wie es § 1629 Abs. 2 S. 2 BGB vorsieht, in den Fällen des paritätischen Wechselmodells gerade nicht identifiziert werden, sodass sich bereits die grundsätzliche Frage stellt, wer im Verfahren das Kind vertritt.

Dies sind nur einige prominente Probleme, bei denen die Rechtsprechung durch Gesetzesauslegung die gegenwärtige Gesetzeslage modifizieren muss. Dabei stellt sich auch die Frage, ob die Grenzen zulässiger Gesetzesauslegung noch gewahrt werden.

Die Literatur verweist darauf, dass insbesondere die Schwierigkeiten im Zusammenhang mit der Berechnung und Durchsetzung des Unterhaltsanspruches beim paritätischen Wechselmodell dazu führen, dass von dieser Betreuungsform nur zurückhaltend Gebrauch gemacht wird.[275]

Die nachfolgenden Ausführungen zeigen, dass erhebliche Rechtsunsicherheiten bestehen.

A. Grenzen zulässiger Gesetzesauslegung

Nach Art. 20 Abs. 3 GG sind die vollziehende Gewalt und die Rechtsprechung an das geschriebene Gesetz und Recht gebunden. Ist der konkrete Einzelfall nicht von dem geschriebenen Gesetz umfasst, kann durch Auslegung des Gesetzes nach einer Lösung gesucht werden.[276] Anhaltspunkte liefern neben der Gesetzesbegründung der Wortlaut, die systematische Eingliederung und der historische Kontext.[277]

Die Grenze zulässiger Gesetzesauslegung ergibt sich insbesondere aus dem Rechtsstaatsprinzip (Art. 20 Abs. 2, 3 GG). Trotz zahlreicher Verwendung von unbestimmten Rechtsbegriffen und weitreichenden Ermessensspielräumen des Familienrichters bleibt die Minimalverantwortung – die *Gerechtigkeit in Gang zu setzen* und einen Rechtsrahmen vorzudefinieren – beim Gesetzgeber.[278] Daran knüpft die vom Bundesverfassungsgericht erarbeitete

275 Vgl. Maaß, FamRZ 2016, 603, 603 m.w.N.

276 Looschelders/Roth, Juristische Methodik im Prozess der Rechtsanwendung, S. 1 m.w.N.

277 Wank/Maties, Die Auslegung von Gesetzen, S. 75; Spitzlei, JuS 2022, 315, 315; Schäfer, JuS 2015, 875, 877–878.

278 Coester, Das Kindeswohl als Rechtsbegriff, S. 149.

Wesentlichkeitstheorie[279] an, die besagt, dass es die Aufgabe des Gesetzgebers ist, *wesentliche* Bestimmungen vorzugeben, die den Bürger unmittelbar betreffen – sowohl als Eingriff als teilweise auch als Leistung[280]. Entscheidungen, die hiergegen verstoßen, können keinen Bestand haben.[281]

2015 wurde beim Bundesverfassungsgericht eine Verfassungsbeschwerde eingereicht, da die Anordnung der paritätischen Betreuung gegen den Willen eines Elternteils Art. 6 Abs. 2 S. 1 GG verletzen könnte. In der konkreten Entscheidung musste allerdings die paritätische Betreuung bereits aus Kindeswohlaspekten von vornherein abgelehnt werden, sodass sich das Gericht nicht näher zu der Frage äußerte.[282]

Zwei Jahre später hatte sich das Bundesverfassungsgericht erneut mit der Frage auseinanderzusetzen, ob die fehlende gesetzliche Grundlage zum paritätischen Wechselmodell zu einem Verstoß gegen Art. 6 Abs. 2 S. 1 GG führt. Das Gericht entschied, dass es kein verfassungsrechtliches Bedürfnis für eine Entscheidung sehe, und hat die Verfassungsbeschwerde daher nicht angenommen.[283]

Im Bereich des Kindesunterhalts entschied der BGH zwar nachvollziehbar, dass § 1606 Abs. 3 S. 2 BGB im Zusammenhang mit dem paritätischen Wechselmodell nicht zu dem vollständigen Wegfall der Barunterhaltspflicht führen kann.[284] Damit geht der 12. Zivilsenat allerdings über den eindeutigen Wortlaut der Vorschrift hinaus, der keine Einschränkung bei einer geteilten

---

279 BVerfG, Beschluss vom 28. Oktober 1975 – 2 BvR 883/73, BVerfGE 40, 237, 249.

280 Im Rahmen der Leistungsverwaltung ist es umstritten, ob und in welcher Intensität ein Gesetzesvorbehalt vorliegen muss, da jedenfalls ein Totalvorbehalt die Funktionsfähigkeit der Verwaltung lähmt, vgl. Verfassungsgericht des Landes Brandenburg, Urteil vom 24. April 2012 – 47/11 –, NVwZ-RR 2012, 577, 581. Ist allerdings die Leistung wesentlich für das Gemeinwesen, bedarf auch diese einer parlamentarischen Grundlage, vgl. BVerfG, Urteil vom 9. Februar 2010 – 1 BvL 1/09 –, BVerfGE 125, 175–260, Rn. 144; Jarass in: Jarass/Pieroth/Kment GG, Art. 20 Rn. 75.

281 Schlaich/Korioth, Das Bundesverfassungsgericht – Stellung, Verfahren, Entscheidungen, Rn. 301.

282 BVerfG, Nichtannahmebeschluss vom 24. Juni 2015 – 1 BvR 486/14 –, FamRZ 2015, 1585, 1587.

283 BVerfG, Nichtannahmebeschluss vom 22. Januar 2018 – 1 BvR 2616/17 –, FamRZ 2018, 593, 593.

284 BGH, Beschluss vom 11. Januar 2017 – XII ZB 565/15–, NJW 2017, 1676, 1677.

Betreuung vorsieht. Die Entscheidung erfuhr daher erhebliche Kritik, sodass sich erneut das dringende Handlungsbedürfnis des Gesetzgebers aufdrängt.

B. Gemeinsames Sorgerecht des unverheirateten Vaters

§ 1626a BGB sieht seit 2013 die Möglichkeit vor, dass das gemeinsame Sorgerecht durch eine familiengerichtliche Entscheidung auch ohne die Mitwirkungsbereitschaft der Kindsmutter zum Abschluss einer Sorgerechtserklärung übertragen werden kann, vgl. § 1626a Abs. 1 Nr. 3 BGB (siehe zum gemeinsamen Sorgerecht der nicht miteinander verheirateten Eltern, II. A. 2. b. Sorgerechtsinhaber).

Das Gesetz sieht vor, dass das Familiengericht das Sorgerecht an beide Eltern übertragen soll, wenn das dem Kindeswohl nicht widerspricht, § 1626a Abs. 2 S. 1 BGB. Einwände hiergegen haben die Eltern konkret vorzutragen oder diese können sich bspw. aus den Erkenntnissen des bisher geführten Verfahrens oder ggf. schon geführten Verfahren ergeben, § 1626a Abs. 2 S. 2 BGB. Damit wird von der das Familienrecht prägenden Amtsermittlungspflicht abgewichen und maßgeblich auf den Beteiligtenvortrag abgestellt.[285] Der Gesetzgeber geht davon aus, dass Bedenken gegen ein gemeinsames Sorgerecht in der Regel von dem anderen Elternteil gegenüber dem Gericht vorgetragen werden.[286]

§ 1626a Abs. 2 S. 2 BGB weicht bewusst vom Prüfungsmaßstab zur Aufhebung des gemeinsamen Sorgerechts ab. Der Gesetzgeber hat gerade nicht die als Übergangsregelung vom Bundesverfassungsgericht vorgesehene Formulierung einer positiven Kindeswohlprüfung parallel zum Prüfungsmaßstab des § 1671 Abs. 1 S. 2 Nr. 2 BGB („dem Kindeswohl am besten entspricht") übernommen.[287] Dennoch überträgt der BGH die zu § 1671 Abs. 1 S. 2 Nr. 2 BGB entwickelten Grundsätze.[288]

Der BGH stellt auf ein Mindestmaß an Übereinstimmung in den wesentlichen Bereichen der eS und insgesamt auf eine tragfähige soziale Beziehung der

285 Götz in: Grüneberg BGB, § 1626a Rn. 12.

286 BT-Drs. 17/11048, S. 18.

287 BT-Drs. 17/11048, S. 18; BVerfG, Beschluss vom 21. Juli 2010 – 1 BvR 420/09 –, BVerfGE 127, 132–165, Rn. 76.

288 Vgl. BGH, Beschluss vom 15. Juni 2016 – XII ZB 419/15 –, BGHZ 211, 22–37, Rn. 15.

Eltern ab.[289] Eine nachhaltige Störung der Kommunikationsebene begründet hingegen eine Kindesbelastung und steht grundsätzlich der Übertragung des gemeinsamen Sorgerechts entgegen.[290]

Für das OLG Brandenburg ist die befürchtete Kindesbelastung noch nicht ausreichend, sondern der Elternstreit müsse sich auch bereits konkret ungünstig auf das Kindeswohl auswirken, sodass durch die Ablehnung der gemeinsamen Sorge die Belastung reduziert werden könne.[291]

Strenger entschied das OLG Karlsruhe, das bereits aus dem missglückten Versuch zum Abschluss der Sorgerechtserklärung nach § 1626a Abs. 1 Nr. 1 BGB auf die fehlende erforderliche Kooperationsfähigkeit der Eltern schließt und deshalb das gemeinsame Sorgerecht von vornherein ablehnte.[292] Hiervon ist das Gericht aber in späterer Entscheidung selbst wieder abgerückt und hat entsprechend dem Wortlaut des § 1626a Abs. 2 S. 1 BGB das gemeinsame Sorgerecht übertragen, da sich nicht feststellen ließ, dass es dem Kindeswohl weniger entspricht als die Alleinsorge.[293]

C. Gerichtliche Anordnung des paritätischen Wechselmodells

Ein weiterer Streitpunkt ist die Frage, ob die geteilte Betreuung nach gegenwärtiger Gesetzeslage auch gegen den Willen eines oder beider Elternteile gerichtlich angeordnet werden kann, wenn der Familienrichter diese Betreuungsorganisation am geeignetsten für die Familie im Hinblick auf das Kindeswohl erachtet, und wenn ja, nach welchen Kriterien die Auswahl zu erfolgen

---

289 BGH, Beschluss vom 15. Juni 2016 – XII ZB 419/15 –, BGHZ 211, 22–37, Rn. 23; BGH, Beschluss vom 12. Dezember 2007 – XII ZB 158/05 –, Rn. 11, juris.

290 BGH, Beschluss vom 15. Juni 2016 – XII ZB 419/15 –, BGHZ 211, 22–37, Rn. 24; ebenso KG Berlin, Beschluss vom 15. April 2014 – 19 UF 120/13 –, Rn. 6, juris; OLG Koblenz, Beschluss vom 6. Juni 2013 – 13 UF 246/13 –, Rn. 11, juris; a.A. das OLG Schleswig-Holstein, dass auch bei anhaltenden Kommunikationsschwierigkeiten nicht per se eine Ablehnung der gemeinsamen Sorge annimmt, sondern dies allenfalls bei einer Prognose zur Kooperationsfähigkeit berücksichtigt, Schleswig-Holsteinisches Oberlandesgericht, Beschluss vom 7. April 2014 – 15 UF 140/13 –, Rn. 20, juris.

291 Brandenburgisches Oberlandesgericht, Beschluss vom 3. August 2015 – 13 UF 190/14 –, FamRZ 2016, 240, 243.

292 OLG Karlsruhe, Beschluss vom 20. Juni 2013 – 18 UF 38/13 –, FamRZ 2014, 490, 490–491.

293 OLG Karlsruhe, Beschluss vom 17. Januar 2018 – 18 UF 185/17 –, FamRZ 2018, 920, 924.

hat. Dabei können zum einen verfassungsrechtliche Bedenken im Hinblick auf die primäre Elternverantwortung angeführt werden und zum anderen stellt sich die Frage der praktischen Umsetzung, ob dies als sorgerechtliche oder umgangsrechtliche Ausübungsregelung verstanden wird.

1. Verfassungsrechtliche Vereinbarkeit

Es ist grundsätzlich nach der Wertung des Art. 6 Abs. 2 S. 1 GG den Eltern überlassen, die Pflege- und Erziehungsverantwortung – vorbehaltlich des Art. 7 GG[294] – frei zu gestalten.[295] Die fortbestehende Verantwortung gegenüber dem Kind, eine an den persönlichen Bedürfnissen orientierte Betreuung auszurichten, besteht auch nach der Trennung fort und obliegt damit weiterhin den Eltern gemeinschaftlich (vgl. hierzu die Wertung des § 1671 Abs. 1 S. 1 BGB, aus der sich ergibt, dass nur *auf Antrag* das gemeinsame Sorgerecht aufgegeben werden soll).

Erst bei einer konkreten Gefährdung des Kindeswohls hat das Familiengericht einzuschreiten und die Maßnahmen zu treffen, die zur Abwendung der Gefahr erforderlich sind, § 1666 Abs. 1 S. 1 BGB. Dies ist durch das verfassungsrechtlich garantierte Stufenverhältnis aus Art. 6 Abs. 2 GG vorgegeben. Davor kann es nur auf entsprechendem Antrag entweder über die Übertragung der Alleinsorge entscheiden (§ 1671 Abs. 1 S. 1 BGB) oder in einzelnen Angelegenheiten einem Elternteil die Alleinentscheidungsbefugnis zuweisen (§ 1628 S. 1 BGB).

Auf der anderen Seite ergibt sich aus Art. 3 Abs. 1 der UN-Kinderrechtskonvention, dass bei allen Maßnahmen, die Kinder betreffen, das Wohl des Kindes *vorrangig* zu berücksichtigen ist. Damit sollen die Eltern ihre persönlichen Befindlichkeiten nicht über das Kindeswohl stellen, sodass das Gericht, wenn dies geboten ist, auch die geteilte Betreuung gegen den Elternwillen anordnen können muss.[296] Andernfalls würde den Eltern ein Vetorecht gewährt werden, das die Elterninteressen über die Kindesinteressen stellt.

---

294 Die Eltern können sich aber nicht der Schulpflicht widersetzen. „Das gesamte Schulwesen steht unter der Aufsicht des Staates", Art. 7 Abs. 1 GG.

295 BVerfG, Beschluss vom 15. Juni 1971 – 1 BvR 192/70 –, BVerfGE 31, 194, 204.

296 Vgl. BGH, Beschluss vom 5. Oktober 2016 – XII ZB 280/15 –, BGHZ 212, 155–172, Rn. 35, 51; ebenso das OLG Dresden, das davon ausgeht, dass es mit einer Festschreibung des Wechselmodells die Eltern zur Konfliktbeseitigung motivieren kann, OLG Dresden, Beschluss vom 3. Juni 2004 – 21 UF 144/04 –, Rn. 20, juris;

Über den Umfang und die Ausübung des Umgangsrechts kann das Gericht auch ohne eine konkrete Kindeswohlgefährdung nach § 1684 Abs. 3 S. 1 BGB Vorgaben machen. Diese dürfen allerdings nicht so weit reichen, dass die Pflege- und Erziehungsentscheidung der Eltern in Frage gestellt und die verfassungsrechtliche Wertung umgangen wird.[297]

2. Dogmatische Einordnung

Damit stellt sich die Frage, ob die gerichtliche Anordnung eines konkreten Betreuungsmodells in die Pflege- und Erziehungsentscheidung der Eltern eingreift und daher nur auf Antrag oder bei konkreter Kindeswohlgefährdung angeordnet werden kann (sog. *sorgerechtliche Lösung*).

Andererseits könnte mit der Anordnung eines Betreuungsmodells auch nur über die konkrete Ausgestaltung der Umgangsmodalitäten entschieden werden, sodass die sorgerechtlichen Befugnisse nicht angetastet werden und dem Gericht ein weiter Ermessensspielraum gewährt wird (sog. *umgangsrechtliche Lösung*). Dann müsste allerdings sichergestellt sein, dass bei fortbestehendem beiderseitigem Aufenthaltsbestimmungsrecht die wechselseitigen Umgangskontakte nicht boykottiert werden.

Für beide Ansichten lassen sich zustimmende Argumente finden, es können allerdings auch jeweils Kritikpunkte angeführt werden.

a. Sorgerechtliche Lösung

Die überwiegende Rechtsprechung vor der Leitentscheidung des BGH 2017[298] war der Auffassung, dass die Anordnung eines zweiten Lebensmittelpunktes in der Form des paritätischen Wechselmodells unter die Regelungskompetenz der Personensorge- bzw. des Aufenthaltsbestimmungsberechtigten fällt.[299]

---

a.A. das OLG Schleswig-Holstein, das eine familiengerichtliche Anordnung gegen den Willen eines Elternteils ablehnt, Schleswig-Holsteinisches Oberlandesgericht, Beschluss vom 16. Juni 2016 – 10 UF 197/15 –, Rn. 88, juris; ebenso OLG Koblenz, Beschluss vom 12. Januar 2010 – 11 UF 251/09 –, Rn. 15, juris.

297 Döll in: Erman-KO BGB, § 1684 Rn. 18.

298 Der BGH hat das paritätische Wechselmodells in der Entscheidung vom 1. Februar 2017 über die Vorschrift zum Umgangsrecht (§ 1684 Abs. 3 BGB) angeordnet, indem mittels der Umgangskontakte hälftige Betreuungsanteile zugewiesen wurden, BGH, Beschluss vom 1. Februar 2017 – XII ZB 601/15 –, BGHZ 214, 31–45.

299 U.a. Brandenburgisches Oberlandesgericht, Beschluss vom 15. Februar 2016 – 10 UF 213/14 –, Rn. 28, juris; Oberlandesgericht des Landes Sachsen-Anhalt, Beschluss

Aber auch noch nach der Entscheidung halten einige Oberlandesgerichte daran fest. So entscheiden neben dem OLG Frankfurt[300] u.a. auch die Oberlandesgerichte in Jena[301], München[302] und Nürnberg[303].

Es wird mit dem unterschiedlichen Bedeutungsgehalt des Umgangs- bzw. Sorgerechts argumentiert. Das Umgangsrecht sichert regelmäßige Kontakte, um einer Entfremdung vorzubeugen, ohne dabei weiterreichende Befugnisse zu verschieben.[304] Es besteht nach der gesetzgeberischen Wertung ein Stufenverhältnis zwischen Sorge- und Umgangsrecht, das besonders deutlich in § 1634 BGB a.F. („Ein Elternteil, dem die Personensorge nicht zusteht, behält die Befugnis zum persönlichen Umgang mit dem Kinde.") deutlich wird.[305]

Daran änderte auch die Neufassung des Umgangsrechts in § 1684 BGB[306] nichts: „Trotz der begrifflichen Unschärfe des Rechtsinstituts ‚Umgang' soll dieser nur, wie §§ 1684 und 1687 Abs. 1 S. 4 BGB klar zu entnehmen ist, den persönlichen Kontakt des Kindes mit dem abwesenden Elternteil in eben dem – qualitativ gebotenen – Umfang sichern, dessen es bedarf, um die vorgenannten Zwecke zu erreichen. […] Selbst bei großzügiger Umgangsbemessung setzt der Normkontext danach Grenzen, die jedenfalls beim ‚paritätischen Wechselmodell', d.h. einem allein an quantitativen Maßstäben ausgerichteten Zuschnitt möglichst identischer Zeitanteile, überschritten sind. Im Übrigen hätte das Kind in der Konsequenz einer derart erweiterten Gesetzesanwendung im Wortsinne praktisch keinen ‚gewöhnlichen'

vom 14. Juli 2014 – 4 UF 151/13 –, FamRZ 2014, 1860, 1860; OLG Hamm, Beschluss vom 16. Februar 2012 – II-2 UF 211/11 –, FamRZ 2012, 1883, 1884.

300 OLG Frankfurt, Beschluss vom 29. Januar 2020 – 2 UF 301/19 |m. Anm. Fischer| –, FamRZ 2020, 1181, 1182.

301 OLG Jena, Beschluss vom 12. September 2016 – 4 UF 678/15 –, FamRZ 2016, 2126, 2126.

302 OLG München, Beschluss vom 31. August 2016 – 16 UF 1019/16 –, FamRZ 2016, 2120, 2121.

303 OLG Nürnberg, Beschluss vom 8. Dezember 2015 – 11 UF 1257/15 –, FamRZ 2016, 2119, 2120.

304 OLG Frankfurt, Beschluss vom 29. Januar 2020 – 2 UF 301/19 |m. Anm. Fischer| –, FamRZ 2020, 1181, 1184.

305 OLG Frankfurt, Beschluss vom 29. Januar 2020 – 2 UF 301/19 |m. Anm. Fischer| –, FamRZ 2020, 1181, 1184.

306 BGBl. I, S. 2586.

Aufenthaltsort mehr, sondern würde diesen fortlaufend wechseln und sich gewissermaßen permanent im ‚Umgang' befinden."[307]

Als weiteres Argument wird noch § 57 S. 1 FamFG angeführt. Denn lediglich gegen die Entscheidungen im einstweiligen Verfahren über die eS des Kindes ist die Beschwerde statthaft, § 57 S. 2 Nr. 1 FamFG. Die einstweilige Entscheidung über das Umgangsrecht ist hingegen nicht anfechtbar. Darin ist die Gefahr zu sehen, dass das Kind zum Versuchsobjekt wird, wenn es sich regelmäßig auf eine neue Betreuungskonstellation einstellen muss.[308] Das kann nicht im Interesse des Gesetzgebers sein, sondern es ist zu unterstellen, „dass (er) eine Entscheidung, die derart weitreichende Wirkung hat, nicht aus dem Kreis der anfechtungsfähigen Entscheidungen im Sinne des § 57 FamFG ausnehmen wollte".[309]

Vereinzelt wird von den Vertretern der umgangsrechtlichen Lösung daher vertreten, gem. § 57 S. 2 FamFG analog auch die Entscheidung über die umgangsrechtliche Anordnung des paritätischen Wechselmodells im einstweiligen Verfahren mittels der Beschwerde angreifen zu können.[310] Dies ist aufgrund des eindeutigen Wortlauts der Vorschrift, der Tatsache, dass der Gesetzgeber bewusst ein Stufenverhältnis zwischen Umgangs- und Sorgerecht sieht, mit Blick auf die Grenzen der zulässigen Gesetzesauslegung (vgl. IV. A. Grenzen zulässiger Gesetzesauslegung) bedenklich.

Nach der sorgerechtlichen Lösung stellt sich weiter die Frage, wie die gerichtliche Anordnung technisch umgesetzt werden kann. Dies wird regelmäßig durch die Zuteilung des Aufenthaltsbestimmungsrechts erfolgen.

Das OLG Jena hatte bspw. das Aufenthaltsbestimmungsrecht demjenigen Elternteil zugesprochen, von dem es ausging, dass das paritätische

---

307 OLG Jena, Beschluss vom 12. September 2016 – 4 UF 678/15 –, FamRZ 2016, 2126, 2126 m.w.N.

308 Diese Gefahr erhöht sich noch, wenn der BGH es sogar akzeptiert, dass das paritätische Wechselmodell in der akuten Trennungssituation auch nur versuchsweise angeordnet wird und damit offensichtlich nur eine Übergangsregelung getroffen wird, vgl. BGH, Beschluss vom 1. Februar 2017 – XII ZB 601/15 –, BGHZ 214, 31–45, Rn. 31.

309 OLG Frankfurt, Beschluss vom 29. Januar 2020 – 2 UF 301/19 [m. Anm. Fischer] –, FamRZ 2020, 1181, 1184.

310 OLG Frankfurt, Beschluss vom 29. Januar 2020 – 2 UF 301/19 [m. Anm. Fischer] –, FamRZ 2020, 1181, 1186.

Wechselmodell auch umgesetzt wird.[311] Dass dadurch ein erhebliches Machtgefälle der eigentlich gleichverantwortlichen Eltern entsteht, denn der Aufenthaltsbestimmungsberechtigte kann jederzeit eine andere Betreuungsregelung treffen, blieb unberücksichtigt.

Andere Gerichte gehen über ein alternierendes Aufenthaltsbestimmungsrecht, das immer dem aktuell betreuenden Elternteil zustehen soll und mit dem Wechsel des Kindes auf den anderen Elternteil übergeht.[312] Diesem Vorschlag ist allerdings entgegenzuhalten, dass das wechselnde Aufenthaltsbestimmungsrecht weder praktikabel – da ständig die Entscheidungsbefugnisse hin- und her wandern und damit die Regelungen des anderen Elternteils unterlaufen werden können –, noch juristisch möglich ist. Das Aufenthaltsbestimmungsrecht soll als Teilbereich der eS nicht in sich zusätzlich teilbar sein.[313]

aa. Beurteilung

Der sorgerechtlichen Lösung steht entgegen, dass die Anordnungsmöglichkeiten der Gerichte über die sorgerechtlichen Befugnisse mit Blick auf die §§ 1628 und 1671 BGB beschränkt sind.[314] Das Gericht darf nur auf Antrag eines Elternteils die sorgerechtlichen Befugnisse verschieben, um nicht in die primäre Verantwortung der Eltern einzugreifen. Insbesondere ergibt sich aus § 1628 S. 1 BGB, dass das Gericht keine eigene Sachentscheidungskompetenz hat, sondern nur dem Elternteil die Alleinentscheidungskompetenz übertragen kann, von dem es glaubt, dass er oder sie die Interessen des Kindes besser vertritt. Ein bestimmtes Betreuungskonzept vorzuschreiben widerspräche diesem Gebot.

Im umgangsrechtlichen Verfahren ist das Familiengericht freier und kann umfassend die Ausübung nach § 1684 Abs. 3 S. 1 BGB hoheitlich festlegen und die Beteiligten durch Anordnungen zur Erfüllung anhalten.

---

311 OLG Jena, Beschluss vom 22. August 2011 – 2 UF 295/11 –, Rn. 21, juris; in einer späteren Entscheidung auch durch das OLG Brandenburg bestätigt, Brandenburgisches Oberlandesgericht, Beschluss vom 24. März 2020 – 15 UF 68/17 –, FamRZ 2020, 1655, 1657.

312 Schleswig-Holsteinisches Oberlandesgericht, Beschluss vom 19. Dezember 2013 – 15 UF 55/13 –, Rn. 45, juris.

313 AG Erfurt, Beschluss vom 1. Oktober 2014 – 36 F 1663/13 –, FamRZ 2015, 339, 341.

314 Hammer, FamRZ 2015, 1433, 1435.

Gegen die sorgerechtliche Lösung lassen sich ferner auch Argumente des Verfahrensrechts anführen. Nach § 156 Abs. 2 S. 1 FamFG besteht die Möglichkeit, einen gerichtlich gebilligten Vergleich abzuschließen, nur für das Umgangs- und Herausgabeverfahren. Hinsichtlich der Übertragung der eS ist zwar nach § 156 Abs. 1 S. 1 FamFG in jeder Lage des Verfahrens auf ein Einvernehmen hinzuwirken, es bedarf aber dennoch stets einer gerichtlichen Entscheidung bzw. Umsetzung.[315]

Schließlich lässt sich die sorgerechtliche Entscheidung auch nur schwer durchsetzen, da in die Ausübung des Sorgerechts grundsätzlich nicht vollstreckt werden kann. Anders ist es im Umgangsrecht. Die §§ 88 ff. FamFG sehen die Vollstreckung von Entscheidungen über die Herausgabe von Personen und die Regelungen des Umgangs vor.[316]

b. Umgangsrechtliche Lösung

Die höchstrichterliche Rechtsprechung des BGH geht seit dem 01. Februar 2017 davon aus, dass das paritätische Wechselmodell als Umgangsanordnung nach § 1684 Abs. 3 S. 1 BGB angeordnet werden kann: „Nach zutreffender Auffassung enthält das Gesetz keine Beschränkung des Umgangsrechts dahingehend, dass vom Gericht angeordnete Umgangskontakte nicht zu hälftigen Betreuungsanteilen der Eltern führen dürfen."[317]

Im Übrigen bestätigt der BGH auch, dass es sich bei der Festlegung eines bestimmten Betreuungsmodells um eine Frage der tatsächlichen Ausübung der elterlichen Sorge handelt. Dies entspricht auch den herkömmlichen Umgangsregelungen, mit denen elterliche Kompetenzen wie u.a. das Umgangsbestimmungsrecht gerichtlich eingeschränkt werden, ohne diese insgesamt zu entziehen.[318]

Daran anschließend bestätigt der 12. Zivilsenat am 27. November 2019, dass sich aus der vorherigen Entscheidung über das Aufenthaltsbestimmungsrecht keine Bindungswirkung ergibt, sondern für die Anordnung des Wechselmodells als Erstentscheidung der Maßstab des § 1684 Abs. 3 S. 1 BGB anzulegen

---

315 OLG Jena, Beschluss vom 4. Juli 2018 – 1 UF 253/18 –, FamRZ 2019, 821, 821; Hüßtege in: Thomas/Putzo FamFG, § 156 Rn. 7.

316 Born, NZFam 2022, 821, 825.

317 BGH, Beschluss vom 1. Februar 2017 – XII ZB 601/15 –, BGHZ 214, 31–45, Rn. 15, 18; ebenso in BGH, Beschluss vom 27. November 2019 – XII ZB 512/18 –, Rn. 8, juris.

318 BGH, Beschluss vom 1. Februar 2017 – XII ZB 601/15 –, BGHZ 214, 31–45, Rn. 20.

ist, und setzt damit eine Umgangsregelung voraus.[319] Nach der sorgerechtlichen Lösung hätten für die Abänderungsentscheidung „triftige, das Wohl des Kindes nachhaltig berührende Gründe" vorliegen müssen, § 1696 Abs. 1 BGB.

Dass die tragfähigeren Entscheidungen zwingend auf dem Gebiet des Sorgerechts anzusiedeln sind, kann in seiner Pauschalität auch nicht überzeugen, denn im Einzelfall kann ein vollständiger Umgangsausschluss deutlich schwerer wiegen als die Zustimmung zu einem kurzzeitigen Aufenthaltswechsel (bspw., wenn die Teilnahme an einem Schulausflug in Frage steht).[320]

Führen die Vertreter der sorgerechtlichen Lösung das Stufenverhältnis von Umgangs- und Sorgerecht an, spricht der Verhältnismäßigkeitsgrundsatz dafür, dass in das verfassungsrechtlich geschützte Elternrecht nur insoweit eingegriffen werden darf, wie es erforderlich ist.[321] Wenn über die konkrete Umgangsausgestaltung bereits beide Elternteile in die Kinderbetreuung einbezogen werden können, lässt dies das Sorgerecht unangetastet, sodass dieser Lösung der Vorzug einzuräumen ist.[322]

aa. Beurteilung

Die Zuweisung eines Lebensmittelpunktes hat nach rein sprachlicher Auswertung über die Personensorge zu erfolgen, zu deren Inhalt die Bestimmung des Aufenthaltes des Kindes zählt, vgl. § 1631 Abs. 1 BGB.

Der Lösung des BGH kann entgegengehalten werden, dass das Gericht zwar die Normen des Umgangsrechts anwendet, dafür aber die Kriterien, die für das Sorgerecht relevant sind (eine bestehende Kommunikations- und Kooperationsfähigkeit der Eltern, eine sichere Bindung und tragfähige Beziehung zu beiden Elternteilen),[323] heranzieht. Insbesondere die Bindung zu beiden Eltern ist grundsätzlich keine Voraussetzung des Umgangs, sondern kann durch diesen erst aufgebaut werden.[324]

---

319 BGH, Beschluss vom 27. November 2019 – XII ZB 512/18 –, FamRZ 2020, 255, 256.

320 Vgl. OLG Frankfurt, Beschluss vom 15. Februar 2022 – 3 UF 81/21 –, FamRZ 2022, 614, 618.

321 Vgl. BVerfG, Nichtannahmebeschluss vom 23. Januar 2019 – 1 BvR 1461/18 –, FamRZ 2019, 802, 802.

322 BGH, Beschluss vom 1. Februar 2017 – XII ZB 601/15 –, BGHZ 214, 31–45, Rn. 22.

323 BGH, Beschluss vom 1. Februar 2017 – XII ZB 601/15 –, BGHZ 214, 31–45, Rn. 25.

324 Born, NZFam 2022, 821, 824.

Wenn der BGH darauf abstellt, mit der Anordnung des paritätischen Wechselmodells über die Ausübung des gemeinsamen Sorgerechts zu entscheiden, stellt sich ferner die Frage, wie dies mit dem Regelungskonzept des § 1687 Abs. 1 S. 2 BGB zu vereinbaren ist, das davon ausgeht, dass sich das Kind gewöhnlich schwerpunktmäßig bei einem Elternteil aufhält. Dass der Gesetzgeber sogar die paritätische Betreuungsform im Gesetzgebungsverfahren untersucht hat und sich dennoch bewusst auf das Residenzmodell beschränkte, spricht entgegen der gerichtlichen Begründung auch eher dafür, nicht über eine Umgangsregelung zu entscheiden.[325]

Schließlich ist der Wertung des Gesetzgebers zu § 1626 Abs. 3 S. 1 BGB zu entnehmen, dass der Umgang mit beiden Elternteilen in der Regel zum Wohl des Kindes gehört. Dass dies auch für das paritätische Wechselmodell gilt, kann dagegen nicht schrankenlos angenommen werden. Es fehlt bisher an einer aussagekräftigen Forschungsgrundlage, die bestätigt, dass diese Betreuungsform tatsächlich dem Kindeswohl dient (vgl. hierzu V. D. 1. b. Empirische Erhebungen).[326] Nach der umgangsrechtlichen Lösung würde dies aber unterstellt werden.

3. Zwischenfazit

Die oben ausgeführte Beurteilung verdeutlicht, dass keine der genannten Lösungen vollständig überzeugen kann. Der BGH-Entscheidung können zwar einige nachvollziehbare Argumente entnommen werden, die Entscheidung ist aber vom Ergebnis geprägt. Das Umgangsrecht wird über seine eigentliche Intention hinweg überdehnt. Auf der anderen Seite stellt sich die Frage, ob die eingriffsintensivere Sorgerechtsentscheidung tatsächlich erforderlich ist und wie nach dieser Lösung die Ausübung der wechselseitigen eS auch von Amts wegen ohne die Mitwirkungsbereitschaft der Eltern angeordnet werden kann.

Die systematische Einordnung entscheidet bereits darüber, welches Verfahren bei den Familiengerichten zu beantragen ist. Wird in den Augen des angerufenen Gerichts das „falsche" Verfahren eingeleitet, kann dies zu einer Verzögerung des Verfahrens insbesondere dann führen, wenn das

---

325 BT-Drs. 13/4899, S. 37; BGH, Beschluss vom 1. Februar 2017 – XII ZB 601/15 –, BGHZ 214, 31–45, Rn. 18.

326 Born, NZFam 2022, 821, 825.

Beschwerdegericht das Verfahren an das Familiengericht zurückverweist, weil noch keine Entscheidung im (nach Ansicht des Beschwerdegerichts „richtigen") Verfahren getroffen wurde.

Aus der Beratungspraxis kommt daher der Vorschlag, jeweils ein umgangsrechtliches und ein sorgerechtliches Verfahren einzuleiten, um sich nicht dem Risiko auszusetzen, dass das Gericht nicht dem gewählten Verfahrensgang folgt.[327] Damit entstehen aber zusätzliche Kosten für die Verfahrensbeteiligten und eine zusätzliche Belastung der Justiz.[328]

D. Unterhaltsberechnung bei geteilter Betreuung

Die Regelung des § 1606 Abs. 3 S. 2 BGB, dass ein Elternteil durch seine Pflege und Erziehungsleistung gegenüber dem minderjährigen Kind bereits seine Barunterhaltspflicht erfüllt, stößt im Falle der geteilten Betreuung auf Probleme. Konsequenterweise müsste bei paritätisch aufgeteilter Betreuung insgesamt der Barunterhaltsanspruch wegfallen, da sich jeder Elternteil auf seinen Pflege- und Erziehungsanteil berufen kann. Die Rechtsprechung und Literatur sind sich im Fall der geteilten Betreuung jedenfalls insofern einig, dass an der uneingeschränkten Anwendung dieser Vorschrift nicht festgehalten werden kann. (vgl. zur Unanwendbarkeit des § 1606 Abs. 3 S. 2 BGB im Wechselmodell die Ausführungen unter V. F. 3. a. Streichung des § 1606 Abs. 3 S. 2 BGB)

Bei beiderseitigen Betreuungsanteilen unterhalb einer hälftigen Aufteilung (asymmetrisches Wechselmodell) soll es nach der Auffassung der Rechtsprechung grundsätzlich bei der Barunterhaltspflicht des nicht hauptsächlich betreuenden Elternteils bleiben.[329] Allerdings wird auch anerkannt, dass durch die Übernahme eines erheblichen Mitbetreuungsanteils zumindest teilweise der Barbedarf gedeckt wird, sodass eine Herabstufung innerhalb der Einkommensgruppe der Düsseldorfer Tabelle in Frage kommt.[330] Eine rechtssichere Aussage, in welchem Umfang diese vorgenommen wird, kann

---

327 OLG Brandenburg, Beschluss vom 6. Juli 2020 – 13 UF 26/20 [m. Anm. Hammer] –, FamRZ 2021, 34, 38.

328 Born, NZFam 2022, 821, 826.

329 Sofern ein Schwergewicht der Betreuung bei einem Elternteil festzustellen ist, BGH, Beschluss vom 12. März 2014 – XII ZB 234/13 –, FamRZ 2014, 917, 919.

330 BGH, Beschluss vom 12. März 2014 – XII ZB 234/13 –, FamRZ 2014, 917, 920.

allerdings nicht getroffen werden. Das beurteilen die Gerichte unterschiedlich.[331]

Teilen sich die Eltern die Kinderbetreuung paritätisch auf, muss jedenfalls trotz ggf. bestehendem Einkommensgefälle zwischen den Eltern gesichert sein, dass der Bedarf des Kindes bei beiden Elternteilen gedeckt ist. Es soll daher ein Ausgleich unter den Eltern stattfinden, für dessen Umsetzung verschiedene Berechnungsmodelle vertreten werden.

Nachfolgend werden die unterschiedlichen Herangehensweisen zur Barunterhaltsermittlung beim paritätischen Wechselmodell sowie die Rechtsprechung beim asymmetrischen Wechselmodell aufgezeigt und bewertet.

1. Barunterhaltsermittlung beim paritätischen Wechselmodell

Mittlerweile wurden zur Unterhaltsberechnung im paritätischen Wechselmodell zahlreiche Vorschläge unterbreitet, die von der vollständigen Abschaffung des Kindesunterhalts und einer Ausgleichspflicht allein im Verhältnis der Eltern[332] bis zur analogen Anwendung der Residenzmodellberechnung reichen.[333] Zwei Ansätze aus der Literatur sowie die Lösung des BGH sollen im Rahmen dieser Arbeit kurz vorgestellt werden. Im Übrigen wird auf die Dissertation von *Dragana Damljanovic* verwiesen, die noch weitere Auffassungen erörtert.[334]

Im Wesentlichen unterscheiden sich die Ansätze innerhalb der Bedarfsermittlung. Hierbei stellt sich die Frage, in welcher Höhe ein Mehrbedarf und geleisteter Naturalunterhalt bedarfsreduzierend angesetzt werden kann. Außerdem unterscheiden sich die Auffassungen auch darin, an welcher Stelle das Kindergeld berücksichtigt wird, damit nach der gesetzgeberischen

331 Nach ständiger Rechtsprechung sind die jeweiligen Umstände des Einzelfalls durch den Tatrichter stets auf ihre Angemessenheit und Ausgewogenheit hin zu überprüfen, BGH, Beschluss vom 12. März 2014 – XII ZB 234/13 –, FamRZ 2014, 917, 920; BGH, Urteil vom 6. Februar 2002 – XII ZR 20/00 –, BGHZ 150, 12–31, Rn. 37; BGH, Urteil vom 19. Juli 2000 – XII ZR 161/98 –, FamRZ 2000, 1492, 1493.

332 Bausch/Seiler/Gutdeutsch wandeln den Kindesunterhaltsanspruch in einen familienrechtlichen Ausgleichsanspruch um; Bausch u.a. FamRZ 2012, 258, 258.

333 Spangenberg verfolgt den Ansatz, dass für beide Elternteile jeweils nach dem Vorbild des Residenzmodells, die Unterhaltslast zu ermitteln ist, vgl. Spangenberg, NZFam 2017, 45, 46.

334 Damljanovic, Das Wechselmodell, S. 141–160.

Intention bei hälftiger Betreuung auch beiden Elternteilen der gleiche Anteil der *Betreuungs*-Kindergeldhälfte zusteht, vgl. § 1612b Abs. 1 S. 1 Nr. 1 BGB.

a. Bausch/Seiler/Gutdeutsch

Der Barbedarf des Kindes errechnet sich nach *Bausch/Seiler/Gutdeutsch* in Anlehnung an den Volljährigen-Unterhalt. Dieser Ansatz wird in der Rechtsprechung u.a. von dem OLG Dresden aufgegriffen.[335]

Zunächst ergibt sich der Tabellenwert aus den zusammengerechneten Einkommen beider Elternteile, da sich die Lebensstellung des Kindes maßgeblich von derjenigen beider Eltern ableitet. Hiervon wird die Hälfte des Kindergeldes, die auf den Barunterhalt anzurechnen ist (vgl. § 1612b Abs. 1 S. 1 Nr. 1 BGB), abgezogen.[336]

Bei besonders guten Einkommensverhältnissen begrüßt *Seiler* die Fortschreibung der Düsseldorfer Tabelle auf 15 Einkommensgruppen.[337] Bereits in einer Anmerkung zu einer früheren Entscheidung gibt er zu erkennen, dass er eine pauschale Bedarfsbestimmung gegenüber der Darlegung der konkreten Einkommensverwendung bevorzugt.[338] Er regt an, dass die Rechtsprechung eine Fortentwicklung auf 20 Einkommensgruppen vornehmen sollte.[339]

Einseitig anfallender Mehrbedarf, der bspw. durch erhöhte Fahrtkosten zur Umsetzung der Wechsel, aufgrund doppelter Anschaffungen (Spielzeug, Kleidung etc.) oder durch das Vorhalten zweier Kinderzimmer als zusätzlicher Wohnbedarf anfällt und noch nicht ausreichend durch die Tabellenwerte abgedeckt ist, kann bedarfserhöhend hinzugerechnet werden.[340]

Mehrbedarf, der bei beiden Elternteilen anfällt – typischerweise geht es hierbei um die Aufteilung der doppelten Wohnkosten – soll nur in Form des

---

335 OLG Dresden, Beschluss vom 29. Oktober 2015 – 20 UF 851/15 –, FamRZ 2016, 470, 473.

336 Bausch u.a., FamRZ 2012, 258, 260.

337 BGH, Beschluss vom 29. September 2021 – XII ZB 474/20 – [m. Anm. Seiler], FamRZ 2021, 1965, 1969.

338 BGH, Beschluss vom 15. November 2017 – XII ZB 503/16 – [m. Anm. Seiler], FamRZ 2018, 260, 263.

339 BGH, Beschluss vom 29. September 2021 – XII ZB 474/20 – [m. Anm. Seiler], FamRZ 2021, 1965, 1969.

340 Bausch u.a., FamRZ 2012, 258, 260.

überschießenden Betrags[341] berücksichtigt werden, da im Verhältnis, in dem sie sich decken, beide ohnehin jeweils die Hälfte zu tragen haben, sodass auf eine Verrechnung verzichtet werden kann.[342]

Der sich daraus ermittelte Gesamtbedarf wird sodann entlang der Einkommens- und Vermögensverhältnisse der Eltern verteilt, vgl. § 1606 Abs. 3 S. 1 BGB.

Es wird eine Haftungsquote gebildet, die sich aus dem individuellen Einkommen im Verhältnis zum Gesamteinkommen beider Elternteile unter Beachtung der Selbstbehaltssätze berechnet.[343] Der Haftungsbeitrag ist durch erbrachte Erfüllungsleistungen, die den Kindesbedarf reduzieren, und den vollen Kindergeld beim beziehenden Elternteil zu bereinigen, um auch die *Betreuungs*-Kindergeldhälfte auszugleichen.[344]

Die sich daraus ergebende Differenz der Beträge ist sodann im Wege eines familienrechtlichen Ausgleichsanspruchs auszugleichen. Durch die Verrechnung im Elternverhältnis kommt es nach diesem Ansatz auf die Frage der Vertretung des Kindes bei der Durchsetzung des Anspruchs des Kindesunterhalts nicht mehr an (siehe IV. E. Vertretung des Kindes).[345]

b. BGH

Der BGH hat sich am 11. Januar 2017 umfassend mit dem Kindesunterhalt im Fall des Wechselmodells auseinandergesetzt und die Entscheidung des OLG Dresden[346] aufgehoben.[347] Der 12. Zivilsenat weicht entscheidend

---

341 Für den Wohnbedarf sind pauschal 20 % des sich aus dem zusammengerechneten Einkommen beider Elternteile ermittelten Unterhaltsbedarfs in den Tabellenwerten einkalkuliert, BGH, Beschluss vom 29. September 2021 – XII ZB 474/20 – |m. Anm. Seiler|, FamRZ 2021, 1965, 1967.

342 Bausch u.a., FamRZ 2012, 258, 259; Seiler weicht in einem späteren Beitrag davon ab, indem er unabhängig davon, ob die Wohnkosten bei beiden Eltern anfallen, den den Grundbedarf überschießenden Anteil auf beide Elternteile anteilig verteilen möchte. Er lässt es zu, grundsätzlich die erhöhten Wohnkosten anzusetzen, vgl. Seiler, FamRZ 2015, 1845, 1847.

343 Bausch u.a., FamRZ 2012, 258, 260.

344 Bausch u.a., FamRZ 2012, 258, 260.

345 Bausch u.a., FamRZ 2012, 258, 260.

346 Das Gericht folgte dem Ansatz von Bausch/Seiler/Gutdeutsch, vgl. OLG Dresden, Beschluss vom 29. Oktober 2015 – 20 UF 851/15 –, FamRZ 2016, 470, 473.

347 BGH, Beschluss vom 11. Januar 2017 – XII ZB 565/15 –, BGHZ 213, 254–270.

bei der Bewertung der zusätzlich zu berücksichtigten Mehrkosten und der Berücksichtigung des Kindergeldes von der vorangegangenen OLG-Entscheidung[348] ab.

Außerdem lehnt es der 12. Zivilsenat ab, den Unterhaltsanspruch des Kindes in einen Ausgleichsanspruch der Eltern umzuwandeln. Dass in der Praxis zwar faktisch ein Ausgleich der Unterhaltsspitzen vorgenommen wird, ist nach Auffassung des BGH lediglich die Folge daraus, dass durch den Naturalunterhalt bereits anteilig der Bedarf gedeckt wurde und sich daher der Anspruch auf die hälftige Differenz des nicht gedeckten Anteils reduziert hat. Das soll aber nicht darüber hinwegtäuschen, dass die Unterhaltsverpflichtung gegenüber dem Kind bestehe.[349] Der Ausgleich gewährleistet, dass bei beiden Eltern die gleichen Betreuungsmöglichkeiten geschaffen werden.[350]

Zur Bedarfsermittlung bestätigte der 12. Zivilsenat zunächst, dass sich der Unterhaltsbedarf nach dem beiderseitigen Einkommen der Eltern bemisst, denn der sich daraus ergebende erhöhte Bedarf trägt den erhöhten Mehrkosten des Wechselmodells Rechnung.[351] Bei einer besonders günstigen wirtschaftlichen Situation der Eltern, die die letzte Einkommensgruppe der Düsseldorfer Tabelle übersteigt, hatten die Eltern nach bisheriger Ansicht der Rechtsprechung den konkreten Bedarf darzulegen, ohne dass eine Teilhabe am Luxus der Eltern ermöglicht werden muss.[352]

Daran hält der 12. Zivilsenat in späteren Entscheidungen nicht mehr uneingeschränkt fest. Er lässt in neuerer Rechtsprechung die schematische Erweiterung der Düsseldorfer Tabelle bis zur Höhe des Doppelten des ausgewiesenen Einkommensbetrages ohne weitere konkrete Bedarfsermittlung zu.[353] Den der alten Rechtsprechung zugrunde liegenden Bedenken, dass die Gefahr der zweckentfremdeten Verwendung besteht, wenn die Aufwendungen nicht konkret dargelegt werden, entgegnet die neuere Rechtsprechung

---

348 OLG Dresden, Beschluss vom 29. Oktober 2015 – 20 UF 851/15 –, FamRZ 2016, 470, 471.

349 BGH, Beschluss vom 20. April 2016 – XII ZB 45/15 –, FamRZ 2016, 1053, 1055.

350 BGH, Beschluss vom 20. April 2016 – XII ZB 45/15 –, FamRZ 2016, 1053, 1055.

351 BGH, Beschluss vom 11. Januar 2017 – XII ZB 565/15 –, BGHZ 213, 254–270, Rn. 23.

352 BGH, Beschluss vom 20. September 2023 – XII ZB 177/22 –, FamRZ 2024, 32, 34.

353 BGH, Beschluss vom 16. September 2020 – XII ZB 499/19 –, BGHZ 227, 41–49, Rn. 19.

damit, dass die Androhung sorgerechtlicher Konsequenzen (bspw. der Entzug der Vermögenssorge des Kindes) zur Abschreckung ausreicht.[354]

Dem berechneten Regelbedarf ist ferner ein *angemessener* Mehrbedarf, der die pauschalierten Regelsätze der Unterhaltslinien übersteigt, unabhängig davon, bei wem sie anfallen, hinzuzurechnen. Der BGH beachtet entgegen der Auffassung der Rechtsbeschwerde auch die mit dem Schul- bzw. Kindergartenbesuch verbundenen Kosten, da diese pädagogisch veranlassten Kosten dem Bedarf des Kindes hinzuzurechnen sind.

Kosten für Betreuungsleistungen durch Dritte, die in die eigene Betreuungszeit fallen und nicht besonders veranlasst sind, können hingegen nicht angesetzt werden, da es gerade der Definition des paritätischen Wechselmodells entspricht, dass sich die persönlich zu erbringenden Betreuungsleistungen der Eltern in etwa entsprechen.[355]

Für die Wohnkosten schließt sich der 12. Zivilsenat der oberlandesgerichtlichen Entscheidung an, dass der den Tabellenbetrag überschießende Anteil (> 20 % des Tabellenbetrages) konkret vorgetragen und angesetzt werden kann.[356]

Das Kindergeld reduziert hälftig den Barunterhaltsbedarf des Kindes entsprechend § 1612b Abs. 1 S. 1 Nr. 1 BGB. Es ist in dieser Höhe vom Kindesbedarf abzuziehen, da es den paritätisch betreuenden Eltern in gleicher Höhe zustehen soll.[357] Die andere Hälfte wird später im Rahmen der Ausgleichspflicht der verbleibenden Unterhaltsspitzen berücksichtigt.[358]

Entgegen der Ansicht der Rechtsbeschwerde ist den Eltern nicht nur der notwendige Selbstbehalt zu belassen, sondern bis zur Grenze der Leistungsunfähigkeit eines Elternteils i.S.d. § 1603 Abs. 1 BGB beiden ein *angemessener* Selbstbehalt zuzugestehen.[359]

---

354 BGH, Beschluss vom 16. September 2020 – XII ZB 499/19 –, BGHZ 227, 41–49, Rn. 23.

355 BGH, Beschluss vom 11. Januar 2017 – XII ZB 565/15 –, BGHZ 213, 254–270, Rn. 32.

356 BGH, Beschluss vom 11. Januar 2017 – XII ZB 565/15 –, BGHZ 213, 254–270, Rn. 35; OLG Dresden, Beschluss vom 29. Oktober 2015 – 20 UF 851/15 –, FamRZ 2016, 470, 472.

357 BGH, Beschluss vom 11. Januar 2017 – XII ZB 565/15 –, BGHZ 213, 254–270, Rn. 47; BGH, Beschluss vom 20. April 2016 – XII ZB 45/15 –, FamRZ 2016, 1053, 1055.

358 BGH, Beschluss vom 11. Januar 2017 – XII ZB 565/15 –, BGHZ 213, 254–270, Rn. 50.

359 BGH, Beschluss vom 11. Januar 2017 – XII ZB 565/15 –, BGHZ 213, 254–270, Rn. 43.

c. Spangenberg[360]

Einen dritten Ansatz verfolgt *Spangenberg*, der die Unterhaltsberechnung analog zum Residenzmodell berechnet. Die Eltern haben jeweils entsprechend ihrer individuellen Einkommenssituation nach der Vorgabe aus der Düsseldorfer Tabelle zum Kindesunterhalt beizutragen.[361] Die Ausgleichspflicht besteht darin, dass die hälftige Differenz der beiden fiktiven Barunterhaltsansprüche von demjenigen mit dem höheren Beitrag auszugleichen ist, wobei sich der Kindergeldempfänger hiervon den hälftigen Betrag anzurechnen hat.[362]

Zusätzlich anfallender Mehrbedarf soll nicht bedarfserhöhend berücksichtigt werden, sondern ist als Naturalunterhalt vom jeweilig betreuenden Elternteil zu tragen. Das paritätische Wechselmodell steht unter der Annahme, dass sich beide Elternteile gleichwertig an der Kinderbetreuung beteiligen und insgesamt für den Gesamtbedarf haften. Ein Ausgleich ist daher nicht nötig.[363]

Damit in der Praxis aber auch sichergestellt ist, dass der Kindesbedarf gedeckt ist, soll nach der Ansicht des Autors ein umfassender Betreuungs- und Finanzplan aufgestellt werden, der vorsieht, wer Kleidung, Schulmaterialien etc. kauft, welche Freizeitaktivitäten gefördert werden, wie die Wechsel organisiert werden, was bei der Gesundheitsförderung zu beachten ist und wie mit Betreuungsausfällen bei einem Elternteil umgegangen wird.[364]

d. Bewertung

Die von *Spangenberg* entwickelte Unterhaltsberechnung funktioniert nur mittels eines umfassenden Betreuungs- und Finanzkonzepts der Eltern, welches eine Verteilung sämtlicher Betreuungskosten vorsieht. Andernfalls besteht die Gefahr, dass der Kindesbedarf nicht vollständig gedeckt ist. Das erfordert,

---

[360] Einen ähnlichen Ansatz verfolgt auch Maaß, der in der Vereinbarung eines paritätischen Wechselmodells die Bestimmung der Eltern sieht, dass sie den Unterhaltsbedarf des Kindes in natura im jeweiligen Haushalt decken, vgl. Maaß, FamRZ 2016, 603, 606. Dieser wird im Rahmen des Reformvorschlags (V. Transformation: Ein kinderfreundliches Familienrecht am Puls der Zeit und mit Perspektive) noch näher vorgestellt.

[361] Spangenberg, NZFam 2017, 45, 46.

[362] Spangenberg, FamRZ 2014, 88, 90.

[363] Spangenberg, FamRZ 2014, 88, 90.

[364] Spangenberg, FamRZ 2014, 88, 90.

dass die Eltern bereits jeglichen Betreuungsbedarf antizipieren können, was in der Praxis schwer umzusetzen sein wird.[365] Daher kann der große Vorteil dieser Ansicht – eine relativ übersichtliche Berechnung – nicht überwiegen.

Die weiteren Ausführungen beschränken sich deshalb auf die beiden anderen Ansichten. Dabei liegt der Fokus auf den abweichenden Punkten zum Mehrbedarf, der Kindergeldverrechnung und wie letztlich der Ausgleich zu charakterisieren ist.

Der Ansatz von *Bausch/Seiler/Gutdeutsch* und die BGH-Lösung stimmen darüber ein, dass sie grundsätzlich den Kindesbedarf des noch nicht erwerbstätigen Kindes von der Lebensstellung *beider* Elternteile ableiten und daher das zusammengerechnete Einkommen zur Eingruppierung in die Düsseldorfer Tabelle heranziehen. Dies hat der BGH erstmals für das paritätische Wechselmodell entschieden[366], diese Rechtsprechung dann später aber auch auf andere Unterhaltskonstellationen, u.a. auch auf das Residenzmodell, übertragen („denn auch ein im Residenzmodell betreutes Kind genießt, wenn der allein oder überwiegend betreuende Elternteil ebenfalls Einkommen erzielt, regelmäßig einen höheren Lebensstandard als bei einem alleinverdienenden Elternteil").[367]

Die Ansichten stimmen nach neuerer Rechtsprechung ferner darin überein, dass bei besonders guten wirtschaftlichen Verhältnissen die Tabellenwerte der Düsseldorfer Tabelle fortgeschrieben werden können, ohne dass es auf den konkreten Vortrag der tatsächlich anfallenden Betreuungskosten ankommt.[368]

Nach der Ansicht des BGH können außerdem zusätzliche regelmäßig anfallende Betreuungskosten (sog. *Mehrbedarf*) berücksichtigt werden, die schon in den Tabellenwerten vorgesehen sind, aber den Wert im konkreten Einzelfall übersteigen. Lediglich der Mehrbedarf, der als Substitut der eigenen Betreuungsleistung anfällt, bspw. durch Fremdbetreuungskosten während der eigenen Betreuungszeit, kann nicht ersetzend aufgeführt werden. Das

---

365 Dies bestätigt auch die Existenz der Rechtsprechung zum unerwarteten Mehrbedarf.

366 BGH, Beschluss vom 11. Januar 2017 – XII ZB 565/15 –, BGHZ 213, 254–270, Rn. 10.

367 BGH, Beschluss vom 11. Januar 2017 – XII ZB 565/15 –, BGHZ 213, 254–270, Rn. 25.

368 BGH, Beschluss vom 29. September 2021 – XII ZB 474/20 – |m. Anm. Seiler|, FamRZ 2021, 1965, 1969; BGH, Beschluss vom 16. September 2020 – XII ZB 499/19 –, BGHZ 227, 41–49, Rn. 19.

Argument des 12. Zivilsenats überzeugt, dass das paritätische Wechselmodell gerade dadurch geprägt ist, dass sich die Eltern hälftig engagieren.

Nach der Ansicht von *Bausch/Seiler/Gutdeutsch* soll der Mehrbedarf nur berücksichtigt werden, wenn er nicht bereits als Bedarfsposition in den Tabellenwerten einkalkuliert ist, und nur wenn er anteilig bei einem Elternteil anfällt.[369] Für den Mehrbedarf, der bei beiden Eltern besteht, kann auf einen Ausgleich verzichtet werden, da er im Ergebnis ohnehin von beiden hälftig zu tragen ist. Diese Vorgehensweise berücksichtigt, dass den Tabellenwerten bereits Bedarfssätze zugrunde liegen. Den darüber hinausgehenden erhöhten *Wechselmehrkosten* wird durch die Zugrundelegung des addierten Einkommens und damit die Einstufung in eine höhere Einkommensgruppe entsprochen.

Hat ein Elternteil mehr Ausgaben, als den Bedarfssätzen zugrunde liegen, soll er auch grundsätzlich nicht den anderen Elternteil damit belasten dürfen. Damit wird von den Autoren ein rechtssicherer Weg gewählt, der antizipierend eine Aussage ermöglicht, welche zusätzlichen Mehrbedarfspositionen angesetzt werden können.

Nach beiden Ansätzen wird sodann die auf den Barunterhalt anfallende Kindergeldhälfte dem ermittelten Gesamtbedarf abgezogen. Dies entspricht dem Wortlaut des § 1612b Abs. 1 S. 1 Nr. 1 BGB.

Für die zweite *Betreuungs*-Hälfte unterscheiden sich die Ansichten dann. Während die Literaturmeinung das volle Kindergeld auf den Haftungsbeitrag des beziehenden Elternteils anrechnet, sodass nach dem Ausgleich der Differenz beiden Elternteilen genau hälftig das Kindergeld zusteht,[370] berücksichtigt der BGH nur den halben Betrag und kommt zur Auskehrung eines Viertels.[371]

Die BGH-Lösung privilegiert den kindergeldbeziehenden Elternteil, dem der volle Betrag ausbezahlt wird, der aber faktisch – nach Ausgleich der Differenz – nur ein Viertel des Kindergeldes abgeben muss, ohne dies näher zu begründen.

Schließlich berücksichtigen beide Rechenmethoden noch, dass den Elternteilen jeweils ein Selbstbehalt für die eigene Lebensführung zuzugestehen ist. Die Rechtsprechung gewährt den Elternteilen bis zur Grenze der

---

369 Bausch u.a., FamRZ 2012, 258, 259.

370 Bausch u.a., FamRZ 2012, 258, 260.

371 BGH, Beschluss vom 20. April 2016 – XII ZB 45/15 –, FamRZ 2016, 1053, 1056.

Leistungsunfähigkeit einen angemessenen Selbstbehalt. Die hier aufgezeigten Vertreter der Literatur berücksichtigen hingegen nur den *notwendigen* Selbstbehalt. Vorzugswürdiger ist es im Hinblick auf den Gesetzeswortlaut des § 1603 Abs. 2 S. 3 Hs. 1 BGB, den Eltern den *angemessenen* Selbstbehalt zu belassen, denn solange es einen *anderen unterhaltspflichtigen Verwandten* gibt, müssen entgegen § 1603 Abs. 2 S. 1 BGB nicht *alle verfügbaren Mittel* aufgewendet werden, siehe § 1606 Abs. 2 S. 3 BGB.[372]

Der Ausgleichsanspruch wird vom 12. Zivilsenat als Anspruch des Kindes auf Erfüllung seines Unterhalts eingeordnet. Nachvollziehbar begründet der BGH, dass in der Vereinbarung des Wechselmodells keine Zustimmung der Eltern zu einem wechselseitigen Ausgleich sämtlicher Betreuungskosten gesehen werden kann: „Insbesondere der wirtschaftlich schlechter gestellte Elternteil wird für eine solche Abrede regelmäßig keinen Anlass haben, so dass seine entsprechende Zustimmung auch nicht unterstellt werden kann.“[373] Daran knüpft allerdings die Frage der verfahrensrechtlichen Vertretungsbefugnis des Kindes zur Geltendmachung des Unterhaltsanspruchs an (siehe hierzu IV. E. Vertretung des Kindes).

Bausch/Seiler/Gutdeutsch qualifizieren den Ausgleich als Anspruch, der im Elternverhältnis besteht. Durch die Verrechnung soll dem Kind ermöglicht werden, gleiche Betreuungsverhältnisse bei beiden Elternteilen vorzufinden. Der geringer Verdienende soll unterstützt werden, um die anfallenden Betreuungskosten decken zu können. Das Kind soll aber keinen direkten Anspruch auf den Geldbetrag haben. Ob Taschengeld oder Ähnliches gewährt wird, entscheidet der Sorgerechtsinhaber. Dies entspricht auch dem Verhältnis in einer intakten Familie, wo das Kind ebenfalls keinen Auszahlungsanspruch gegenüber seinen Eltern geltend machen kann.

Die Auseinandersetzung mit den Berechnungsmodellen zeigt, dass keine der Ansichten vollständig überzeugen kann. Jedenfalls lassen sich die Berechnungsmethoden auch nicht auf eine Betreuungsverteilung unterhalb einer

---

372 So hat in neuerer Entscheidung auch das OLG München entschieden, dass bei vorhandenem anderem unterhaltspflichtigem Verwandten in Anlehnung an § 1603 Abs. 2 S. 3 BGB auf den angemessenen Selbstbehalt abzustellen ist, vgl. OLG München, Beschluss vom 3. Mai 2023 – 2 UF 1057/22 e –, FamRZ 2023, 1706, 1707.

373 BGH, Beschluss vom 11. Januar 2017 – XII ZB 565/15 –, BGHZ 213, 254–270, Rn. 22.

hälftigen Aufteilung übertragen, sodass auch geklärt werden müsste, ab welchem Betreuungsanteil das paritätische Wechselmodell anzunehmen ist. In Kapitel 5 (V. Transformation: Ein kinderfreundliches Familienrecht am Puls der Zeit und mit Perspektive) wird daher ein eigener Ansatz vorgestellt, der die aufgeworfenen Punkte berücksichtigt und ein Berechnungsmodell entwickelt, das allgemeingültig auf alle Betreuungskonstellationen angewendet werden kann.

2. Betreuungsbonus bei geteilter Betreuung

Unterhalb der hälftigen Aufteilung des Betreuungsaufwandes, wenn der barunterhaltspflichtige Elternteil aber dennoch ein über das übliche Maß hinaus gehendes Umgangsrecht wahrnimmt, wird weiterhin an der einseitigen Barunterhaltspflicht festgehalten.[374] Der Kindesbedarf leitet sich dabei nach der neueren Rechtsprechung analog zur Wechselmodellberechnung von den beiderseitigen Einkommensverhältnissen der Eltern ab, wobei die persönliche Haftung auf den nach dem individuellen Einkommen ermittelten Tabellenbedarf begrenzt ist.[375] In Höhe der Differenz wird unterstellt, dass der hauptsächlich betreuende Elternteil nach Abzug des Kindergeldanteils Naturalunterhalt leistet.[376]

Den zusätzlichen Aufwendungen des betreuenden Elternteils wird teilweise damit begegnet, dass eine Umstufung der Einkommensgruppe vorgenommen wird.

Nach Ansicht des BGH soll dem Mehraufwand für die Ausübung des erweiterten Umgangsrechts mit einer Herabstufung um eine oder mehrere Einkommensgruppen innerhalb der Düsseldorfer Tabelle begegnet werden bzw. auf eine gebotene Hochstufung[377] verzichtet werden.[378] Dies unterliegt

---

374 BGH, Beschluss vom 12. März 2014 – XII ZB 234/13 –, Rn. 36, juris; BGH, Urteil vom 21. Dezember 2005 – XII ZR 126/03 –, Rn. 12, juris; OLG Frankfurt, Beschluss vom 8. Dezember 2016 – 1 UF 68/16 –, Rn. 31, juris; Klinkhammer in: Wendl/Dose Unterhaltsrecht, § 2 Rn. 449.

375 BGH, Beschluss vom 20. September 2023 – XII ZB 177/22 –, Rn. 19, juris; BGH, Beschluss vom 18. Mai 2022 – XII ZB 325/20 –, BGHZ 233, 309–325, Rn. 50; BGH, Beschluss vom 11. Januar 2017 – XII ZB 565/15 –, BGHZ 213, 254–270, Rn. 25.

376 BGH, Beschluss vom 18. Mai 2022 – XII ZB 325/20 –, BGHZ 233, 309–325, Rn. 51.

377 Bspw. da e es nur einen Barunterhaltsberechtigten gibt, die Düsseldorfer Tabelle aber von zwei Unterhaltsberechtigten pro Unterhaltsverpflichteten ausgeht, vgl. 11.2. SüdL.

378 BGH, Beschluss vom 12. März 2014 – XII ZB 234/13 –, FamRZ 2014, 917, 920.

der Einschätzung des zu entscheidenden Richters. Entscheidungsrelevant ist vor allem die Quantität der Kontakte, weshalb die Betreuungstage grundsätzlich einander gegenübergestellt werden.[379]

Der 12. Zivilsenat gibt zusätzlich noch zu erkennen, dass sonstige bedarfsdeckende Aufwendungen ebenfalls konkret vom Barunterhaltsschuldner vorgetragen werden können. Diese unterliegen allerdings der richterlichen Einschätzung und werden nur dann berücksichtigt, wenn sie tatsächlich zu einer Entlastung des hauptsächlich betreuenden Elternteils beitragen (bspw. werden Verpflegungs- oder Energie- und Wasserkosten nur sehr restriktiv bedarfsreduzierend anerkannt, da während der Abwesenheit des Kindes regelmäßig keine nennenswerte Entlastung bei diesen Positionen eintritt).[380]

Klinkhammer vertritt hingegen die Ansicht, dass die konkret dargelegten Mehraufwendungen zu berücksichtigen sind.[381] Dem folgt das OLG Frankfurt nicht, das in einer Entscheidung an der ermessensabhängigen Herabstufung festgehalten hat.[382] Die Herabstufung innerhalb der Düsseldorfer Tabelle wirkt sich im Übrigen auch nur in geringem Maße auf die Barunterhaltslast aus.[383] Bei leistungsschwächeren Barunterhaltsschuldnern, die bereits in die erste Einkommensgruppe einzuordnen sind, scheidet sie von vornherein aus, da andernfalls der Mindestunterhalt des Kindes nicht mehr gedeckt wäre.

Rubenbauer/Dose haben daher den Vorschlag gemacht, nicht allein auf die Einkommensverhältnisse abzustellen, sondern auch die Betreuungsanteile einzukalkulieren und einander gegenüberzustellen.[384] Hierauf wird im Rahmen des entwickelten Konzepts für eine allgemeine Unterhaltsberechnung noch näher eingegangen (siehe V. F. 3. Bewertung und Stellungnahme).

---

379 Wird das Kind an sechs von 14 Tagen von einem Elternteil betreut, rechtfertigt dies nach der Auffassung des 12. Zivilsenats die Herabstufung um eine oder mehrere Einkommensgruppen innerhalb der Düsseldorfer Tabelle, BGH, Beschluss vom 5. November 2014 – XII ZB 599/13 –, FamRZ 2015, 236, 238.

380 BGH, Beschluss vom 12. März 2014 – XII ZB 234/13 –, FamRZ 2014, 917, 920.

381 Klinkhammer in: Wendl/Dose Unterhaltsrecht, § 2 Rn. 227.

382 OLG Frankfurt, Beschluss vom 3. April 2013 – 2 UF 394/12 –, FamRZ 2014, 46, 47.

383 In der ersten Altersstufe wirkt sich bspw. eine Herabstufung von der vierten in die dritte Einkommensgruppe lediglich in Höhe von 24 EUR aus.

384 Rubenbauer/Dose, FamRZ 2022, 1497, 1503.

E. Vertretung des Kindes

Der Unterhaltsanspruch des Kindes ist nach § 1629 Abs. 2 S. 2 BGB von dem Elternteil geltend zu machen, in dessen *Obhut* sich das Kind befindet. Der Begriff der *Obhut* ist nicht näher im Gesetz definiert und findet auch kein Äquivalent in anderen Vorschriften. Das überrascht nicht, da das Gesetz im Allgemeinen die Residenzbetreuung unterstellt und daher dem Lebensmittelpunkt des Kindes ausschließlich bei dem betreuenden Elternteil, bei dem sich das Kind *gewöhnlich aufhält*, annimmt.[385]

Teilen sich die Eltern die Betreuung hingegen anteilig auf und kann kein Betreuungsschwerpunkt des Kindes festgestellt werden (wie es der Definition des paritätischen Wechselmodells entspricht), kann die Vorschrift nicht ohne Weiteres angewendet werden.[386]

Aus der Verweisung in § 1629 Abs. 2 S. 1 BGB auf § 1824 Abs. 1 Nr. 1 BGB in das Betreuungsrecht ergibt sich, dass die Vertretung des Kindes ausscheidet, wenn ein Anspruch gegen sich selbst durchgesetzt werden soll. Dies entspricht dem Rechtsgedanken des § 181 BGB – dem grundsätzlichen Verbot des Insichgeschäfts.[387] In der Rechtsprechung der Oberlandesgerichte finden sich zwei unterschiedliche Ansätze, um dieses Problem zu lösen.

Unter anderem die Oberlandesgerichte in Stuttgart und Köln vertreten, dass aus den §§ 1629 Abs. 2 S. 1, 1824 Abs. 1 Nr. 1 BGB folgt, dass die Eltern in diesen Fällen an der Vertretung des Kindes verhindert sind, sodass das Familiengericht nach § 1809 Abs. 1 S. 1 BGB einen Ergänzungspfleger zu

---

385 Nach a.A. sieht die Vorschrift keine Begrenzung vor, dass es auf eine alleinige Obhut ankommt, sodass auch vertreten wird, dass bei beiden Elternteilen im paritätischen Wechselmodell die Voraussetzungen der Verfahrensführungsbefugnis erfüllt sind und damit der Kindesunterhalt beantragt werden kann, vgl. Sünderhauf, Wechselmodell, S. 541.Betreuungspläne und Vorlagen für Wechselmodellvereinbarungen -- Anhang Psychologie: 45 psychologische Forschungsstudien zum Wechselmodell -- Anhang Recht: 65 Urteile zum Wechselmodell (Umgangsrecht, elterliche Sorge und Unterhalt Damit wird allerdings nicht der Interessenskonflikt aufgelöst, der darin besteht, dass das Kind gerade Unterhaltsansprüche gegenüber beiden Elternteilen hat.

386 Der Ansatz von Bausch/Seiler/Gutdeutsch (vgl. IV. D. 1. a. Bausch/Seiler/Gutdeutsch) bietet hierbei den Vorteil, dass er eine unmittelbare Ausgleichspflicht im Elternverhältnis vorsieht, sodass es einer Vertretung des Kindes nicht bedarf.

387 Hanseatisches Oberlandesgericht Hamburg, Beschluss vom 12. Oktober 2023 – 12 UF 81/23 –, FamRZ 2024, 110, 111 m.w.N.

bestellen hat.[388] Auf § 1628 BGB soll nicht zurückgegriffen werden können, da die Vorschrift voraussetzt, dass beide Eltern vertretungs- und entscheidungsbefugt sind.[389]

Die Einschaltung des Ergänzungspflegers hat zur Konsequenz, dass es zu Verfahrensverzögerungen und zusätzlichen Verfahrensgebühren kommt und in Frage steht, ob der Ergänzungspfleger ausreichend zur Sachverhaltsaufklärung beitragen kann.[390] Es obliegt dann auch der Entscheidung des Ergänzungspflegers, ob er das Unterhaltsverfahren einleitet oder nicht.[391]

Andere Oberlandesgerichte[392] vertreten deshalb, dass vorab nach § 1628 BGB einem Elternteil die Alleinentscheidungsbefugnis zu übertragen ist. Das setzt allerdings einen entsprechenden Elternantrag beim Familiengericht voraus, vgl. § 1628 S. 1 BGB.

Diese Variante ist weniger eingriffsintensiv, da der Entzug des Vertretungsrechts auf einen Elternteil beschränkt ist.[393] Allerdings spricht gegen diesen Ansatz der Wortlaut des § 1628 S. 1 BGB, dass die Einzelentscheidungsbefugnis nur restriktiv in *einzelnen Angelegenheiten* einem Elternteil übertragen werden soll.[394] Im Übrigen besteht auch der Interessenskonflikt fort, denn mit der Übertragungsentscheidung wird die Unterhaltsdurchsetzung bereits vorgezeichnet. Der Vertretungsbefugte wird bemüht sein, seinen eigenen Haftungsanteil möglichst herabzusetzen und den anderen damit stärker zu belasten.[395]

---

388 OLG Stuttgart, Beschluss vom 1. März 2023 – 11 UF 214/22 –, MDR 2023, 850, 850; OLG Köln, Beschluss vom 21. März 2014 – II-4 UF 1/14 –, FamRZ 2015, 859, 860.

389 OLG Stuttgart, Beschluss vom 1. März 2023 – 11 UF 214/22 –, MDR 2023, 850, 850.

390 Spangenberg, FamFR 2010, 125, 125; Hennemann, FPR 2006, 295, 297; Brandenburgisches Oberlandesgericht, Beschluss vom 16. September 2022 – 9 UF 74/22 –, FamRZ 2022, 1929, 1930.

391 OLG Frankfurt, Beschluss vom 17. Oktober 2016 – 6 UF 242/16 –, FamRZ 2017, 289, 290.

392 Brandenburgisches Oberlandesgericht, Beschluss vom 29. Juni 2020 – 9 UF 36/20 –, NJW-RR 2020, 1330, 133.

393 Brandenburgisches Oberlandesgericht, Beschluss vom 29. Juni 2020 – 9 UF 36/20 –, NJW-RR 2020, 1330, 1331; OLG Frankfurt, Beschluss vom 17. Oktober 2016 – 6 UF 242/16 –, FamRZ 2017, 289, 290.

394 OLG Jena, Beschluss vom 4. Juli 2014 – 1 UF 71/14 –, FamRZ 2015, 148, 149.

395 Seiler, FamRZ 2015, 1845, 1850.

Gegen beide Vorgehensweisen können Kritikpunkte angebracht werden. Teilweise wird daher auch ein Wahlrecht zwischen den beiden Ansätzen vertreten.[396]

F. Zusammenfassung Kapitel 4

- Das Rechtsstaatsprinzip und die sich daraus ableitende Wesentlichkeitstheorie geben vor, dass es die Aufgabe des Gesetzgebers ist, eine widerspruchsfreie Rechtslage zu schaffen. Aufgrund sich wandelnder Lebensverhältnissen kann es jedoch dazu kommen, dass das geschriebene Gesetz nicht mehr den Anforderungen der Realität entspricht. Der Rechtsanwender kann in diesen Fällen innerhalb der Wortlautgrenzen das bestehende Recht für den Einzelfall auslegen. Dabei darf sich der Gesetzgeber aber nicht seiner Verantwortung entziehen, einen verbindlichen Rechtsrahmen vorzugeben, insbesondere auch aufgrund der erheblichen Grundrechtsrelevanz des Familienrechts.
- Die Ausführungen zeigen, dass die gerichtlichen Verfahren zum paritätischen Wechselmodell kontrovers entschieden werden, abhängig vom jeweiligen OLG-Bezirk. Der BGH hat u.a. in seinen Leitentscheidungen vorgezeichnet, dass über das paritätische Wechselmodell in einem umgangsrechtlichen Verfahren zu entscheiden ist, und skizziert auch einen Weg zur Unterhaltsberechnung bei dieser Betreuungsform. Die Entscheidungen bleiben allerdings nicht kritiklos und die unterinstanzlichen Gerichte gehen teilweise einen anderen Weg.
- Daneben besteht auch noch Streit darüber, wie die Vertretung des Kindes bei der Durchsetzung des Unterhaltsanspruchs im paritätischen Wechselmodell erfolgen kann. Teilweise wird vertreten, einen Ergänzungspfleger gerichtlich zu bestellen (1809 Abs. 1 BGB), andere lösen über einen Antrag auf Erteilung der Alleinentscheidungsbefugnis nach § 1628 S. 1 BGB. Der Antragssteller wird damit dem Risiko ausgesetzt, Zulässigkeitsvoraussetzungen zu missachten, sodass u.U. der Antrag abgewiesen werden kann.
- Übernimmt der nicht hauptsächlich betreuende Elternteil einen nicht unerheblichen Mitbetreuungsanteil, würdigt dies die Rechtsprechung

---

[396] BGH, Beschluss vom 12. März 2014 – XII ZB 234/13 –, FamRZ 2014, 917, 917; BGH, Urteil vom 21. Dezember 2005 – XII ZR 126/03 –, FamRZ 2006, 1015, 1016.

durch eine Herabstufung um eine oder zwei Einkommensgruppen innerhalb der Düsseldorfer Tabelle. Dies wirkt sich allerdings allenfalls geringfügig aus und bietet noch keinen ausreichenden Anreiz zur Übernahme von Betreuungsverantwortung. Für leistungsschwache Familien ist die Herabstufung von vornherein ausgeschlossen, da andernfalls der Mindestbedarf unzulässig unterschritten werden würde.

V. Transformation: Ein kinderfreundliches Familienrecht am Puls der Zeit und mit Perspektive

Die Auseinandersetzung mit der aktuellen Gesetzeslage und der Umsetzung in der Rechtsprechung weisen einen erheblichen Reformbedarf im Kindschafts- und Unterhaltsrecht auf. Wie die obigen Ausführungen zeigen, werden die aktuellen Bestimmungen nicht mehr den gesellschaftlichen Anforderungen vollumfänglich gerecht. Das traditionelle Rollenverständnis, das die ausschließliche Betreuung durch einen Elternteil vorsieht (gesetzlich u.a. in den §§ 1606 Abs. 3 S. 2 und 1687 Abs. 1 S. 2 BGB verankert), muss einem moderneren Verständnis weichen, bei dem die Eltern zwischen unterschiedlichen Betreuungsformen im Interesse des Kindes wählen können.

Aktuelle Ergebnisse der Wechselmodellforschung zeigen, dass die geteilte Betreuung unter Beachtung bestimmter Rahmenbedingungen sowohl im Interesse des Kindes als auch deren Eltern positive Effekte erzielen kann (vgl. hierzu die FAMOD-Studie, siehe V. D. 1. b. Empirische Erhebungen).

Die Gerichte versuchen aktuell die Bestandsnormen, denen das Residenzmodell zugrunde liegt, auf das symmetrische sowie asymmetrische Wechselmodell zu übertragen. Da dabei aber das Elterngrundrecht betroffen wird, bestehen im Hinblick auf die Wesentlichkeitstheorie Bedenken an der Verfassungskonformität dieser Vorgehensweise.

Im August 2023 veröffentlichte das BMJ zunächst ein Eckpunktepapier, das einen Vorschlag zur Unterhaltsberechnung im Fall geteilter Betreuung mit einem Mitbetreuungsanteil zwischen 30 und 49 % (asymmetrisches Wechselmodell) vorsieht.[397] Dem folgen am 16. und 25. Januar 2024 zwei

[397] Das Eckpunktepapier ist im Anhang abgedruckt.

weitere Eckpunktepapiere für eine Reform des Kindschafts- und Abstammungsrechts.[398] Wie die Analyse zeigen wird, können diese aber noch nicht vollständig überzeugen, um alle Unstimmigkeiten v.a. im Zusammenhang mit der asymmetrischen Wechselbetreuung aufzulösen.

Es wird zwar allgemein begrüßt, dass die Reformbestrebungen jetzt vorangetrieben werden. Konkrete Gesetzesvorschläge für die Umsetzung der Vorhaben lassen aber in allen Bereichen noch auf sich warten.[399]

Diese Arbeit setzt sich mit den Eckpunkten auseinander und zeigt einen eigenen Weg auf, wie der Kindesunterhalt für alle Betreuungskonstellationen nach einer Methode berechnet werden kann, die neben den Einkommens- und Vermögensverhältnissen auch die individuellen Betreuungsleistungen einkalkuliert (vgl. hierzu den Vorschlag für das Unterhaltsrecht, V. F. Reform des Kindesunterhalts). Der hier aufgeworfene Ansatz soll die Eltern zum Abschluss einer Elternvereinbarung, mit der Regelungen zur Ausübung des Sorgerechts festgesetzt werden, motivieren (vgl. hierzu die V. D. Elternvereinbarung).

Die Verflechtungen zwischen Sorge- und Umgangsrecht sollen aufgelöst werden, indem das gemeinsame Sorgerecht als Regelfall qua Gesetzes auch für die unverheirateten Eltern vorgesehen wird (vgl. hierzu den Vorschlag unter V. C. Gemeinsame Sorge qua Geburt (Statusrecht)) und sich das Umgangsrecht auf die sonstigen Bezugspersonen reduziert (vgl. hierzu V. E. Umgangsrecht Dritter).

Zudem soll das Kindeswohl als Leitmodell noch stärker in den Fokus gerückt werden (vgl. hierzu V. B. „Kindeswohl" als Leitmodell), indem u.a. eine Neustrukturierung des Familienrechts vorgeschlagen wird (vgl. hierzu, V. A. Systematisierung des Familienrechts).

Die Arbeit hält für die aufgeworfenen Problembereiche konkrete Formulierungsvorschläge für eine Reform des Familienrechts bereit. Fragen zum Sozial- und Steuerrecht sowie der Umsetzung im Familienverfahren werden

---

398 Diese beiden Eckpunktepapiere sind ebenfalls im Anhang abgedruckt.

399 Zwar wurden Ende 2024 auf der Basis der Eckpunktepapiere Referentenentwürfe entwickelt, mit dem Bruch der Koalition des 20. Bundestages, sind diese allerdings wieder zu Diskussionsentwürfen umgewidmet worden.

hierbei ausgeklammert, auch wenn in diesen Bereichen ebenfalls erhebliches Anpassungspotenzial besteht.[400]

A. Systematisierung des Familienrechts

Das Familienrecht im BGB hat durch die nachträglichen Einschübe, Verweise auf andere Gesetze und Lücken durch weggefallene Regelungen an Übersichtlichkeit verloren. Dies hat auch das BMJ erkannt und in dem Eckpunktepapier zum Kindschaftsrecht zumindest eine Neustrukturierung dieser Vorschriften angeregt.[401] Es ist vorgesehen, dass die Grundsätze des Kindschaftsrechts (das Kindeswohlprinzip, die Berücksichtigung des Kindeswillens und das Recht auf eine gewaltfreie Erziehung) an den Anfang gestellt werden und nachfolgend die Regelungen, die die Sorge im Allgemeinen, die Personen- und Vermögenssorge im Detail, den Umgang und die Kinder in Familienpflege betreffen, systematisch zusammenzuführen.[402]

Mit dieser Arbeit wird die darüber hinausgehende Ansicht vertreten, dass sich die Neuausrichtung nicht auf das Kindschaftsrecht beschränken sollte, sondern es insgesamt interessensgerechter wäre, die Regelungen zum Kindesunterhalt denjenigen des Kindschaftsrechts hinten anzuschließen, da die Unterhaltsberechnung durch die elterlichen Befugnisse bzw. die Betreuungskonstellation beeinflusst wird.

Im Bereich des Vormundschafts- und Betreuungsrechts ist der Gesetzgeber bereits aktiv geworden. Eine Neufassung des Vormundschafts- und Betreuungsrechts mit einer umfassenden Neustrukturierung ist am 01. Januar 2023 in Kraft getreten.[403] Das *Verweiskarussell* dreht sich seither in die andere Richtung: Vom Vormundschaftsrecht und den Regelungen zur Vermögenssorge wird auf das Betreuungsrecht verwiesen, da erkannt wurde, dass der

400 Vgl. Hennemann, NZFam 2016, 825, 825–829; Poortman/van Gaalen, FCR 2017, 531, 533–534; Lettmaier/Dürbeck, FamRZ 2019, 81, 81–89.and present new data. Previous research showed that shared residence has increased steadily in recent decades. Our recent estimates revealed that shared residence increased from nearly 20% in 2008 (prereform

401 Bundesjustizministerium, Eckpunkte für eine Reform des Kindschaftsrechts vom 25. Januar 2024, S. 12.

402 Bundesjustizministerium, Eckpunkte für eine Reform des Kindschaftsrechts vom 25. Januar 2024, S. 12.

403 BGBl. I. 2021, S. 937.

Hauptanwendungsbereich im Betreuungsrecht liegt. „Kinder haben selten nennenswertes Vermögen.“[404]

Sowohl die Gesetze des Vormundschafts- als auch des Betreuungsrechts werden systematisch neu gegliedert, sodass die allgemeinen Voraussetzungen vorangestellt wurden, dann die Rechte des Mündels bzw. der betreuten Person folgen und schließlich der Ablauf der Vormundschaft festgelegt wird.[405] Besonders hervorzuheben ist, dass mit § 1788 BGB erstmals die Rechte des Mündels gesetzlich festgeschrieben wurden. Bisher ergaben sich diese nur mittelbar aus der Verweisung auf das elterliche Sorgerecht (vgl. § 1800 S. 1 BGB a.F.), der wiederum auf die §§ 1631 bis 1632 Abs. 4 S. 1 BGB verwies.

Die Grundsätze, die dabei festgelegt wurden, können als übergeordnete Leitziele für die Belange der Kinder verstanden und daher als Anhaltspunkt für eine gesetzliche Fixierung des Kindeswohls herangezogen werden.[406] Hierauf wird im nächsten Abschnitt (V. B. „Kindeswohl“ als Leitmodell) noch einmal Bezug genommen.

1. Kindschaftsrecht

Das Kindschaftsrecht in seiner aktuellen Fassung sieht vordergründig die grundsätzlich historisch geprägte Trennung in elterliches Sorgerecht und Umgangsrecht vor (zur historischen Entwicklung im Kindschaftsrecht, vgl. II. A. 2. a. Exkurs: Historische Entwicklung). Diese Grenze kann allerdings nicht immer trennscharf aufrechtgehalten werden und verschwimmt v.a. im Bereich der Ausübung elterliche Befugnisse.

Eine weitere Verstrickung findet sich in § 1626 Abs. 3 BGB, der grundsätzlich die elterliche Sorge definiert, aber zugleich Ausführungen zum Umgang

---

404 Schwab, FamRZ 2020, 1321, 1322.

405 Im alten Vormundschaftsrecht wurden zunächst allgemeine Voraussetzungen für die Vormundschaft festgelegt, das gerichtliche Anordnungsverfahren zwischengeschoben, um dann wieder auf die Voraussetzungen, die an die Person des Vormunds gestellt werden, zurückzukommen. Dem folgten die Aufgaben des Vormunds, des Familiengerichts und des Jugendamtes. Schließlich wurde dann unter Untertitel 5 die Befreite Vormundschaft behandelt, die den Eltern ermöglicht, einen bestimmten Vormund vorzuschlagen. Abschließend folgten noch die Beendigungsgründe der Vormundschaft. Der alte Aufbau vermengte folglich die generellen Anforderungen und Befugnisse mit dem Verfahren zur Vormundschaftsbestellung.

406 Vgl. Schwab, FamRZ 2020, 1321, 1324.

des Kindes mit beiden Elternteilen beinhaltet. Auch bei den gerichtlichen Anordnungsbefugnissen werden die Eintrittsschwellen vermengt.

a. Ausübung der elterlichen Sorge (Ausübungsrecht)

Nach § 1627 BGB ist grundsätzlich die „elterliche Sorge eigenverantwortlich" und „im gegenseitigen Einvernehmen" der Eltern zum Wohl des Kindes auszuüben (Satz 1). Bei Meinungsverschiedenheiten sind sie dazu angehalten sich zu einigen, § 1627 S. 2 BGB. Dieser Grundsatz wird im Fall einer „nicht nur vorübergehenden Trennung" der Eltern durch die Regelung im Umgangsrecht in § 1687 BGB ergänzt.

Das Erfordernis des gegenseitigen Einvernehmens wird nach der Trennung auf die Entscheidungen von erheblicher Bedeutung reduziert, vgl. § 1687 Abs. 1 S. 1 BGB. Alltagsangelegenheiten soll allein der Elternteil entscheiden können, bei dem sich das Kind berechtigterweise gewöhnlich aufhält, vgl. § 1687 Abs. 1 S. 2 BGB. Diese gesetzgeberische Wertung überrascht, da den getrenntlebenden Elternteilen mehr Freiheit in ihrer Entscheidungsfindung eingeräumt wird (lediglich bei den Angelegenheiten von erheblicher Bedeutung ist noch die Meinung des anderen Elternteils einzuholen) als denjenigen, die zusammenleben und von denen eine wechselseitige Unterstützung oder Zustimmung sowieso erwartet werden kann.

Teilen sich die Eltern die Betreuung in Form des paritätischen Wechselmodells auf, ist es der Betreuungsform immanent, dass ein Lebensmittelpunkt gerade nicht festgestellt werden kann, an den die Alltagsentscheidungsbefugnis anknüpft (§ 1687 Abs. 1 S. 2 BGB). Es stellt sich daher die Frage, wie abgesichert werden kann, dass mit dem Wechsel des Kindes nicht die Entscheidungen des anderen Elternteils untergraben werden.[407]

Hinzu kommt die grundsätzliche Diskussion, ob mit einer Regelung zum Umgangsrecht überhaupt die sorgerechtlichen Befugnisse verschoben werden können, wie es der BGH entschieden hat und damit die Grenzen zwischen Sorge- und Umgangsrecht verschwimmen lässt (zur BGH-Entscheidung siehe IV. C. 2. b. Umgangsrechtliche Lösung).

---

[407] Teilweise wird vertreten, dass mit dem Wechsel des Aufenthaltsortes auch die grundsätzliche Betreuungsverantwortung übergeht, was im Extremfall zur Konsequenz haben kann, dass ein Elternteil das Kind während seiner Betreuungszeit bei einem Sportverein anmeldet und der andere es nach dem Wechsel zu sich wieder abmeldet, vgl. Kaiser, FPR 2008, 143, 145.

Das Eckpunktepapier zum Kindschaftsrecht schlägt vor, Regelungen zum paritätischen Wechselmodell aufzunehmen und damit klarzustellen, dass im Umgangsverfahren über die zeitliche Aufteilung der Betreuung des Kindes zu entscheiden ist.[408] Dass der Lösungsweg über eine umgangsrechtliche Regelung nicht vollständig überzeugt, zeigen die obigen Ausführungen zur inkonsistenten Rechtsprechung (IV. C. 2. Dogmatische Einordnung).

Der gesetzgeberische Wille nach Klarheit im Rahmen des symmetrischen Wechselmodells ist grundsätzlich zu begrüßen. Damit allerdings auch eine nachhaltige Gesetzeslage geschaffen wird, ist von einer Normierung der aktuellen Betreuungsmodelle abzusehen. Es ist zu erwarten, dass auch zukünftige gesellschaftliche Veränderungen weitere Betreuungskonstellationen begründen. Es wird daher vorgeschlagen, eine Regelung zu finden, die sich loslöst von starren Konzepten oder Modellen und für den (ggf. noch nicht erkannten) individuellen Einzelfall angewendet werden kann.

Aktuell entwickelt sich bereits eine Auffassung, die die elterliche Sorge in eine Ausübungs- und Statusebene unterteilt.[409] Damit kann die völlige „Entrechtung" eines Elternteils durch die Aufhebung des gemeinsamen Sorgerechts verhindert werden und zugleich eine praxistaugliche Kompetenzverteilung der Betreuungsaufgaben erreicht werden. Auf die Aufteilung zwischen Sorge- und Umgangsrecht kommt es dann nicht mehr an. Das Umgangsrecht der Eltern geht in der Ausübungsebene des Sorgerechts vollständig auf. Eine weiterführende eigenständige Bedeutung verbleibt dann nur noch für die sonstigen, nicht sorgeberechtigten Bezugspersonen des Kindes.

Dieser Vorschlag hilft der ohnehin bestehenden Problematik ab, dass eine trennscharfe Abgrenzung zwischen Sorge- und Umgangsrecht kaum möglich ist und der Umgang viel mehr als faktische Wahrnehmung der sorgerechtlichen Rechte und Pflichten zu verstehen ist.

b. Wechselwirkung von Sorge- und Umgangsrecht

Ein Beispiel für eine weitere Verstrickung von Sorge- und Umgangsrecht ist § 1626 BGB. Dies ist die zentrale Vorschrift zur elterlichen Sorge, die allerdings in Abs. 3 Bezug auf das Umgangsrecht nimmt: „Zum Wohl des

---

[408] Bundesjustizministerium, Eckpunkte für eine Reform des Kindschaftsrechts vom 25. Januar 2024, S. 9.

[409] Obermann, NZFam 2023, 337, 341.

Kindes gehört in der Regel der Umgang mit beiden Elternteilen. Gleiches gilt für den Umgang mit anderen Personen, zu denen das Kind Bindungen besitzt [...]". Insbesondere der Umgang anderer Personen als den Eltern passt in den Kontext der Vorschrift zur eS nicht. Nach § 1632 Abs. 2 BGB steht es den sorgeberechtigten Eltern auch frei, eigenverantwortlich über den Umgang des Kindes mit Dritten zu bestimmen.

§ 1626 Abs. 3 S. 2 BGB geht außerdem noch über den Anwendungsbereich des § 1685 Abs. 2 S. 1 BGB hinaus, indem dort festgesetzt wird, dass in der Regel zum Wohl des Kindes der Umgang zu sämtlichen Personen zählt, zu denen das Kind eine Bindung besitzt. Nach § 1685 Abs. 2 S. 1 BGB haben aber nur *enge* Bezugspersonen des Kindes ein Recht auf Umgang mit dem Kind. Damit wird den Sorgerechtsinhabern in § 1626 Abs. 3 S. 2 BGB zusätzlich auferlegt, zum Wohl des Kindes auch an ein Umgangsrecht mit anderen Personen zu denken, die selbst kein eigenes Umgangsrecht haben.

Ein drittes Beispiel für die Verstrickung von Sorge- und Umgangsrecht ist in § 1684 Abs. 2 S. 1 BGB zu sehen, der eine Wohlverhaltenspflicht gegenüber dem anderen Elternteil regelt. Es ist alles zu unterlassen, „was das Verhältnis des Kindes zum jeweils anderen Elternteil beeinträchtigt oder die Erziehung erschwert." Dem steht allerdings entgegen, dass die Eltern im Rahmen der Personensorge selbständig ihr Erziehungskonzept festlegen und daher selbst entscheiden, „was die Erziehung erschwert."

c. Gerichtliche Eingriffsbefugnisse

Schließlich folgen die gerichtlichen Eingriffsbefugnisse für sorge- und umgangsrechtliche Erst- und Abänderungsentscheidungen keiner stringenten Lösung. Soll das Umgangsrecht bzw. der Vollzug einer früheren Entscheidung eingeschränkt oder ausgeschlossen werden, ist dies grundsätzlich zulässig, soweit es „zum Wohl des Kindes erforderlich" ist, § 1684 Abs. 4 S. 1 BGB.

Gerichtliche Maßnahmen, die hingegen die eS teilweise oder vollständig entziehen, setzen eine *konkrete Gefährdung* des Kindeswohls voraus (§ 1666 Abs. 1 Nr. 6 BGB). Dies ist aufgrund der unterschiedlichen Reichweite von sorgerechtlicher gegenüber der Umgangsentscheidung nachvollziehbar.

Der längerfristige Umgangsausschluss kann nach der Maßgabe des § 1684 Abs. 4 S. 2 BGB nur ergehen, wenn andernfalls das *Wohl des Kindes gefährdet werde*. Hier wird derselbe Maßstab des § 1666 BGB übertragen.

Die Abänderungsentscheidungen folgen dann allerdings dem einheitlichen Maßstab des § 1696 Abs. 1 S. 1 BGB. Sowohl die Entscheidungen zum Sorge- als auch die zum Umgangsrecht sind zu ändern, wenn dies aus „triftigen, das Wohl des Kindes nachhaltig berührenden Gründen angezeigt ist." Damit wird die ursprüngliche unterschiedliche Intensität der Ausgangsentscheidung letztendlich nivelliert.

Das Eckpunktepapier zur Reform des Kindschaftsrechts greift diesen Aspekt ebenfalls auf und deutet an, dass das Bedürfnis nach einer klarstellenden Regelung besteht.[410]

2. Kindesunterhalt

Die Regelungen zum Kindesunterhalt sind im Verwandtenunterhalt unter §§ 1601 ff. BGB enthalten. Es sprechen allerdings auch gute Gründe dafür, das Kindesunterhaltsrecht hinter dem Kindschaftsrecht zu verorten. Um die Höhe und den/die Anspruchsgegner ermitteln zu können, müssen zunächst die sorgerechtlichen Befugnisse (v.a. wer übernimmt in welchem Maße Betreuungsverantwortung?) geklärt sein, sodass chronologisch zunächst über die Betreuung des Kindes zu entscheiden ist, bevor die konkrete Unterhaltsberechnung vorgenommen werden kann. Dies sollte durch die Gesetzessystematik auch abgebildet werden.

Die abweichende Herangehensweise kann zwar damit begründet werden, dass das Unterhaltsrecht grundsätzlich für alle Verwandtschaftsverhältnisse gelten soll, dem ist allerdings entgegenzuhalten, dass der Hauptanwendungsfall im Kindesunterhalt liegt.[411] Auch der nacheheliche Unterhalt ist von vornherein an anderer Stelle[412] (in den §§ 1570–1587 BGB) geregelt. Das zeigt, dass es dem Gesetzgeber nicht fremd ist, besondere Unterhaltsverhältnisse aus dem allgemeinen Verwandtenunterhalt herauszunehmen und unterhalb

---

410 Bundesjustizministerium, Eckpunkte für eine Reform des Kindschaftsrechts vom 25. Januar 2024, S. 13.

411 Vgl. bspw. § 1603 Abs. 2 S. 1 BGB, der die verschärfte Leistungsfähigkeit der Eltern gegenüber ihren minderjährigen Kindern beschreibt; § 1612 Abs. 2 S. 1 BGB, der den Eltern eines unverheirateten Kindes ein Bestimmungsrecht zur Art und Weise der Unterhaltsgewährung zugesteht; § 1612a BGB, der den Mindestunterhalt minderjähriger Kinder festlegt; § 1612b BGB, der Vorschriften zur Verteilung des Kindergeldes vorhält.

412 Im Titel 7 des 4. Buches des BGBs zum Familienrecht zur Scheidung der Ehe.

der sonstigen Regelungen in diesem Rechtsverhältnis (hier im Ehegattenverhältnis) zu regeln.

3. Kindeswohl

Alle Entscheidungen der Familiengerichte sind stets am Kindeswohl auszurichten. Diese grundsätzliche Wertung findet sich ganz am Ende des Kindschaftsrechts in § 1697a Abs. 1 BGB. Zwar hat die Vorschrift durch das Gesetz zur Stärkung von Kindern und Jugendlichen vom 03. Juni 2021[413] eine wesentliche Erweiterung durch Anfügung des Absatzes 2 erfahren und regelt seither neben der Rückführung des Kindes aus der Familienpflege, wenn dies im Hinblick auf die Entwicklung des Kindes vertretbar ist (vgl. § 1697a Abs. 2 S. 1 BGB), den allgemeinen Rechtsgedanken, dass bei allen die Pflegekinder betreffenden Entscheidungen das Kindeswohl zu berücksichtigen ist. In Satz 2 wird außerdem noch das Bedürfnis des Kindes nach kontinuierlichen und stabilen Lebensverhältnissen berücksichtigt. Damit wird allerdings noch nicht ausreichend deutlich, dass es sich dabei um den zentralen Grundsatz des gesamten Familienrechts handelt.

Um die herausragende Stellung des Kindeswohls hervorzuheben und auch aus systematischer Stellung sichtbar zu machen, dass dieses Prinzip als Leitmodell über allen Vorschriften steht, wird angeregt, eine Regelung zum Kindeswohl an prominenter Stelle ganz am Anfang des Familienrechts vorzusehen.

Das Eckpunktepapier des BMJ zur Reform des Kindschaftsrechts schlägt ebenfalls vor, die Grundsätze wie u.a. das Kindeswohlprinzip an den Anfang des Titels zum Kindschaftsrecht zu stellen.[414] Da es allerdings nicht nur auf das Kindschaftsrecht beschränkt sein soll, sondern als übergeordnetes Ziel in allen Rechtsverhältnissen, die Kinder betreffen, zu beachten ist (bspw. auch bei der Bestimmung zur Art der Unterhaltsgewährung nach § 1612 Abs. 2 S. 1 BGB: „sofern auf die Belange des Kindes die gebotene Rücksicht genommen wird"), empfiehlt es sich, das Kindeswohlprinzip unter einen eigenen Titel zu fassen.

---

413 BGBl. I 2021, S. 1444.

414 Bundesjustizministerium, Eckpunkte für eine Reform des Kindschaftsrechts vom 25. Januar 2024, S. 13.

Ein konkreter Vorschlag wie die Vorschrift formuliert werden kann, erfolgt im nächsten Abschnitt mit Hinzunahme psychologischer Erkenntnisse (vgl. V. B. „Kindeswohl“ als Leitmodell).

4. Ergebnis

Für die Rechtsverhältnisse der Eltern gegenüber ihren minderjährigen Kindern wäre eine umfassende Umstrukturierung der familienrechtlichen Normen wünschenswert. Als Vorbild kann hierfür die Reform des Vormundschafts- und Betreuungsrechts dienen.

Es sollten insbesondere die Überlagerungen des Sorge- und Umgangsrechts aufgelöst werden. Dies kann dadurch erfolgen, dass die grundsätzliche Unterscheidung aufgegeben wird und das Sorgerecht in eine Status- und Ausübungsebene untergliedert wird. Der Ausübungsebene kann fortan die tatsächliche Wahrnehmung der sorgerechtlichen Befugnisse zugeordnet werden, sodass ein darüber hinausgehendes Umgangsrecht nur noch für sonstige, nicht sorgeberechtigte Personen relevant wird.

Es wird hierfür der folgende Aufbau vorgeschlagen:

1) Das Kindeswohlprinzip wird als Leitmodell festgelegt und vor den allgemeinen Bestimmungen zu den Eltern-Kind-Verhältnissen eingefügt.
2) Daran anschließend folgen Bestimmungen zu dem Rechtsverhältnis zwischen den Eltern und dem Kind im Allgemeinen, wo u.a. das Namensrecht verortet wird (vgl. die §§ 1616–1625 BGB) sowie Regelungen zum Inhaber und dem Inhalt der elterlichen Sorge.
3) Dem folgt das Umgangsrecht, das zukünftig nur noch für sonstige Bezugspersonen, die nicht Sorgerechtsinhaber sind, relevant wird.
4) Schließlich folgen die Regeln zum Kindesunterhalt, die eine Berechnung für alle Betreuungsalternativen vorsehen.

Nähere Ausführungen zu den einzelnen Unterpunkten erfolgen auf den kommenden Seiten.

B. „Kindeswohl“ als Leitmodell

Wie eben ausgeführt, soll über dem gesamten Familienrecht das Kindeswohlprinzip stehen. Auch im internationalen Kontext haben 190 Mitgliedsstaaten im Zuge der UN-Kinderrechtskonvention beschlossen, dass „bei allen Maßnahmen, die Kinder betreffen, gleich viel, ob sie von öffentlichen oder privaten Einrichtungen der sozialen Fürsorge, Gerichten, Verwaltungsbehörden oder Gesetzgebungsorganen getroffen werden, [...] das Wohl des Kindes [...] vorrangig zu berücksichtigen ist."[415]

Sämtliche hoheitliche Maßnahmen müssen sich an dieser Eingriffsschwelle messen lassen. Beim Eingriff in das Sorgerecht ist eine „konkrete Gefährdung für das körperliche, geistige oder seelische Wohl des Kindes oder seines Vermögens" erforderlich, die die Eltern „nicht eigenständig abwenden können oder wollen", § 1666 Abs. 1 BGB. Wobei das Gericht nur die Maßnahmen treffen darf, die zur Abwendung der Gefahr *erforderlich* sind. Eine Einschränkung des Umgangsrechts setzt voraus, dass diese „zum Wohl des Kindes erforderlich" ist, vgl. § 1684 Abs. 4 S. 1 BGB. Soll diese dauerhafte Wirkung entfalten, müsste ohne das hoheitliche Eingreifen „das Wohl des Kindes gefährdet" sein, vgl. § 1684 Abs. 4 S. 2 BGB. Damit ist das Kindeswohl zugleich Eingriffslegitimation und Entscheidungsmaßstab, an dem das Gericht alle Entscheidungen zu messen hat (vgl. § 1697a BGB, der den Titel „Kindeswohlprinzip" trägt).[416]

Schon seit Jahren wird aufgrund der Unbestimmtheit des Rechtsbegriffs, der durch seine offene Ausgestaltung der Interpretation unterliegt, mehr Klarheit gefordert.[417] Weder das Gesetz noch das Rechtswörterbuch liefern eine aussagekräftige Erklärung. In *Webers* Rechtswörterbuch wird unter dem Begriff des *Kindeswohls* lediglich auf die Ausführungen zur eS verwiesen, dass es das Recht und die Pflicht der Eltern ist, für das Wohl des Kindes zu sorgen.[418]

Zwar darf der Staat nicht in die Familie „hineinregieren", doch muss der Gesetzgeber auch seiner Verantwortung zur Vorgabe eines verbindlichen Rechtsrahmens nachkommen.[419] Gerade, wenn Eltern ihre individuellen Moralvorstellungen oder Ideologien durchsetzen möchten, die den eigentlichen Bedürfnissen des Kindes zuwiderlaufen, da bspw. nachhaltig körperbeeinträchtigende Erziehungsmaßnahmen angewendet werden sollen, muss

---

415 Art. 3 Abs. 1 UN-Kinderrechtskonvention.

416 Coester, Das Kindeswohl als Rechtsbegriff, S. 134.

417 Überlegungen in diesem Bereich waren u.a. Thema des 15. Göttinger Workshops im Familienrecht an der Universität Göttingen am 20. Oktober 2017 oder des Arbeitskreises Reformsätze im Sorge- und Umgangsrecht beim 22. Deutschen Familiengerichtstag am 29. Juni 2017.

418 Fuchs in: Weber Rechtswörterbuch, Elterliche Sorge.

419 Coester, Das Kindeswohl als Rechtsbegriff, S. 140–141, 485–486.

klargestellt werden, dass damit die Grenze des rechtfertigbaren Kindeswohls überschritten ist.[420] Ausreichend Raum für eine einzelfallgerechte Entscheidung bleibt auch dann noch, wenn das Gesetz einen einheitlichen Orientierungsrahmen bereithält.[421]

Das Eckpunktepapier zum Kindschaftsrecht möchte die Kinderrechte stärken, indem den Familiengerichten bei etwaigen Anhaltspunkten für häusliche Gewalt umfassende Ermittlungsbefugnisse eingeräumt werden. Sie sollen zugleich eine Risikoanalyse entwickeln, die Implikationen für umgangs- und sorgerechtliche Entscheidungen geben kann (z.B. durch die Anordnung einer Umgangspflegschaft).[422]

Außerdem wird eine stärkere Einbeziehung des Kindes ab dem 14. Lebensjahr bei der Ausgestaltung der Umgangsregelungen oder der Begründung des gemeinsamen Sorgerechts eingeräumt.[423] Die wichtigsten Aspekte, die auf das Kindeswohl einwirken, sollen in einer regelkatalogartigen Vorschrift konturiert werden, um eine Orientierung für den Rechtsanwender zu schaffen.[424]

Als Vorbild kann dafür die jüngst in Kraft getretene Vorschrift aus dem Vormundschaftsrecht in § 1788 BGB[425] dienen, die die Rechte des Mündels

---

420 Nach der aktuellen Gesetzeslage sieht § 1631 Abs. 2 BGB lediglich vor, dass die Pflege und Erziehung unter Ausschluss von Gewalt, körperlicher Bestrafungen, seelischen Verletzungen und anderen entwürdigenden Maßnahmen zu erfolgen hat. Das hindert die Eltern allerdings nicht daran, ihren Erziehungsstil an den individuellen Vorstellungen auszurichten und das Familiengericht kann erst beim Überschreiten einer Kindeswohlgefährdung eingreifen (vgl. § 1666 Abs. 3 Nr. 6 BGB).

421 Coester in: Staudinger BGB, § 1666 Rn. 66.

422 Bundesjustizministerium, Eckpunkte für eine Reform des Kindschaftsrechts vom 25. Januar 2024, S. 11.

423 Bundesjustizministerium, Eckpunkte für eine Reform des Kindschaftsrechts vom 25. Januar 2024, S. 12.

424 Bundesjustizministerium, Eckpunkte für eine Reform des Kindschaftsrechts vom 25. Januar 2024, S. 12.

425 § 1788 Rechte des Mündels: „Der Mündel hat insbesondere das Recht auf

1. Förderung seiner Entwicklung zu einer eigenverantwortlichen und gemeinschaftsfähigen Persönlichkeit,
2. Pflege und Erziehung unter Ausschluss von Gewalt, körperlichen Bestrafungen, seelischen Verletzungen und anderen entwürdigenden Maßnahmen,
3. persönliche Kontakte mit dem Vormund,
4. Achtung seines Willens, seiner persönlichen Bindungen, seines religiösen Bekenntnisses und kulturellen Hintergrunds sowie
5. Beteiligung an ihn betreffenden Angelegenheiten, soweit es nach seinem Entwicklungsstand angezeigt ist."

festlegt und in das Zentrum rückt.[426] Der Mündel ist in einer vergleichbaren Form von den Entscheidungen des Vormundes abhängig wie das unter der eS stehende Kind.

Ein Vergleich mit dem englischen Sprachgebrauch zeigt, dass dort das Kindeswohl mit „the best interests of the child" (Art. 3 para. 1 Convention on the Right of the Child) übersetzt wird. Damit werden stärker die Eigeninteressen des Kindes in den Fokus gestellt: Das Kind soll als „player of his/her own existence" in alle Entscheidungen eingebunden werden.[427]

Hinweise darauf, was dem Kindeswohl entspricht, können ferner Einblicke in die Kindes- und Entwicklungspsychologie, das Recht des Kindes auf eine gewaltfreie Erziehung (§ 1631 Abs. 2 BGB) und die Diskussion um die Einführung eines Kindergrundrechtes geben.

1. Einblick in die Kindes- und Entwicklungspsychologie[428]

Tiefergreifende Erkenntnisse, wie sich Scheidungen und Trennungen auf das kindliche Wohlbefinden auswirken, liefern die Ergebnisse der Forschungen im Bereich der Kindes- und Entwicklungspsychologie – insbesondere die sog. *Bindungstheorie* nach *Bowlby* und *Aimsworth*.[429]

Der Begriff *Bindung* findet sich im BGB kaum wieder (in § 1626 Abs. 3 S. 2 BGB[430] nur im Zusammenhang mit dritten Personen), doch wird er als zentrales Einflusskriterium auf die kindliche Entwicklung allgemein anerkannt.[431] Eine gute Bindungsqualität ist das entscheidende Kriterium zur Resilienzentwicklung bei Kindern.[432]

Die Bindungstheorie geht auf das Jahr 1981 zurück und hatte vornehmlich die damals klassisch schwerpunktmäßige Mutter-Kind-Betreuung in den Blick genommen. Auch heute noch ist meistens die Mutter die

426 BT-Drs. 19/24445, S. 203.

427 Zermatten, in: Child-Friendly Justice, 30, 30.

428 Eine weitreichendere Auseinandersetzung mit psychologischen Erkenntnissen der Scheidungsforschung würde den Rahmen dieser Arbeit überschreiten, sodass hier nur überblicksartig ein paar Aspekte genannt werden sollen, die bei der Bewertung des Kindeswohls relevant werden.

429 Bowlby, Frühe Bindung und kindliche Entwicklung, S. 159.

430 § 1626 Abs. 3 S. 2 BGB: „Gleiches gilt für den Umgang mit anderen Personen, zu denen das Kind Bindungen besitzt, wenn ihre Aufrechterhaltung für seine Entwicklung förderlich ist."

431 Bovenschen/Spangler, NZFam 2014, 900, 901.

432 Bovenschen/Spangler, NZFam 2014, 900, 901.

Hauptbezugsperson,[433] obwohl *Bowlby* zu Beginn bereits feststellte, dass auch Väter grundsätzlich die „Mutterstelle“ einnehmen können, hierzu aber oft noch gesellschaftliche Hindernisse[434] im Wege stehen.[435]

Eine biologische Verbindung ist nicht entscheidend, denn die Bindung wird nicht genetisch vorgezeichnet, sondern entsteht erst durch kontinuierliche Interaktion.[436] Bindungen zu anderen Bezugspersonen (Großeltern, Geschwister, Betreuer, Lehrer, Freunde etc.) können dem Kind ebenfalls das Gefühl der Zugehörigkeit vermitteln und sollten daher auch beachtet werden.[437]

Ab dem siebten Monat entwickelt der Säugling eine Bindung zu den Personen, mit denen er häufig konfrontiert ist. Bis die Bindung sich stabilisiert hat (i.d.R. ab dem zweiten Lebensjahr), werden i.d.R. Trennungen als besonders schmerzlich aufgenommen.[438] Das wirkt sich auf die Persönlichkeitsentwicklung des Kindes aus, die sich aus der Summe aller auftretenden Bindungserfahrungen ergibt.[439]

Die Eltern nehmen gewöhnlich unterschiedliche Rollen in der Erziehung des Kindes ein, sodass grundsätzlich der Kontakt mit beiden für die bestmögliche Kindesentwicklung erforderlich ist. Ein Part ist klassischerweise emotionaler und feinfühliger, der andere fördert als Spielpartner und Motivator das Selbstbewusstsein des Kindes.

Keine Erkenntnisse gibt es über die Kontaktdauer mit dem jeweiligen Elternteil. Entscheidend ist auch weniger die Quantität der Kontakte, sondern viel mehr die Qualität der Interaktion.[440]

---

433 Eine Befragung zu den Lebensmodellen in Baden-Württemberg zeigt, dass Müttern nach wie vor die Hauptverantwortung für Kinder, Familie und Haushaltsmanagement zugeschrieben wird, vgl. Fritz-Erler-Forum Baden-Württemberg, Familienbild im Wandel – Lebensentwürfe zwischen Wunsch und Wirklichkeit – Ergebnisse einer qualitativ-quantitativen Studie in Baden-Württemberg.

434 Deutlich wird das bereits durch den allgemeinen Sprachgebrauch, bspw. wird die Sprache, die im nahen Umfeld gesprochen wird, allgemein als Muttersprache bezeichnet, den Begriff der „Vater-Sprache“ gibt es hingegen nicht.

435 Bowlby, Elternbindung und Persönlichkeitsentwicklung, S. 23.

436 BVerfG, Beschluss vom 17. Oktober 1984 – 1 BvR 284/84, BVerfGE 68, 176, 187.

437 Salzgeber, Familienpsychologische Gutachten, Rn. 1215–1221.

438 Salzgeber, Familienpsychologische Gutachten, Rn. 1244.

439 Grossmann/Grossmann, Zeitschrift für Psychosomatische Medizin und Psychotherapie 2007, 9, S. 18.

440 Salzgeber, Familienpsychologische Gutachten, Rn. 1259.

Anhaltende Konflikte zwischen den Eltern konnten als Hauptstressor identifiziert werden, was sich oft in Verhaltensauffälligkeiten (bspw. Abfall der Schulleistungen, gesteigertes Gewaltpotenzial oder Charakterveränderungen) der Kinder zeigt.[441] Die Eltern sind daher zu einem kooperativen Umgang aufgefordert. Die innere Einstellung, dem anderen Elternteil die Zeit zuzugestehen, die benötigt wird, um eine Beziehung zu dem Kind aufzubauen, wird in der Psychologie als *Beziehungstoleranz* bezeichnet.[442] Gelingt den Eltern der kooperative Austausch nicht, können Verstöße als Anzeichen eingeschränkter Erziehungseignung gewertet werden.[443] Es ist im Einzelfall abzuwägen, wie stark das Kind durch die konfliktbeladenen Umgänge belastet wird, und inwieweit die Umgangskontakte noch dem Kindeswohl dienen.

2. Die Berücksichtigung des Kindeswillens

Das Kindeswohl richtet sich maßgeblich nach dem geäußerten bzw. den durch die Erkenntnisse der Psychologie ermittelten Kindeswillen. Die UN-Kinderrechtekonvention, aber auch die EU-GRCh[444] formulieren starke Partizipationsrechte für Kinder, die im nationalen deutschen Recht noch nicht vollständig umgesetzt sind.[445] Schon lange wird deshalb über ein explizites

---

441 Salzgeber, Familienpsychologische Gutachten, Rn. 1171; Walper/Gerhard, PTT 2003, 105, 108.

442 Salzgeber, Familienpsychologische Gutachten, Rn. 1188.

443 OLG Koblenz, Urteil vom 24. Juni 2015 – 13 UF 319/15, FamRZ 2015, 1911, 1912. Dies wird vielfach auch gegen die Anordnung einer paritätischen Betreuung angeführt, vgl. u.a. BGH, Beschluss vom 1. Februar 2017 – XII ZB 601/15 –, BGHZ 214, 31–45, Rn. 30; Hanseatisches Oberlandesgericht in Bremen, Beschluss vom 20. August 2018 – 4 UF 57/18 –, Rn. 11, juris; Brandenburgisches Oberlandesgericht, Beschluss vom 2. Mai 2017 – 10 UF 2/17 –, Rn. 29, juris.

444 Art. 24 EU-GRCh:
„1. Kinder haben Anspruch auf den Schutz und die Fürsorge, die für ihr Wohlergehen notwendig sind. Sie können ihre Meinung frei äußern. Ihre Meinung wird in den Angelegenheiten, die sie betreffen, in einer ihrem Alter und ihrem Reifegrad entsprechenden Weise berücksichtigt.
2. Bei allen Kindern betreffenden Maßnahmen öffentlicher Stellen oder privater Einrichtungen muss das Wohl des Kindes eine vorrangige Erwägung sein.
3. Jedes Kind hat Anspruch auf regelmäßige persönliche Beziehungen und direkte Kontakte zu beiden Elternteilen, es sei denn, dies steht seinem Wohl entgegen."

445 Schmidt/Westhoff, Kindeswohl interdisziplinär, S. 263.

Kindergrundrecht diskutiert. (Zur Diskussion um die Einführung eines Kindergrundrechts siehe V. B. 4. Kindergrundrecht).

Auf Unionsebene löst seit dem 01. August 2022 die neue Brüssel-IIb-Verordnung die alten Bestimmungen ab.[446] Diese erweitert in Artikel 21 das Recht des Kindes auf Meinungsäußerung, sodass unmittelbar alle Mitgliedsstaaten, die der Verordnung beigetreten sind, dazu verpflichtet werden, dem Kind, das *fähig ist, seine eigene Meinung zu bilden*, eine echte und wirksam Gelegenheit zur Äußerung auch in den Verfahren der elterlichen Verantwortung zu gewähren (Absatz 1). Die Vorgängervorschrift in Art. 11 Abs. 2 Brüssel IIa-VO[447] beschränkte die Anhörungspflicht des Kindes auf Entscheidungen über die Rückführung nach einer Kindesentführung (nach Art. 12 und 13 HKÜ).

Ferner bestimmt die Vorschrift, dass die geäußerte Meinung unter Berücksichtigung des Alters und der Reife des Kindes in die Entscheidungsfindung einzufließen hat (Absatz 2). Die konkrete Ausgestaltung der Anhörungsmodalitäten bleibt aber weiterhin den nationalen Rechtsvorschriften vorbehalten.

Im deutschen BGB ist in § 1626 Abs. 2 festgelegt, dass die elterliche Sorge an den Bedürfnissen des Kindes auszurichten (Satz 1) und das Kind möglichst bei Fragen der elterlichen Sorge einzubeziehen ist (Satz 2). Es ist aber nicht geklärt, ab welchem Alter und Entwicklungsstand und mit welcher Intensität der Kindeswille in die Entscheidungsfindung einzufließen hat.

Hierzu wird im Eckpunktepapier zur Reform des Kindschaftsrechts vom BMJ der Vorschlag unterbreitet, dass ab Vollendung des 14. Lebensjahres generelle Mitentscheidungsbefugnisse des Kindes vorgesehen werden. Das Kind soll eine erneute Entscheidung über eine bereits getroffene Umgangsregelung beantragen können. Bei der Begründung des gemeinsamen Sorgerechts nicht miteinander verheirateter Eltern soll dem Kind eine Widerspruchsmöglichkeit eingeräumt werden und sorgerechtliche Vereinbarungen sollen der Zustimmung des Kindes bedürfen.[448]

Wenn hierbei allgemein auf die Vollendung des 14. Lebensjahres abgestellt wird, stellt sich die Frage, ob nicht besser auf den individuellen Reife- und

---

446 Verordnung (EU) 2019/1111.

447 Verordnung (EG) 1347/2000.

448 Bundesjustizministerium, Eckpunkte für eine Reform des Kindschaftsrechts vom 25. Januar 2024, S. 12.

Entwicklungsstand des Kindes eingegangen werden sollte, wie es auch die EU-Verordnung vorgibt. Es sollte außerdem noch die Konflikthaftigkeit der Elternbeziehung berücksichtigt werden, um das Kind nicht einem Loyalitätskonflikt auszusetzen, wenn bspw. mit dem Wunsch des Kindes, möglichst gleiche Anteile bei beiden Elternteilen zu verbringen, zu befürchten ist, dass dadurch die Elternkonflikte intensiviert werden.[449]

Im Übrigen setzt die Vollendung des 14. Lebensjahres spät an. Es ist zwar nachvollziehbar, dass für die Widerspruchsmöglichkeit zur Begründung des gemeinsamen Sorgerechts die Grenze aus § 1671 Abs. 1 S. 2 Nr. 1 BGB übernommen wurde, ein Vergleich zu Vorschriften aus anderen Rechtsbereichen kann aber auch eine andere Altersgrenze begründen. Bspw. setzt die Deliktsfähigkeit des Kindes teilweise schon ab dem siebten Lebensjahr an, vgl. § 828 Abs. 1 BGB. Ebenso wird ab Vollendung des siebten Lebensjahres zumindest die beschränkte Geschäftsfähigkeit anerkannt, vgl. § 106 BGB.[450]

Die empirischen Erkenntnisse bestätigen, dass ab der Vollendung des 12. Lebensjahres der Kindeswille bereits eine relativ zuverlässige Entscheidungsgrundlage darstellt.[451]

Die Ermittlung des Kindeswillens ergibt sich in erster Linie aus der persönlichen Anhörung. Diese ist in § 159 Abs. 1 FamFG geregelt. Das Gericht soll sich einen persönlichen Eindruck von dem Kind verschaffen.[452] Die

449 Köhler, ZKJ 2020, 4, 6.

450 Die Altersgrenze ab Vollendung des 14. Lebensjahres findet sich bspw. bei der Frage der Schuldfähigkeit im Strafrecht wieder (§ 19 StGB). Die Rechtsfolgen in diesem Rechtsbereich sind allerdings mit nachhaltigen Konsequenzen verknüpft, die einen gesteigerten Reifegrad des Kindes voraussetzen, um die Tragweite einer Entscheidung zu verstehen. Insbesondere sollen hier kindliche Leichtfertigkeiten von den Sanktionen des Strafrechts ausgeklammert werden. Bei der Religionsmündigkeit findet sich ebenfalls die Altersgrenze der Vollendung des 14. Lebensjahres wieder (§ 5 RelKErzG). Allerdings wird in § 5 S. 2 RelKErzG zugleich klargestellt, dass bereits ab dem zwölften Lebensjahr der entgegenstehende Wille des Kindes, nicht in einem anderen Bekenntnis erzogen zu werden, zu beachten ist.

451 Lack in: JHA BGB, § 1671 Rn. 81 m.w.N.

452 § 159 Abs. 1 FamFG wurde 2021 explizit um die Pflicht des Familiengerichts erweitert, sich einen persönlichen Eindruck von dem Kind zu verschaffen, Schäder in: Sternal FamFG, § 159 Rn. 9; BGBl. I 2021, S. 1810.

Anhörung der Eltern[453] oder des Verfahrensbeistandes[454] genügt dafür noch nicht. Davon kann auch nicht durch einen entgegenstehenden Willen des sorgeberechtigten Elternteils abgesehen werden, selbst wenn dieser vom Schutz des Kindes motiviert ist.[455]

Ebenso wenig entbindet die fehlende Artikulationsmöglichkeit des Kindes das Gericht, sich einen persönlichen Eindruck von dem Zustand des Kindes zu verschaffen. Lediglich eine der in § 159 Abs. 2 FamFG abschließend aufgezählten Ausnahmen, kann es im Einzelfall rechtfertigen, von dem Grundsatz der Anhörungspflicht abzuweichen.[456]

Bringt das Kind zum Ausdruck, dass es nichts zu der Sache sagen will, ist das ebenfalls zu akzeptieren. Dem Kind wird „Gelegenheit zur Äußerung" gegeben (§ 159 Abs. 4 S. 2 FamFG), es besteht aber keine Aussagepflicht.[457]

Im Übrigen ist es über den Gegenstand, Ablauf und den möglichen Ausgang des Verfahrens in einer altersentsprechenden Art und Weise zu informieren, vgl. § 159 Abs. 4 S. 1 BGB. Hierzu zählt es auch, etwaig bestehende Fehlvorstellungen des Kindes auszuräumen und das Kind von einem vermeintlichen Entscheidungsdruck zu entlasten.[458]

Schumann geht in ihrem Gutachten anlässlich des 72. Juristentages in Leipzig noch einen Schritt weiter und formuliert einen Vorschlag, der dem Kind das Recht einräumt, eigene Gründe für eine in Betracht kommende Maßnahme vorzutragen.[459] Dies birgt allerdings die Gefahr, dass das Kind sachfremde Erwägungen oder zumindest solche, die nicht unbedingt dem Kindeswohl entsprechen, vortragen kann, und das Gericht vor einen höheren Begründungsaufwand stellt, wenn es von den vorgetragenen Gründen abweichen möchte. Außerdem könnte die eigentliche Intention, dem Kind zu vermitteln, dass es im Mittelpunkt der Entscheidung steht, in sein Gegenteil bewendet werden, wenn sich das Gericht nach einer

---

453 BGH, Beschluss vom 15. Juni 2016 – XII ZB 419/15 –, BGHZ 211, 22-37, Rn. 45.

454 Vgl. BVerfG, Stattgebender Kammerbeschluss vom 26. September 2006 – 1 BvR 1827/06 –, BVerfGK 9, 274-282, Rn. 24.

455 Götz in: 18. Göttinger Workshop zum Familienrecht, S. 63.

456 Bspw. wenn davon auszugehen ist, dass die Kindesanhörung dem Kind schadet und/ oder nicht der Sachverhaltsaufklärung dient, BT-Drs. 19/23707, S. 57.

457 Schäder in: Sternal FamFG, § 159 Rn. 26.

458 Götz in: 18. Göttinger Workshop zum Familienrecht, S. 66.

459 Schumann in: Gutachten zum 72. DJT, B89.

Gesamtabwägung über diese Vorschläge hinwegsetzen muss. Das Kind bekäme dann signalisiert, dass seine vorgetragenen Gründe doch nicht entscheidungsrelevant sind.

Generell kann der Wille des Kindes nur insoweit beachtet werden, als er objektiv im Einklang mit dem Kindeswohl steht.[460]

3. Recht auf eine gewaltfreie Erziehung

Mit dem Gleichberechtigungsgesetz vom 18. Juni 1957[461] wurde die Vorschrift zum väterlichen Züchtigungsrecht in § 1631 Abs. 2 BGB i.d.F. von 1896 zwar aufgehoben, die Rechtsstellung des Kindes verbesserte sich dadurch allerdings nicht, sondern nach allgemeiner Meinung wurden körperliche Züchtigungen als von dem generellen Erziehungsrecht (§ 1626 BGB) umfasst angesehen (vgl. hierzu auch die Ausführungen unter II. A. 2. a. Exkurs: Historische Entwicklung).[462] Damit konnten körperliche Erziehungsmaßnahmen wie bspw. eine Ohrfeige bis hin zu einer nicht die Gesundheit nachhaltig beeinträchtigenden Tracht Prügel strafrechtlich gerechtfertigt werden.[463]

1992 ist Deutschland der UN-Kinderrechtskonvention beigetreten und hat sich verpflichtet, „alle geeigneten Gesetzgebungs-, Verwaltungs-, Sozial- und Bildungsmaßnahmen zu treffen, um das Kind vor jeder Form körperlicher und geistiger Gewaltanwendung, Schadenszufügung oder Mißhandlung, vor Verwahrlosung oder Vernachlässigung, vor schlechter Behandlung oder Ausbeutung einschließlich des sexuellen Mißbrauchs zu schützen" (Art. 19 Abs. 1 KRK). Darauf folgte 1999 die Kodifizierung in § 1631 Abs. 2 BGB, welche im Zuge der Reform des Betreuungsrechts nochmals aktualisiert wurde.[464] In der seit dem 01. Januar 2023 gültigen Fassung heißt es: „Das Kind hat ein Recht

---

460 BVerfG, Stattgebender Kammerbeschluss vom 7. Dezember 2017 – 1 BvR 1914/17 –, FamRZ 2018, 266, 268; BVerfG, Stattgebender Kammerbeschluss vom 8. März 2005 – 1 BvR 1986/04 –, FamRZ 2005, 1057, 1058.

461 BGBl. I 1957, S. 624.

462 BT-Drs. 14/1247, S. 3; BGH, Urteil vom 23. Oktober 1957 – 2 StR 458/56 –, BGHSt 11, 241–263, Rn. 28; Bock, Das elterliche Recht auf körperlichen Zugriff; Huber u.a., FamRZ 2001, 797, 797.

463 BT-Drs. 14/1247, S. 3; BGH, Urteil vom 23. Oktober 1957 – 2 StR 458/56 –, BGHSt 11, 241–263, Rn. 28.

464 Das Gebot der Gewaltfreiheit wird seit dem 01. Januar 2023 auch auf die Pflege übertragen. Die alte Fassung lautete noch: „Kinder haben ein Recht auf gewaltfreie Erziehung."

auf Pflege und Erziehung unter Ausschluss von Gewalt, körperlicher Bestrafung, seelischer Verletzungen und anderen entwürdigenden Maßnahmen."

Die Vorschrift ist das Ergebnis vieler vorangegangener gescheiterter Versuche, ein Gewalt- bzw. Misshandlungsverbot in das Gesetz aufzunehmen.[465] Argumente, die dagegen vorgebracht wurden, waren u.a., dass Eltern unter einen Generalverdacht gestellt werden, Straftäter zu sein, und nicht vorschnell strafrechtliche Sanktionen begründet werden sollen.[466]

Das Gesetz zu dem Übereinkommen des Europarats vom 11. Mai 2011 zur Verhütung und Bekämpfung von Gewalt gegen Frauen und häuslicher Gewalt,[467] das am 01. Februar 2018 in Kraft getreten ist, ist bei Entscheidungen zum Sorge- und Umgangsrecht des Kindes ebenfalls zu berücksichtigen.[468] Nach Art. 31 Abs. 2. der Konvention ist sicherzustellen, dass bei der Ausübung des Besuchs- oder Sorgerechts weder die Rechte und Sicherheit des Gewaltopfers noch die des Kindes gefährdet werden.

Im Zuge der Betreuungs- und Vormundschaftsrechtsreform wird auch § 1631 Abs. 2 S. 1 BGB überarbeitet.[469] Damit das Recht der Kinder auf eine gewaltfreie Erziehung noch transparenter wird, wird vorgeschlagen, dies in den Gesetzeskatalog zur Definition des Kindeswohls aufzunehmen.

Dies entspricht auch der grundsätzlichen Wertung des Eckpunktepapiers des BMJ zur Reform des Kindschaftsrechts, dass die Kinderrechte insgesamt gestärkt werden. Konkret heißt es unter Punkt 8, dass die gesetzlichen Neuregelungen sicherstellen sollen, dass „die Familiengerichte in Umgangs- und Sorgeverfahren die staatliche Verpflichtung zum Schutz vor häuslicher Gewalt besser wahrnehmen können", indem v.a. umfassende Ermittlungsmöglichkeiten eingeräumt werden und

465 U.a. Entwurf eines Gesetzes zur Neuregelung des Rechts der elterlichen Sorge, BT-Drs. 08/2788, S. 48; Entwurf eines Gesetzes zur Änderung des § 1631 BGB (Mißhandlungsverbotsgesetz), BT-Drs. 12/6343, S. 17; Entwurf eines Gesetzes zur Ächtung der Gewalt in der Erziehung, BT-Drs. 14/1247, S. 7–8.

466 Vgl. Plenarprotokoll 717. BR-Sitzung, S. 455B.

467 BGBl. II 2017, S. 1026.

468 KG Berlin, Beschluss vom 4. August 2022 – 17 UF 6/21 –, FamRZ 2023, 131, 133.

469 Im Wesentlichen werden die Sätze 1 und 2 der Vorgängervorschrift zusammengefasst, BT-Drs. 19/24445, S. 203.

Vermutungsregelungen aufgenommen werden, dass ein gemeinsames Sorgerecht regelmäßig schon dann nicht in Betracht kommt, wenn Gewalt gegenüber dem Partner verübt wird.[470]

4. Kindergrundrecht

Mehrfach wurde außerdem diskutiert, ob ein eigenes Kindergrundrecht in das Grundgesetz aufgenommen werden sollte, um die Kinderrechte allgemein zu stärken und *sichtbar* zu machen.[471] Auf völkerrechtlicher Ebene gibt es das übergeordnete Gebot, dass bei allen Maßnahmen, die Kinder betreffen, das Wohl des Kindes *vorrangig* zu berücksichtigen ist, Art. 3 Abs. 1 KRK.

Um dieses Schutzniveau auch auf Verfassungsebene zu erreichen, startete in der 19. Wahlperiode des Bundestages eine Debatte zur Änderung des Art. 6 GG. Dabei wurden mehrere Gesetzesentwürfe unterbreitet, die das Recht des Kindes auf die Entwicklung zu einer eigenverantwortlichen Persönlichkeit verfassungsrechtlich absichern.[472]

Die erforderliche Zweidrittel-Mehrheit von Bundestag und Bundesrat (Art. 79 Abs. 2 GG) scheiterte allerdings an der Zustimmung der Opposition, die darauf verwies, dass mit dem Vorschlag keine Verbesserung der Rechtslage erreicht wird und daher kein Regelungsbedarf bestünde.[473]

An dem grundsätzlichen Verhältnis von primärer Elternverantwortung und sekundärem Wächteramt des Staates soll nichts geändert werden. „Der Verfassungsgeber geht davon aus, daß diejenigen, die einem Kind das Leben geben, von Natur aus bereit und berufen sind, die Verantwortung für seine

---

470 Bundesjustizministerium, Eckpunkte für eine Reform des Kindschaftsrechts vom 25. Januar 2024, S. 11.

471 So formulierte Christine Lambrecht in ihrer Funktion als Bundesministerin der Justiz und Verbraucherschutz in der Begründung für den Gesetzesvorschlag zur Grundgesetzänderung, Plenarprotokoll 19/221, S. 27953D. Im Übrigen haben auch die Fraktionen Die Linke und das Bündnis 90/Die Grünen Gesetzesentwürfe zur Änderung des Grundgesetzes vorgelegt, BT-Drs. 19/10622; BT-Drs. 19/10552.

472 Vgl. u.a. die Debatten im Bundestag am 31. März 2021, BT-Drs. 19/28138 und am 31. April 2021, BT-Drs. 19/28440.

473 Exemplarisch ist auf die Rede im BT von Stephan Thomae (FDP) hinzuweisen, der darauf verweist, dass der Staat sowieso zu angemessenem Verhalten angehalten ist, was auch die Berücksichtigung der Kinderrechte einschließt, Plenarprotokoll 19/221, S. 27955D.

Pflege und Erziehung zu übernehmen."[474] Auch der BGH unterstellt schon lange diese Indizwirkung.[475]

Das Kind genießt bereits einen umfassenden Grundrechtsschutz aus den bestehenden Grundrechten – in erster Linie dem Allgemeinen Persönlichkeitsrecht (Art. 2 Abs. 1 i.V.m. 1 Abs 1 GG) und der Handlungsfreiheit (Art. 2 Abs. 1 GG), sodass darüber hinaus ein weiterer Regelungsbedarf aktuell nicht gesehen wird.

5. Ergebnis

Die Debatte zum Kindergrundrecht zeigt, dass politischer Konsens darüber besteht, dass das Kindeswohl das zentrale Entscheidungskriterium des Familienrechts ist und sich daher sämtliche Maßnahmen daran zu messen haben. Dies spricht erneut dafür, einen verbindlichen und gerichtlich überprüfbaren Rechtsrahmen für das Kindeswohl als Leitmodell in der Form eines Regelkatalogs gesetzlich auszuformulieren.

Welche Aspekte für das Kindeswohl von Bedeutung sind, ergeben sich v.a. aus den Erkenntnissen der Entwicklungspsychologie (v.a. ausgerichtet am individuellen Entwicklungsstand), und auch die Rechtsprechung hat bereits Kindeswohlaspekte konkretisiert (vgl. hierzu auch die Kriterien zur Ausgestaltung der Elternvereinbarung unter D. 1. c. Entscheidungsparameter).[476]

Die Vorschrift zum Kindeswohlprinzip könnte wie folgt aussehen:

„Kindeswohlprinzip

(1) Aus dem Kindeswohlprinzip leitet sich insbesondere das Recht des Kindes ab auf

a. Förderung seiner Entwicklung und Erziehung zu einer eigenverantwortlichen und gemeinschaftsfähigen Persönlichkeit,

---

474 BVerfG, Beschluss vom 29. Juli 1968 – 1 BvL 20/63 –, BVerfGE 24, 119–155, Rn. 70.

475 BGH, Beschluss vom 16. März 2011 – XII ZB 407/10 –, FamRZ 2011, 796, 801.

476 Ausführlich hierzu in: Saarländisches Oberlandesgericht Saarbrücken, Beschluss vom 20. Januar 2011 – 6 UF 106/10 –, FamRZ 2011, 1153, 1153 m.w.N. Außerdem in: BGH, Beschluss vom 1. Februar 2017 – XII ZB 601/15 –, BGHZ 214, 31–45, Rn. 25; Schleswig-Holsteinisches Oberlandesgericht, Beschluss vom 7. Dezember 2010 – 10 UF 186/10 –, NJW-RR 2011, 581, 582; Brandenburgisches Oberlandesgericht, Beschluss vom 2. Juni 2008 – 15 UF 95/07 –, FamRZ 2009, 709, 709.

b. Pflege und Erziehung unter Ausschluss von Gewalt, körperlichen Bestrafungen, seelischen Verletzungen und anderen entwürdigenden Maßnahmen,
c. Persönlichen Kontakt zu beiden Elternteilen, soweit daraus keine Gefahr für das körperliche oder seelische Wohlbefinden des Kindes zu befürchten ist und
d. Umgang mit engen Bezugspersonen, der der kindlichen Entwicklung dient.

(2) [1]Bei sämtlichen Maßnahmen, die das Kind betreffen, ist das Wohl des Kindes zu achten. [2]Dabei sind bei der Bewertung insbesondere
a. der unbeeinflusste Kindeswille,
b. das Alter, der Entwicklungsstand und sonstige Persönlichkeitsmerkmale des Kindes,
c. das Ausmaß der Elternkonflikte und ihre Kooperationsfähigkeit,
d. die Beziehungsqualität beider Elternteile und
e. die soziale Eingebundenheit durch u.a. andere Familienangehörige und Freunde, Schule und Freizeitaktivitäten

zu berücksichtigen.

(3) [1]Gerichtliche Anordnungen, die dem Elternrecht aus Art. 6 Absatz 2 Satz 1 GG entgegenstehen, sind nur insoweit gestattet, als andernfalls eine nachhaltige Beeinträchtigung der körperlichen oder seelischen Gesundheit des Kindes droht oder das Kind anderweitig entwürdigt wird. [2]Die gerichtlichen Maßnahmen bei einer Gefährdung des Kindeswohls nach § 1666 BGB bleiben davon unberührt. [3]Das Gericht hat zum Schutz des Kindes diejenigen Entscheidungen zu treffen, die unter Berücksichtigung der tatsächlichen Gegebenheiten und Möglichkeiten sowie der berechtigten Interessen der Beteiligten dem Wohl des Kindes am besten entsprechen. [4]Gibt es Anhaltspunkte für häusliche Gewalt, hat das Familiengericht umfassende Ermittlungsbefugnisse, um eine Risikoanalyse zu erstellen, die in eine Sorgerechtsentscheidung einfließt.

(4) Eine einmal getroffene Elternvereinbarung wird vorwiegend am Kindesinteresse ausgerichtet sein, sodass sie für eventuelle spätere hoheitliche Entscheidungen indizielle Wirkung entfaltet.“

Die Vorschrift sollte an den Anfang des Familienrechts gestellt werden, sodass deutlich wird, dass deren Wirkung über alle nachfolgenden Normen ausstrahlt (vgl. V. A. Systematisierung des Familienrechts).

Bei den aufgezählten Aspekten handelt es sich um *keine* abschließende Aufzählung, was der Zusatz „*insbesondere*" verdeutlichen soll. Es soll damit auch kein Rangverhältnis vorgezeichnet sein, sondern die einzelnen Kriterien sind im individuellen Einzelfall zu bewerten.

C. Gemeinsame Sorge qua Geburt (Statusrecht)

Nach der gesetzgeberischen Konzeption soll das gemeinsame Sorgerecht auch über das Zusammenleben hinaus der Regelfall sein. Dies ergibt sich aus § 1671 Abs. 1 S. 1 BGB, der abgesehen von den Fällen einer Kindeswohlgefährdung regelt,[477] dass das alleinige Sorgerecht nur auf Antrag eines Elternteils übertragen wird. Durch die Ausgestaltung als Regel-Ausnahme-Vorschrift wird deutlich, dass im Grundsatz das gemeinsame Sorgerecht gelten soll.[478]

Bei verheirateten Eltern wird diesem Grundsatz auch entsprochen, da das gemeinsame Sorgerecht automatisch beiden Elternteilen kraft ihrer Elternstellung zusteht, §§ 1626 Abs. 1 i.V.m. 1591, 1592 BGB. Dies passt zu den empirischen Ergebnissen der Entwicklungsforschung, die ergeben, dass der Kontakt zwischen dem Kind und dem umgangsberechtigten Elternteil, der nicht zugleich am Sorgerecht beteiligt ist, instabiler ist und häufiger abgebrochen wird.[479] Auch das Bundesverfassungsgericht erkennt, dass mit dem

---

477 Nach § 1666 Abs. 3 Nr. 6, Abs. 1 BGB kann das Gericht auch die elterliche Sorge ganz oder teilweise entziehen, wenn das körperliche, geistige oder seelische Wohl des Kindes oder sein Vermögen gefährdet ist und die Eltern nicht gewillt oder nicht in der Lage sind, die Gefahr abzuwenden.

478 OLG Nürnberg, Beschluss vom 9. Dezember 2013 – 7 UF 1195/13 –, FamRZ 2014, 571, 571-572.

479 Die Zahl der Kontaktabbrüche zum getrenntlebenden Vater nach einer Elterntrennung liegt zwischen 17 und 33 %, Kindler/Walper, NZFam 2016, 820, 821. Entscheidender Faktor ist dabei die Verteilung der Sorgerechtsverantwortung. Das gemeinsame Sorgerecht begünstigt regelmäßig eine intensivere Beziehung zwischen dem Kind und dem extern lebenden Elternteil, Schumann in: Gutachten zum 72. DJT, B21; Walper in: 21. DFGT, S. 103.

gemeinsamen Sorgerecht grds. dem Bedürfnis des Kindes nach Bindung zu beiden Elternteilen am besten entsprochen wird.[480]

Die Rechtsposition des nicht mit der Mutter bei der Geburt verheirateten Vaters bleibt allerdings hinter derjenigen der Kindsmutter noch deutlich zurück. Damit das gemeinsame Sorgerecht übertragen wird, muss eine der Varianten des § 1626a Abs. 1 BGB erfüllt werden (vgl. II. A. 2. b. Sorgerechtsinhaber).

Rund 70 %[481] der unverheirateten Eltern geben eine gemeinsame Sorgerechtserklärung i.S.d. Nummer 1 ab.[482] Kann der Vater allerdings nicht auf die Mitwirkungsbereitschaft der Mutter vertrauen, bleibt ihm nur die Anrufung des Familiengerichts. Dieses überträgt die gemeinsame Sorge, wenn es dem Kindeswohl nicht widerspricht, § 1626a Abs. 2 S. 1 BGB. Damit entstehen allerdings zusätzliche Aufwendungen und Kosten und es ist nicht zu erwarten, dass allen Betroffenen diese Möglichkeit überhaupt bekannt ist.[483]

Dies passt auch nicht mit der gesetzgeberischen Vorstellung zusammen, die gemeinsame elterliche Sorge im gegenseitigen Einvernehmen auszuüben (§ 1627 BGB). Muss der Vater das gemeinsame Sorgerecht erst gegen die Mutter erstreiten, ist ein zukünftiges harmonisches Zusammenwirken eher nicht zu erwarten.

Da der Vater auch unabhängig von der Inhaberschaft des Sorgerechts in die Pflicht genommen wird, Unterhalt zu leisten, sollte ihm grundsätzlich

---

480 BVerfG, Urteil vom 29. Januar 2003 – 1 BvL 20/99 –, BVerfGE 107, 150–186, Rn. 60.

481 Die Tendenz ist hier noch weiter sinkend. Aktuelle Zahlen gibt es bspw. für das Bundesland Sachsen-Anhalt. Hier hat das entsprechende Statistische Landesamt für das Jahr 2022 in einer Pressemitteilung veröffentlicht, dass die Anzahl der Sorgerechtserklärungen im Vergleich zum Vorjahr um 2,6 % gesunken ist. Insgesamt wurden im Jahr 2022 8.293 nichteheliche Kinder lebend geboren, 6.538 Sorgerechtserklärungen abgegeben und 56 Entscheidungen des Familiengerichts sind zur Übertragung der gemeinsamen eS ergangen. Die Pressemitteilung ist online abrufbar unter: https://statistik.sachsen-anhalt.de/fileadmin/Bibliothek/Landesaemter/StaLa/startseite/Daten_und_Veroeffentlichungen/Pressemitteilungen/2023/g_Juli/199-Sorgerechtserklaerungen_2022.pdf (zuletzt aufgerufen am 12. Mai 2024).

482 Schumann in: Gutachten zum 72. DJT, B33; Wellenhofer, NJW 2018, 2758, 2759.

483 Zwar wird in der Gesetzesbegründung darauf verwiesen, dass sich die Kosten für die gerichtliche Übertragung der gemeinsamen eS nicht miteinander verheirateter Eltern in einem überschaubaren Rahmen halten, es wird von Verfahrensgebühren i.H.v. 44,50 EUR ausgegangen. Zusätzliche Rechtsanwaltskosten sowie emotionalen Belastungen im Zusammenhang mit dem Gerichtsverfahren werden dabei allerdings nicht einkalkuliert, BT-Drs. 17/11048, S. 2.

auch die Möglichkeit eingeräumt werden, sich an den Erziehungsfragen des Kindes maßgeblich zu beteiligen. Hieran kann auch die Mutter ein Interesse haben, um den Vater in die Erziehungsverantwortung einzubinden und eigene Verantwortung abzugeben.

Sprechen im Einzelfall Gründe gegen die Beibehaltung des gemeinsamen Sorgerechts, kann zwar jeder Elternteil die Übertragung der Alleinsorge nach § 1671 Abs. 1 S. 1 BGB beantragen, das Familiengericht hat dann aber zu entscheiden, was dem Wohl des Kindes am besten entspricht. Anders als bei der Begründung der gemeinsamen Sorge nach § 1626a BGB wird hier ein strengerer Maßstab angesetzt, vgl. § 1626a Abs. 2 S. 1 BGB. Ebenso ist auch die Entziehung der elterlichen Sorge von Amts wegen nur bei einer konkreten Kindeswohlgefährdung nach §§ 1666 Abs. 3 Nr. 6, Abs. 1 BGB möglich. Dies könnte dafür sprechen, die Übertragung der gemeinsamen Sorge von einer gefestigten Beziehung des Kindes zu beiden Elternteilen abhängig zu machen.

Nachfolgend werden zwei Ansätze vorgestellt, die bereits im Zusammenhang mit der Reform des § 1626a BGB vorgetragen wurden.[484]

1. Eingeschränkte Lösung (eheähnliche Verhältnisse)

Das gemeinsame Sorgerecht könnte von einer sozial-*familiären Beziehung* abhängig gemacht werden. Diese kann bspw. darin gesehen werden, dass die Eltern einen gemeinsamen Haushalt führen.[485] Dieser Anknüpfungspunkt ist dem Gesetzgeber nicht fremd und wird bspw. für das Eintrittsrecht des Ehegatten oder Lebenspartners bei Tod eines Mieters herangezogen, vgl. § 563 Abs. 1 BGB.

Nach aktueller Rechtslage wird bereits der Ehemann der Mutter, der nicht zugleich der biologische Vater des Kindes ist, kraft Gesetzes rechtlicher Vater und damit Sorgerechtsinhaber, vgl. § 1592 Nr. 1 BGB. Dies sollte dann erst recht für den biologischen Vater und Lebensgefährten gelten, der mit der Mutter in einer gefestigten Beziehung zusammenlebt, ohne eine Ehe begründet zu haben.

---

484 BT-Drs. 19/1450, S. 12.
485 Löhnig, FamRZ 2010, 338, 340.

Dieser Vorschlag wird auch von dem Eckpunktepapier zur Reform des Kindschaftsrechts aufgegriffen. Leben die Eltern in häuslicher Gemeinschaft, soll dem unverheirateten Vater die Möglichkeit eingeräumt werden, durch einseitig beurkundete Erklärung das gemeinsame Sorgerecht zu erlangen.[486] Der Mutter verbleibt ein Widerspruchsrecht, das eine gerichtliche Klärung i.S.d. § 1626a Abs. 3 S. 1 Nr. 3 BGB auslöst.

a. *Beurteilung:*

- Eine soziale Beziehung ist nur schwer nachzuweisen. Es bestehen zu große Unsicherheiten, wann eine Lebensgemeinschaft als gefestigt gilt. Soll auf die Dauer oder die Intensität abgestellt werden? Bedarf es eines gemeinsamen Türschildes, eines gemeinsamen Mietvertrages oder gemeinsamen Wohneigentums?
  Außerdem stellt sich die Frage, auf welchen Zeitpunkt abgestellt werden soll. Die Situation zum Zeitpunkt der Geburt, zu Beginn der Schwangerschaft oder wenn der Entschluss zu einem gemeinsamen Kind gefällt wird?
  Hierüber können keine allgemeingültigen Vorgaben gemacht werden, die eine rechtssichere Feststellung ermöglichen. Beweisprobleme sind dann bereits vorprogrammiert.
- Der die gemeinsame Sorge ablehnende Elternteil könnte motiviert werden, die häusliche Gemeinschaft vor dem maßgeblichen Zeitpunkt zu beenden, um die Sorgegemeinsamkeit noch kurzfristig zu verhindern.
- Wohngemeinschaften werden auch vielfach mit Personen geschlossen, die nicht in einer engeren sozial-familiären Beziehung zueinander stehen. Damit eignet sich das Kriterium nicht, um auf die innere Verbindung zu schließen.
- Allein auf das häusliche Zusammenleben abzustellen ist auch deshalb nicht ausreichend, da auch der räumlich getrenntlebende Vater ein Interesse haben kann, elterlichen Verantwortung für das Kind zu tragen. 11,5 % der Eltern führen eine Partnerschaft ohne gemeinsamen

---

486 Bundesjustizministerium, Eckpunkte für eine Reform des Kindschaftsrechts vom 25. Januar 2024, S. 9.

Haushalt.[487] Diese Fälle werden von der vorgeschlagenen Lösung nicht erfasst und erfahren daher weiterhin eine Benachteiligung.

2. Große Lösung (ex lege)

Als alternative Lösung wird das gemeinsame Sorgerecht – unabhängig von weiteren Kriterien – kraft Gesetzes auch bei nicht miteinander verheirateten Eltern vorgeschlagen. Dies entspricht den Regelungen u.a. in Osteuropa und Russland, aber auch in Belgien oder Australien.[488] Im Übrigen wird dies der gesetzgeberischen Intention – beide Eltern gemeinschaftlich in die Verantwortung zu nehmen (vgl. § 1626 Abs. 1 S. 1 BGB, der allgemein von den *Eltern* spricht) – am ehesten gerecht.

Es wird vorgeschlagen, an die Anerkennung des Vaters (§ 1592 Nr. 2 BGB) anzuknüpfen, mit der er zu erkennen gibt, dass er die rechtliche Verantwortung tragen möchte.[489] Er soll dabei nicht auf die familiengerichtliche Feststellung angewiesen sein, um das Problem nicht zu verlagern, sondern kann nach § 1597 BGB eine öffentlich beglaubigte Erklärung u.a. gegenüber dem Jugendamt abgeben.[490]

Die Mutter soll aber, anders als in § 1595 Abs. 1 BGB für die Vaterschaftsanerkennung vorgesehen, kein Zustimmungsrecht haben, sondern ist auf die Möglichkeit, das alleinige Sorgerecht nach § 1671 Abs. 1 S. 1 BGB zu beantragen, zu verweisen. Darüber hinaus besteht kein Bedarf für ein zusätzliches Zustimmungsrecht.

Mit einer gesetzlichen Regelung soll grundsätzlich die Mehrheit der Fälle abgedeckt sein, sodass die generelle familienrechtliche Zurücksetzung des Vaters nur dann gerechtfertigt wäre, wenn die Mehrheit der Väter sorgeungeeignet wäre. Dafür gibt es aber keine Belege, sondern es ist davon auszugehen, dass von allen nichtehelichen Vätern mindestens 70 % grundsätzlich

---

487 Walper/Langmeyer in: 10. Göttinger Workshop zum Familienrecht, S. 46.

488 Vgl. Dethloff in: 10. Göttinger Workshop zum Familienrecht, S. 1314 m.w.N.

489 Für ein gemeinsames Sorgerecht kraft Gesetzes mit Etablierung der rechtlichen Vaterschaft stimmten 32 von 49 Teilnehmer des 72. DJT 2008, Beschlüsse der Abteilung Familienrecht des 72. Deutschen Juristentags, FamRZ 2018, 1732, 1733.

490 Wellenhofer in: MüKo BGB, § 1597 Rn. 3.

sorgegeeignet sind.[491] Es stellt sich daher die generelle Frage, von welchem Leitbild der Gesetzgeber ausgehen möchte. In über der Hälfte der Fälle besteht Einigkeit der Eltern, dass beiden die gemeinsame Sorge zustehen soll.[492] Dann sollte dies auch durch eine entsprechende Regelung für nicht miteinander verheiratete Eltern klargestellt werden.

3. Ergebnis

Die nach wie vor bestehende Benachteiligung des nicht mit der Mutter verheirateten Vaters widerspricht Art. 6 Abs. 5 GG. Gleichzeitig steigt die Anzahl der nichtehelichen Kinder,[493] sodass der Gesetzgeber akut aufgerufen ist, die Unstimmigkeiten aufgrund der Regelung des § 1626a BGB zu beseitigen.

Aus dem Evaluationsbericht, den der Bundestag in Auftrag gegeben hat, ergibt sich, dass nur in rund 20 % der Fälle die Entscheidung des Familiengerichts auf Übertragung der gemeinsamen Sorge revidiert werden musste.[494] Würde man daher von vornherein kraft Gesetzes das gemeinsame Sorgerecht vorsehen, könnte in diesem Bereich eine Entlastung der Gerichte erreicht werden.

Der Vorschlag, die gemeinsame elterliche Sorge an das Bestehen einer sozial-familiären Beziehung oder konkret an das Zusammenwohnen zu knüpfen, ist aufgrund der vorgenannten Aspekte nicht umzusetzen. Es sollte besser – wie es der zweite Ansatz vorsieht – unabhängig von sonstigen Gründen das gemeinsame Sorgerecht auf beide Eltern übertragen werden.

In den Fällen, in denen es aus Kindeswohlaspekten besser wäre, einen Elternteil von der Sorgeverantwortung zu entbinden, da ein zu großer Elternkonflikt einem kooperativen Zusammenwirken entgegensteht oder

---

491 Europäischer Gerichtshof für Menschenrechte, Urteil vom 3. Dezember 2009 – 22028/04 –, FamRZ 2010, 103, 105. Dies knüpft auch an die These der Bindungstheorie an, dass Bindungen unabhängig von einem rechtlichen Band entstehen können, vgl. hierzu V. B. 1. Einblick in die Kindes- und Entwicklungspsychologie. Schließlich bestätigt dies auch der Evaluationsbericht, der vom Bundestag beauftragt wurde, vgl. BT-Drs. 19/1450, S. 97.

492 Vgl. Coester, FamRZ 2007, 1137, 1138.

493 Im Jahr 2000 liegt die Zahl der nichtehelichen Kinder in Deutschland bei 179.574, 2022 sind es hingegen 247.858, wobei insgesamt die Anzahl an Neugeborenen zurückgegangen ist, vgl. statista, Anzahl der ehelich und nichtehelich Lebendgeborenen in Deutschland von 2000 bis 2022.

494 BT-Drs. 19/1450, S. 97.

ein Elternteil nicht sorgegeeignet ist, kann dies weiterhin nach § 1671 Abs. 1 S. 1 BGB bei den Familiengerichten beantragt werden. Der Richter entscheidet dann, was dem Kindeswohl am besten entspricht, § 1671 Abs. 1 S. 2 Nr. 2 BGB.

Eine klarstellende Erweiterung des § 1626 Abs. 1 S. 2 BGB könnte wie folgt aussehen:

„§ 1626 Elterliche Sorge, Grundsätze

[1]Die Eltern haben die Pflicht und das Recht, für das minderjährige Kind zu sorgen (elterliche Sorge). [2]Die elterliche Sorge steht beiden Elternteilen unabhängig von einer Eheschließung gemeinschaftlich zu, sofern die Vaterschaft anerkannt oder festgestellt wurde. [3]Die elterliche Sorge umfasst die Sorge für die Person des Kindes (Personensorge) und das Vermögen des Kindes (Vermögenssorge).“

Einer Regelung, mit der ein Elternteil zunächst das Sorgerecht erstreiten muss (§§ 1626a Abs. 2 S. 1 BGB oder 1671 Abs. 2 BGB), bedarf es damit nicht mehr, sodass auch der Widerspruch von § 1626a Abs. 2 S. 1 und § 1671 Abs. 1 S. 2 S. 2 BGB aufgelöst werden könnte.

D. Elternvereinbarung

Nachdem vom Grundsatz der gemeinsamen Sorge ab der Geburt des Kindes ausgegangen wird, stellt sich weiter die Frage, wie dieses ausgeübt werden kann, v.a. wenn die Eltern nicht mehr zusammenleben. Nach dem verfassungsrechtlichen Grundsatz sollen vorrangig die Eltern die Pflege- und Erziehungsentscheidungen für das Kind treffen (Art. 6 Abs. 2 S. 1 GG). Die Aufgabe des Staates liegt darin, ein normatives Gerüst zu erstellen, indem das Zusammenwirken von elterlicher Sorgeverantwortung- und Unterhaltsrecht klar geregelt wird.[495] Um den individuellen Lebensbedingungen der Familien gerecht zu werden, wird ein Vorschlag unterbreitet, eine von den Eltern autonom ausgestaltete *Elternvereinbarung* gesetzlich vorzusehen, die den individuellen Anforderungen Rechnung trägt. Diese Möglichkeit kann sich in das Regelungskonzept der §§ 1627, 1628, und 1687 BGB einfügen, indem die Kompetenzbereiche und Betreuungsmodalitäten von Beginn an verbindlich durch die Eltern festgelegt werden.

---

495 Vgl. Kindler/Walper, NZFam 2016, 820, 823; Coester in: Verhandlungen des 72. DJT, L27.

Die Elternvereinbarung kann darüber hinaus aber auch für eine grundsätzlich intakte Elternbeziehung in Frage kommen, wenn ein Elternteil für längere Zeit aufgrund beruflicher oder sonstiger Verpflichtungen abwesend ist und dem anderen Elternteil die uneingeschränkte Handlungsfreiheit eingeräumt werden soll. Da dies allerdings eher bei einer geringeren Anzahl der Familien mit intakter Elternbeziehung der Fall ist bzw. in diesen Konstellationen auch von einer Kooperationsbereitschaft zwischen den Eltern ausgegangen werden kann, ist der hier entwickelte Vorschlag primär an die dauerhaft getrenntlebenden Eltern adressiert. In den anderen Fällen kann allerdings von einer analogen Anwendung der Vorschrift Gebrauch gemacht werden, da die Interessenlage vergleichbar ist: Es besteht ein Abstimmungsbedarf zwischen den Sorgerechtsinhabern.

Wenn die Eltern getrennt leben, stellt sich die Frage, wie fortan die sorgerechtlichen Befugnisse ausgeübt werden und der Kontakt zu beiden Elternteilen angemessen verteilt wird. Zusätzlich ist die wirtschaftliche Existenz des Kindes durch eine entsprechende Unterhaltsfestsetzung abzusichern. Die aktuelle Gesetzeslage sieht zwar vor, dass die Eltern grundsätzlich eine Einigkeit in den Angelegenheiten, die das Kind betreffen, erzielen (§ 1627 S. 1 BGB). Leben die Eltern allerdings getrennt, kann der Elternteil, bei dem sich das Kind gewöhnlich aufhält, allein in den Angelegenheiten des täglichen Lebens entscheiden (§ 1687 Abs. 1 S. 2 BGB). Das Zusammenwirken beschränkt sich dann nur noch auf die Angelegenheiten von erheblicher Bedeutung.

Kann keine Einigung erzielt werden, besteht zwar die Möglichkeit jedes Elternteils, bei den Familiengerichten die Übertragung der Alleinentscheidungsbefugnis nach § 1628 S. 1 BGB zu beantragen. Die Entscheidungsbefugnis beschränkt sich dann allerdings auf *einzelne Angelegenheiten oder eine bestimmte Art von Angelegenheiten*.

Die Möglichkeit, im Vorhinein die Kompetenzbereiche und die Aufgaben jedes Elternteils abzustecken und aufzuteilen, sodass die Betreuungsmodalitäten (Betreuungszeiten, Entscheidungskompetenzen und Verantwortungsbereiche) festgelegt werden, kann einem langwierigen und emotionsgeladenen Verfahren in der akuten Streitsituation vorbeugen, welches bei einem völligen Zerwürfnis mangels Einigung letztlich mit dem Antrag auf Übertragung des alleinigen Sorgerechts (§ 1671 Abs. 1 S. 1 BGB) enden könnte.

Im Gesetzgebungsverfahren zur Kindschaftsrechtsreform wurde eine solche Ausgestaltungsmöglichkeit auch bereits unter der Bezeichnung

„Sorgeplan“ diskutiert. Der Gesetzgeber ist dem Vorschlag allerdings nicht gefolgt, da er befürchtete, dass „der Zwang zur schriftlichen Niederlegung einer Vereinbarung erst Anlass für einen Streit“ gibt.[496]

Die Praxis zeigt hingegen, dass weiterhin ein Interesse daran besteht, nicht nur in einzelnen Angelegenheiten, sondern umfassend die alleinige Handlungsbefugnis herzustellen, ohne das gemeinsame Sorgerecht insgesamt aufzugeben. Hierfür wird teilweise von der sogenannten *Sorgerechtsvollmacht* Gebrauch gemacht, mit der ein Elternteil zur alleinigen Wahrnehmung elterlicher Vertretungsbefugnisse autorisiert wird.[497]

Da dazu bislang eine konkrete gesetzliche Regelung fehlt und nicht geklärt ist, ob mit der Vollmachtserteilung tatsächlich der Antrag zur Übertragung des alleinigen Sorgerechts entbehrlich wird,[498] soll hieran der nachstehende Vorschlag zur gesetzlichen Ausgestaltung einer *Elternvereinbarung* ansetzen. Dabei wird insbesondere auf den Regelungsinhalt, die formalen Anforderungen sowie die gerichtliche Anordnungskompetenz eingegangen.

---

496 BT-Drs. 13/4899, S. 64.

497 BGH, Beschluss vom 29. April 2020 – XII ZB 112/19 –, BGHZ 225, 184–198, Rn. 21.

498 Zum Teil wird die Vollmachterteilung nur dann als ausreichend erachtet, wenn eine Kommunikations- und Kooperationsfähigkeit der Eltern besteht, vgl. u.a. Saarländisches Oberlandesgericht Saarbrücken, Beschluss vom 5. November 2018 – 6 UF 82/18 –, Rn. 26, juris. Andere verlangen zumindest eine soziale Beziehung des Kindes zum bevollmächtigten Elternteil. Nur dann könne die Vollmachtserteilung eine Sorgerechtsübertragung nach § 1671 Abs. 1 BGB entbehrlich machen, vgl. u.a. OLG Karlsruhe, Beschluss vom 13. April 2015 – 18 UF 181/14 –, FamRZ 2015, 2178, 2179. Eine dritte Meinung hält die Vollmacht generell für ausreichend, um an dem gemeinsamen Sorgerecht festzuhalten, unabhängig von der Frage, ob der vollmachtgebende Elternteil überhaupt Kontakt zu dem Kind hat, vgl. Schleswig-Holsteinisches Oberlandesgericht, Beschluss vom 3. Januar 2012 – 10 WF 263/11 –, FamRZ 2012, 1066, 1066.Schließlich wird auch noch vertreten, dass die Erteilung einer Sorgerechtsvollmacht in aller Regel kein geeignetes Mittel der Streitvermeidung ist und die Übertragung des alleinigen Sorgerechts daher nicht verhindern kann, vgl. OLG Düsseldorf, Beschluss vom 7. Dezember 2017 – II-1 UF 151/17 –, FamRZ 2018, 693, 694. Der BGH hat letztlich die Bevollmächtigung eines mitsorgeberechtigten Elternteils als milderes Mittel zur Sorgerechtsübertragung anerkannt, wenn sich daraus eine verlässliche Handhabe zur Wahrnehmung der Kinderbelange ergibt, vgl. BGH, Beschluss vom 29. April 2020 – XII ZB 112/19 –, BGHZ 225, 184–198, Rn. 21.

1. Regelungsinhalt

Sind sich die Eltern einig und schließen eine Elternvereinbarung ab, sollen sie grundsätzlich frei in der inhaltlichen Ausgestaltung ihres Betreuungskonzeptes sein. Sie sollen ihre Betreuungszeiten und -befugnisse (bspw. wer für schulische Belange verantwortlich ist und wer die Betreuung im Zusammenhang mit einer Mitgliedschaft im Sportverein übernimmt) einvernehmlich und entsprechend ihren individuellen Möglichkeiten und Bedürfnisse (v.a. in Abstimmung mit der Arbeitszeit oder ggf. Verpflichtung gegenüber anderen betreuungsbedürftigen Personen) festlegen, ohne dass der Status als Sorgerechtsinhaber insgesamt angegriffen wird und die Eltern sich damit ihrer Verantwortung entziehen. Dabei ist nicht an der starren Einteilung in Betreuungskonzepte festzuhalten, damit auch zukünftig den zu erwartenden sich weiter wandelnden Betreuungsmodellen noch begegnet werden kann.

Der BGH geht davon aus, dass eine im elterlichen Konsens getroffene Entscheidung grundsätzlich dem Kindeswohl entspricht.[499] Daher ist eine aus Sicht des Gerichts nicht optimale Lösung bis zur Überschreitung einer Kindeswohlgefährdung hinzunehmen. Die Eltern können sich insoweit auf ihre Elternautonomie (Art. 6 Abs. 2 S. 1 GG) berufen.

Davon unberührt sollen die Eingriffsbefugnisse nach § 1666 Abs. 3 Nr. 5 und 6 BGB bleiben, die Ersetzung von Erklärungen des Inhabers der elterlichen Sorge sowie die teilweise oder vollständige Entziehung der elterlichen Sorge, sodass auch das Wächteramt des Staates (Art. 6 Abs. 2 S. 2 GG) bei einer konkreten Kindeswohlgefährdung weiterhin beachtet wird.

Eines darüber hinausgehenden Umgangsrechts bedarf es für die Sorgerechtsinhaber dann nicht mehr, da sie bereits durch die Ausgestaltung der Ausübung ihres Sorgerechts die Betreuungszeiten und Umgangskontakte des Kindes festlegen können. Damit lösen sich auch Abgrenzungsschwierigkeiten zwischen Umgangs- und Sorgerecht (vgl. V. A. b. Wechselwirkung von Sorge- und Umgangsrecht) auf.

Aus der Sicht des Kindes hat der Abschluss der Elternvereinbarung den Vorteil, dass jeweils ein konkreter Ansprechpartner identifiziert werden kann (gem. der Kompetenzverteilung) und es trotzdem auf keinen Elternteil „verzichten“ muss. Dies vermeidet Verlustängste, Unsicherheiten können abgebaut werden und dem Kind ein Gefühl von Kontinuität und Geborgenheit

---

499 BGH, Beschluss vom 16. März 2011 – XII ZB 407/10 –, FamRZ 2011, 796, 801.

vermittelt werden (vgl. hierzu V. B. 1. Einblick in die Kindes- und Entwicklungspsychologie).

Damit die Eltern allerdings auch bei Gefahr in Verzug weiterhin unmittelbar handlungsfähig bleiben, muss unabhängig von einer abweichenden Regelung in der Elternvereinbarung die alleinige Entscheidungsbefugnis in Notsituationen beibehalten werden. Dies ist vergleichbar zu § 1687b Abs. 2 BGB[500] gesetzlich klarzustellen.

a. Exkurs: Die Sorgerechtsvereinbarung nach dem Eckpunktepapier

Die Einführung einer Vereinbarung über das Sorgerecht wird auch von dem Eckpunktepapier zur Reform des Kindschaftsrechts aufgegriffen. Es wird vorgesehen, den Eltern künftig mehr Gestaltungsmöglichkeit in Bezug auf das elterliche Sorgerecht einzuräumen, indem sie entweder das gemeinsame Sorgerecht oder unter Mitwirkung des Jugendamtes auch die Alleinsorge eines Elternteils vereinbaren können.[501] Der Vorschlag sieht zudem vor, auch dritten Personen sorgerechtliche Befugnisse zuweisen zu können. Damit soll v.a. den neuen Partnern in Patchwork- oder Regebogenfamilien die Möglichkeit eingeräumt werden, in Alltagsangelegenheiten mitzuentscheiden.[502]

Es bestehen keine Bedenken, dritten Personen, die mit den Alltagsangelegenheiten regelmäßig konfrontiert sind, Mitentscheidungsbefugnisse einzuräumen, damit das Zusammenleben in der neuen Familie gestärkt wird und das Kind eine vergleichbare Situation wie in einer intakten Familie erfährt. Die Befugnisse sollten dabei aber auf Alltagsangelegenheiten beschränkt sein, um den anderen Elternteil nicht aus der grundsätzlichen Verantwortung zu verdrängen. Der Kreis der Personen mit zusätzlichen sorgerechtlichen Personen ist aber auf maximal zwei weitere Personen zu beschränken, um das Kind nicht mit zu vielen Meinungsverschiedenheiten zu konfrontieren.[503]

---

500 § 1687b Abs. 2 BGB: „Bei Gefahr im Verzug ist der Ehegatte dazu berechtigt, alle Rechtshandlungen vorzunehmen, die zum Wohl des Kindes notwendig sind; der sorgeberechtigte Elternteil ist unverzüglich zu unterrichten."

501 Bundesjustizministerium, Eckpunkte für eine Reform des Kindschaftsrechts vom 25. Januar 2024, S. 5.

502 Bundesjustizministerium, Eckpunkte für eine Reform des Kindschaftsrechts vom 25. Januar 2024, S. 5–6.

503 Bundesjustizministerium, Eckpunkte für eine Reform des Kindschaftsrechts vom 25. Januar 2024, S. 6.

§ 1627 S. 1 BGB steht dem Vorschlag zur Aufteilung der Kompetenzbereiche nicht entgegen. Die Eltern haben zwar die elterliche Sorge „in gegenseitigem Einvernehmen zum Wohl des Kindes auszuüben", die *Ausübung* und das *Einvernehmen* werden dabei aber bewusst nicht durch die Konjunktion *und* miteinander verbunden, sondern fließen ineinander („in gegenseitigem Einvernehmen zum Wohl des Kindes"). Es ist nicht zwingend erforderlich, dass die Eltern gemeinschaftlich auftreten. Sie sollen sich zwar grundsätzlich abstimmen, eine Funktionsaufteilung steht dem allerdings nicht entgegen.

Die Zuweisung unterschiedlicher Ausübungsbefugnisse kommt vor allem dann in Betracht, wenn ein Elternteil in einzelnen Angelegenheiten ein besseres Verständnis hat (bspw. wenn sich der modebegeisterte Elternteil um die Ausstattung der Kleidung kümmert oder der medizinisch versierte Part die medizinische Verantwortung schwerpunktmäßig übernimmt) oder bei alltäglichen Angelegenheiten, die eine kurzfristige Entscheidung erfordern.[504]

Trotz der Funktionsaufteilung dürfen die Eltern aber nicht von ihrer generellen Überwachungspflicht (vgl. Art. 6 Abs. 2 S. 1 GG: Pflege und Erziehung des Kindes ist die obliegende *Pflicht* der Eltern) entbunden werden, weshalb wechselseitige Informations- und Kommunikationspflichten fortbestehen müssen.[505]

Kritisch wäre es allerdings zu bewerten, wenn die Eltern durch ihre autonome Vereinbarung die Kompetenzverschiebung bis zur Alleinsorge erreichen können und nachträglich wieder das gemeinsame Sorgerecht herstellen wollen. Damit könnte die nicht hinnehmbare Situation erreicht werden, dass der Status des Sorgerechts ständig hin- und herwandert. Da daran u.a. auch das Vertretungsrecht nach außen anknüpft, kann kein klarer Ansprechpartner mehr bestimmt werden.

Ferner steht die Möglichkeit, das alleinige Sorgerecht per Vereinbarung zu regeln, im Widerspruch zu § 1671 Abs. 1 S. 2 Nr. 1 BGB. Die Vorschrift sieht vor, dass trotz einvernehmlicher Entscheidung der Eltern zur Alleinsorge das Familiengericht die eS einem Elternteil überträgt, da dadurch zumindest

504 BVerfG, Urteil vom 29. Juli 1959 – 1 BvR 205/58 –, BVerfGE 10, 59–89, Rn. 75; BGH, Urteil vom 28. Juni 1988 – VI ZR 288/87 –, BGHZ 105, 45–51, Rn. 14; LG Itzehoe, Beschluss vom 28. Februar 1992 – 4 T 41/92 –, FamRZ 1992, 1211, 1212.

505 Lettmaier in: Staudinger BGB, § 1627 Rn. 27 m.w.N.

eine gewisse gerichtliche Kontrolle gewährleistet wird. Der Richter kann sich von der Einvernehmlichkeit der Entscheidung überzeugen, einen ggf. nachvollziehbaren ablehnenden Willen des Kindes berücksichtigen[506] und auf die Konsequenzen hinweisen.

Die Erklärung gegenüber einem Jugendamtsmitarbeiter hat dabei nicht das gleiche Gewicht. Die Autorität des Gerichtes verdeutlicht die Tragweite der Entscheidung. Es kann außerdem anordnen, dass dem minderjährigen Kind in der Kindschaftssache ein Verfahrensbeistand zur Wahrnehmung seiner Interessen bestellt wird, vgl. § 158 Abs. 1 S. 1 FamFG. Der Jugendamtsmitarbeiter wird regelmäßig die Familie über einen längeren Zeitraum betreut haben und könnte daher u.U. voreingenommen sein.

Es bietet sich im Übrigen auch an, das Gericht bereits in einem frühen Verhandlungsstadium einzubeziehen, da es letztlich bei einer missglückten Einigung auch nach § 1671 Abs. 1 S. 2 Nr. 2 BGB auf Antrag eines Elternteils über die Übertragung des alleinigen Sorgerechts zu entscheiden hätte.

Die Kriterien, die mit der Personensorge zu erfüllen sind, sollen in einem Regelkatalog ausformuliert werden.[507] Dies bietet den Eltern ein Orientierungsrahmen für den Abschluss einer kindeswohlgerechten Vereinbarung (vgl. hierzu auch die Ausführungen zum „Kindeswohl“ als Leitmodell, wo bereits ein konkreter Formulierungsvorschlag unterbreitet wird, siehe V. B. 5. Ergebnis.).

Eine konkretere Formulierung gibt das Eckpunktepapier nicht vor. Nachstehend werden daher besonders wichtig erachtete Aspekte hervorgehoben, die sich aus der Rechtsprechung und Wissenschaft entwickelt haben. Diese sind als Anhaltspunkte zu verstehen, die mit dem konkreten Einzelfall abzugleichen sind.[508]

Teilweise wurde allein aus der Vermutung, dass „ein möglichst umfangreicher Kontakt zu beiden Elternteilen dem Kindeswohl am dienlichsten“

---

[506] Hat das Kind das 14. Lebensjahr vollendet und widerspricht der Übertragung der Alleinsorge auf den Vater, ist das Familiengericht nicht an den Elternkonsenses gebunden, sondern hat eine reguläre Kindeswohlprüfung vorzunehmen, vgl. § 1671 Abs. 1 S. 2 Nr. 1 BGB.

[507] Bundesjustizministerium, Eckpunkte für eine Reform des Kindschaftsrechts vom 25. Januar 2024, S. 13.

[508] BGH, Beschluss vom 1. Februar 2017 – XII ZB 601/15 –, BGHZ 214, 31–45, Rn. 24.

sei, das paritätische Wechselmodell angeordnet.[509] Andere Stimmen lehnten diese Betreuungsform von vornherein ab, wenn sich die Eltern nicht eigenständig hierfür entscheiden.[510] Daher werden insbesondere die Ergebnisse der Wechselmodellforschung einbezogen.

b. Empirische Erhebungen

Im Rahmen der Wechselmodellforschung hat ein Team aus Juristen, Psychologen und Soziologen seit geraumer Zeit die Entwicklung in Deutschland beobachtet und in einer interdisziplinären Studie erste Erkenntnisse veröffentlicht. Daneben werden auch im internationalen Ausland schon seit längerer Zeit empirische Daten zur geteilten Betreuung (insbesondere zum Wechselmodell) gesammelt. Diese zeigen, dass sich die Betreuungsorganisation maßgeblich auf das Wohlbefinden des Kindes auswirkt und sich dadurch die Eltern-Kind-Beziehung verbessern kann. Vermehrte Wechsel, insbesondere bei einem angespannten Verhältnis der Eltern, können allerdings auch zu einem erhöhten Stresslevel beitragen.[511]

Im europäischen Umland sehen die meisten Rechtsordnungen die geteilte Betreuung bzw. das paritätische Wechselmodell als Betreuungsalternative nach der Elterntrennung vor. Teilweise wird das symmetrische Wechselmodell sogar als Regelmodell festgelegt. Die wesentlichen Erkenntnisse werden nachfolgend zusammengefasst.

---

509 OLG Stuttgart Beschluss vom 18. März 2019 – 16 UF 4/19 –, BeckRS 2019, 34919 Rn. 24.

510 Dies entsprach der gängigen Rechtsprechung vor der Leitentscheidung des BGH vom 01. Februar 2017 (siehe hierzu IV. C. Gerichtliche Anordnung des paritätischen Wechselmodell). So entschieden u.a. Saarländisches Oberlandesgericht Saarbrücken, Beschluss vom 8. September 2014 – 6 UF 62/14 –, FamRZ 2015, 62, 62; KG Berlin, Beschluss vom 14. März 2013 – 13 UF 234/12 –, FamRZ 2014, 50, 51.
Aber auch Stimmen aus der Literatur lehnen die Anordnung des Wechselmodells gegen den Elternwillen ab, vgl. *Salzgeber*, NZFam 2014, 921, 929 m.w.N.

511 Sodermans/Matthijs, JFP 2014, 346, 346.through a better parent–child relationship, but may also be stressful, as children live in 2 different family settings. In this study, we investigate whether the association between the residential arrangement of adolescents and 3 measures of subjective well-being (depressive feelings, life satisfaction, and self-esteem

aa. FAMOD

Die Studie FAMOD („Familienmodelle in Deutschland"), die von Juristen und Soziologen ausgearbeitet wurde, untersucht die Lebensbedingungen von Kindern im asymmetrischen und paritätischen Wechselmodell und stellt diese den Kindern im Residenzmodell bzw. denjenigen, die in ihrer Kernfamilie leben, gegenüber.

Im Zeitraum von Juli 2019 bis Januar 2020 wurden insgesamt 1.554 Familien zu ihrer Betreuungsorganisation befragt. Die Kinder waren zwischen 0 und 14 Jahren alt und hatten Kontakt zu beiden leiblichen Eltern.[512]

Die ersten Ergebnisse der Studien identifizieren typische Merkmale für die unterschiedlichen Betreuungsmodelle. Es besteht eine Konnexität zwischen Elterneinkommen, Bildungsstand und der Entscheidung zur geteilten Betreuung. Eltern mit einem niedrigeren Bildungsniveau tendieren eher zum Residenzmodell (17,8 %). Eine geteilte Betreuung bis hin zur hälftigen Aufteilung der Betreuungsverantwortung (paritätisches Wechselmodell) wählen tendenziell Eltern mit einem hohen Bildungsniveau aus höheren Einkommensklassen (55,3 %).[513]

Den überwiegenden Betreuungsanteil übernimmt die Kindsmutter, wobei das väterliche Engagement nach der Trennung stark dadurch beeinflusst wird, ob er bereits vor der Trennung in die Kinderbetreuung eingebunden war.[514] Ein entscheidender Faktor ist dabei auch die Entfernung der elterlichen Haushalte. Beim asymmetrischen Wechselmodell leben die Eltern im Schnitt 27,9 Minuten entfernt, die durchschnittliche Entfernung der symmetrischen Wechselmodellfamilien liegt bei 40,3 Minuten. Tendenziell am weitesten entfernt leben Residenzmodellfamilien mit im Schnitt 53,4 Minuten Entfernung zwischen den Haushalten.[515]

Die Kinder mit einem Betreuungsanteil von mehr als 30 % des Vaters gaben ganz überwiegend an, dass sie eher oder sehr zufrieden mit der Zeit sind, die sie mit ihrem Vater verbringen (93,7 %). Bei den Kindern im Residenzmodell bestätigten dies hingegen nur 71,1 %. Hier besteht allgemein der Wunsch nach mehr Zeit mit dem Vater.[516]

---

512 Steinbach u.a., FamRZ 2021, 729, 730.
513 Steinbach u.a., FamRZ 2021, 729, 731.
514 Steinbach u.a., FamRZ 2021, 729, 731.
515 Steinbach u.a., FamRZ 2021, 729, 732.
516 Steinbach u.a., FamRZ 2021, 729, 734.

Die Studie hat sich ferner mit den Auswirkungen auf die psychische Gesundheit durch die Wahl des Betreuungsmodells befasst und stellt fest, dass Kinder, die im Rahmen des asymmetrischen oder symmetrischen Wechselmodells betreut werden, weniger psychische Belastungen aufweisen als Kinder im Residenzmodell.[517] Damit bestätigen die Ergebnisse, dass eine gute Eltern-Kind-Beziehung zu beiden Elternteilen einen signifikant positiven Einfluss auf die psychische Gesundheit der Kinder hat. Auch wenn hier tendenziell ein höheres Risiko für Loyalitätskonflikte besteht, wenn sich die Eltern wechselseitig ausspielen, kann mit dieser Betreuungssituation dem Gerechtigkeitsempfinden vieler Kinder entsprochen werden.

Aus der Sicht der Eltern wird in einer weiteren Veröffentlichung festgestellt, dass die hauptbetreuenden Eltern mit geteilter Betreuungsorganisation regelmäßig ein höheres Wohlbefinden aufweisen als der hauptbetreuende Elternteil im Residenzmodell.[518] Hauptsächlich sind es die Mütter, die weniger Zeitdruck wahrnehmen, sodass sie neben der Kinderbetreuung einfacher einer Erwerbstätigkeit nachgehen und Zeit mit Freizeitaktivitäten verbringen können.[519] Das wirkt sich auch auf die ökonomische Zufriedenheit aus. Mütter im asymmetrischen oder symmetrischen Wechselmodell sind mit ihrer finanziellen Situation deutlich zufriedener gegenüber der Vergleichsgruppe im Residenzmodell.[520]

In hochkonflikthaften Familienbeziehungen sollte besser von symmetrischen Wechselmodellarrangements Abstand genommen werden, da sich diese eher schädlich für die Kinder erweisen.[521]

Abschließend kommt die Studie zu dem Fazit, dass die geteilte Betreuung und insbesondere das paritätische Wechselmodell als ernsthafte Betreuungsalternative in Betracht zu ziehen und mit den individuellen Lebensbedingungen der Familie abzugleichen ist.[522]

---

517 Steinbach u.a., FamRZ 2021, 729, 735.
518 Steinbach u.a., FamRZ 2022, 1827, 1827.
519 Steinbach u.a., FamRZ 2022, 1827, 1830.
520 Steinbach u.a., FamRZ 2022, 1827, 1836.
521 Steinbach u.a., FamRZ 2021, 729, 740.
522 Steinbach u.a., FamRZ 2021, 729, 739.

bb. Rechtsvergleichende Umschau

In der juristischen Lehre ist es ein profundes Mittel, mit dem Blick ins ausländische Recht Erkenntnisse für die nationale Rechtsordnung zu erschließen. Damit können nicht nur Inspirationen gesammelt werden, sondern diese Methodik dient auch zur Überprüfung der Erwägungen und Rechtsvereinheitlichung.[523] Im Rahmen dieser Arbeit sollen insbesondere die Auswirkungen des paritätischen Wechselmodells als Leitmodell beleuchtet und der Frage nachgegangen werden, ob diese Betreuungsform auch gegen den Willen eines Elternteils gerichtlich angeordnet werden kann (siehe hierzu IV. C. Gerichtliche Anordnung des paritätischen Wechselmodells).

Bereits 1976 wurde in Schweden ein Modell zur gemeinsamen eS über die Ehescheidung hinaus eingeführt, das seit 1982 den Regelfall darstellt, sofern kein Elternteil widerspricht.[524] Auch gegen den Willen eines Elternteils kann die gemeinsame eS durch die schwedischen Gerichte (ohne gesonderte Begründung) angeordnet werden, wobei die Regierung betont, dass diese Möglichkeit nicht genutzt werden sollte, wenn Kooperationsschwierigkeiten zwischen den Eltern bestehen.[525]

Schwedische Studien zur gemeinsamen Betreuung nach der Scheidung belegen, dass diese Betreuungsform grundsätzlich positiv angenommen wird. Wurde sie allerdings gegen den Willen eines Elternteils angeordnet, wirkt sich dies eher negativ auf das elterliche Konfliktniveau und das Empfinden der Kinder aus.[526] Unzufriedenheit besteht v.a. im Hinblick darauf, dass nach dem schwedischen Recht die Barunterhaltspflicht bei geteilter Betreuung insgesamt entfällt.[527]

Auch in Belgien und Italien wurde zwischenzeitlich die hälftig aufgeteilte Betreuung als gesetzlicher Regelfall eingeführt. In Frankreich ist dies ebenfalls die favorisierte Betreuungsform nach der Scheidung der Eltern und in Spanien zumindest eine gleichbedeutende Alternative.[528]

---

523 Brand, JuS 2003, 1082, 1084.

524 In Schweden werden ca. 40 % der minderjährigen Trennungskinder im Wechselmodell betreut, Bergström u.a., JECH 2015, 769; Balomatis, NZFam 2016, 833, 834.

525 Scheiwe in: 15. Göttinger Workshop im Familienrecht, S. 4–6.

526 Zitiert nach: Scheiwe in: 15. Workshop im Familienrecht, S. 7 m.w.N.

527 Singer, ULR 2008, S. 43.

528 Hammer, FamRZ 2015, 1433, 1434.

Belgien war lange Zeit Vorreiter des paritätischen Wechselmodells.[529] Seit 1995 kennt die belgische Rechtsordnung ein System, das die Elternverantwortung auf beide Elternteile aufteilt, wobei der Lebensmittelpunkt damals noch im Regelfall der Mutter zugewiesen wurde (asymmetrisches Wechselmodell).[530] Erst viel Lobbyarbeit der Elternverbände führte schließlich dazu, dass 2006 die gleichmäßig verteilte Kindesbetreuung (*verblijsco-ouderschap*) in das Gesetz aufgenommen wurde, sodass fortan das Gericht vorrangig diese Möglichkeit der Betreuung untersuchen sollte.

Heute bildet das paritätische Wechselmodell im belgischen Recht nicht mehr den Regelfall, sondern es wird in die Verantwortung der Eltern gelegt, eine Vereinbarung über die Ausübung der eS (u.a. über die Wohnsituation des Kindes) zu treffen, die dem Kindeswohl dient.[531] In ca. einem Drittel der Trennungsfamilien wird diese Betreuungsform praktiziert.[532] Einer Studie zu Folge lehnen allerdings ¼ der betroffenen Kinder die häufigen Wechsel ab und würden es eher bevorzugen, wenn die Eltern abwechselnd zu ihnen kommen.[533]

Die Anordnung des paritätischen Wechselmodells u.U. auch gegen den Willen eines Elternteils ist in den meisten Rechtsordnungen der europäischen Mitgliedsstaaten möglich.[534] Eine Ausnahme zeigt das österreichische BGB.

---

529 2006 wurde das Wechselmodell in Belgien als gesetzlicher Regelfall in Art. 374 § 2 belgischer Code Civil verankert, Balomatis, NZFam. 2016, 833, 835.

530 Vanassche u.a., FCR 2017, 545, 549.joint exercise of parental responsibilities was introduced as the default legal position. In 2006, the legislation required that in all cases of joint parenthood in which parents could not agree on children's living arrangements, equally divided alternating residence must first be considered by the judge. In this article, we summarize recent research findings from Belgium about alternating residence for children. There has been a fourfold increase in alternating residence, and families in these arrangements became increasingly diverse. Compared to children living exclusively with their mothers, children in alternating residences report a better relationship with their father, while mothers report a more active personal social life. For children, alternating residence is found to be more challenging under certain conditions (e.g. no communication between parents

531 European Justice, Europäisches Justizportal – Elterliche Sorge und Umgangsrecht/ Besuchsrecht, online abrufbar unter: https://e-justice.europa.eu/302/DE/parental_responsibility__child_custody_and_contact_rights?BELGIUM&member=1 (zuletzt aufgerufen am 07. Mai 2024).

532 Scheiwe in: 15. Göttinger Workshop zum Familienrecht, S. 27.

533 Zitiert nach: Scheiwe in: 15. Göttinger Workshop zum Familienrecht, S. 24 m.w.N.

534 Hammer, FamRZ 2015, 1433, 1434.

§ 177 Abs. 4 AGBGB sieht vor, dass die gemeinsam zur Sorge berechtigten Eltern, die nicht mehr in häuslicher Gemeinschaft zusammenleben, festzulegen haben, bei welchem Elternteil sich das Kind hauptsächlich aufhalten soll. Damit wird das Begründen zweier Lebensmittelpunkte des Kindes grundsätzlich abgelehnt, da nach der österreichischen Auffassung das Kind für seine Persönlichkeitsentfaltung zwingend eine Wohnidentität benötigt.[535] Das Landgericht Wien hat allerdings, entgegen dem Gesetzeswortlaut, in einem Fall doch einmal das Doppelresidenzmodell anerkannt, da es der Auffassung war, dass die Aufrechterhaltung dieser Betreuungsform im konkreten Fall am ehesten dem Kindeswillen entsprechen würde.[536]

Bei der Reform des schweizerischen Kindschaftsrechts 2014 wurde davon abgesehen, das Wechselmodell als Leitmodell vorzusehen. Nach Art. 298 Abs. 2ter CH-ZGB hat das Gericht bei gemeinsamer eS die *alternierende Obhut*[537] im Sinne des Kindeswohls zu prüfen, wenn ein Elternteil oder das Kind dies verlangt.[538] Die *alternierende Obhut* tritt dabei neben das Residenzmodell, die von den Gerichten als gleichwertige Alternative zu berücksichtigen ist, ohne dabei eine Vorrangstellung oder ein Leitmodell vorzuzeichnen.[539]

cc. Zwischenfazit

Die Auswertung der wissenschaftlichen Ergebnisse bestätigt, dass das paritätische Wechselmodell als ernsthafte Betreuungsalternative in Betracht zu ziehen ist, den Eltern aber auch Raum für eine autonome Entscheidung einzuräumen ist. Hierfür sind ihnen entsprechende gesetzliche Leitplanken vorzugeben. Dies erleichtert dann auch die spätere Kontrolle der Elternvereinbarung.

Zwar zeigen die Ergebnisse der FAMOD-Studie eine klare Präferenz für die geteilte Betreuung, allerdings wird auch deutlich, dass damit das Konfliktpotenzial und die Belastung für das Kind gesteigert werden kann. Es sollte gerade keiner bestimmten Betreuungsform den Vorrang eingeräumt werden, damit den individuellen Anforderungen begegnet werden kann. Vielmehr sollte sich generell von der Kategorisierung in unterschiedliche Betreuungsmodelle

535 LG für ZRS Wien, Beschluss vo„m 03. September 2014 – 42R231/14p –, RIS.
536 LG für ZRS Wien, Beschluss vom 03. September 2014 – 42R231/14p –, RIS.
537 Die alternierende Obhut entspricht dem Deutschen Wechselmodell.
538 Schröder, Die Rechtsstellung des Kindes im Wechselmodell, S. 38.
539 Vgl. Ständerat, Amtliches Bulletin 13.101.

verabschiedet und die individuellen Ausgestaltungsmöglichkeiten gestärkt werden.

c. Entscheidungsparameter

Wie oben bereits beschrieben, ist es primär den Eltern übertragen eine Elternvereinbarung auszuarbeiten. Da dabei das Wohl des Kindes im Fokus stehen soll, sind bestimmte Parameter zu beachten, die sich auf das kindliche Wohlbefinden und der Umsetzung der Vereinbarung besonders auswirken und von den Gerichten überprüft werden können.

In den neueren Entscheidungen zum paritätischen Wechselmodell hat die Rechtsprechung bereits einige Kriterien definiert, die von den Gerichten als erforderlich erachtet wurden, damit eine geteilte Betreuung überhaupt in Betracht zu ziehen ist. Es ist noch nicht zu erkennen, ob wirklich schon alle Faktoren bedacht wurden. In jedem Fall sind diese auch immer mit dem individuellen Einzelfall abzugleichen. Daher bietet es sich an, einen Regelkatalog in das Gesetz aufzunehmen, der durch die Formulierung „insbesondere" darauf hinweist, dass die Aufzählung nicht abschließend ist und auch gegenüber zukünftigen Erkenntnissen offensteht.

Nachfolgend werden diese Rahmenparameter für einen Regelkatalog vorgestellt:

aa. Kindeswille

Das Wohl des Kindes ist in den Vordergrund zu rücken und Gerechtigkeitserwägungen zugunsten der Eltern müssen dahinter zurücktreten.[540] Wie die obigen Ausführungen zum Kindeswohl zeigen (siehe V. B. „Kindeswohl" als Leitmodell), ist hierfür ein wesentlicher Indikator der Kindeswille.

Wenn die Rechtsprechung nahezu einhellig auf die *Reife*, *Urteilskraft*, oder *Entscheidungsfähigkeit* des Kindes abstellt, weist sie darauf hin, dass der Kindesentscheidung erhebliches Gewicht beizumessen ist, welches sich proportional zum Entwicklungsstand verstärkt.[541] Der Kindeswille bringt zum einen die Eltern-Kind-Beziehung zum Ausdruck und dient zum anderen der

---

540 BGH, Beschluss vom 1. Februar 2012 – XII ZB 188/11 –, FamRZ 2012, 533, 534; BVerfG, Nichtannahmebeschluss vom 24. Juni 2015 – 1 BvR 486/14 –, FamRZ 2015, 1585, 1587.

541 Coester, Das Kindeswohl als Rechtsbegriff, S. 258.

Selbstbestimmung des Kindes (insbesondere der Persönlichkeitsentwicklung, Art. 2 Abs. 1, 1 Abs. 2 GG).[542]

Er ist immer in die Betreuungsentscheidung einzubeziehen, sofern er stabil und autonom gefasst wurde. Ist er auf eine illoyale Einflussnahme zurückzuführen, ist im Einzelfall abzuwägen, ob es dem Kindeswohl besser entspricht, ihm zu folgen und damit dem Gerechtigkeitsempfinden des Kindes zu entsprechen oder den Willen unberücksichtigt zu lassen.

Ein ultimatives Entscheidungsrecht ist den Kindern allerdings nicht einzuräumen, da ansonsten die Elternverantwortung (Art. 6 Abs. 2 S. 1 GG) in eine Eigenverantwortung des Kindes umgedeutet wird und sie damit überfordert werden könnten.

bb. Qualität der Eltern-Kind-Beziehung

Das Erziehungsverhalten der Eltern sowie die Eltern-Kind-Beziehung sind ebenfalls von hoher Bedeutung bei der Ausgestaltung der Betreuungsvereinbarung. Damit beide Elternteile in die Beziehung eingebunden werden können, muss die Erziehungsfähigkeit beider sichergestellt sein.

Bei einer deutlichen asymmetrischen Beziehungsqualität des Kindes zu einem Elternteil sollte gewährleistet sein, dass das Kind mehr Zeit mit demjenigen Elternteil verbringt, zu dem die bessere Beziehungsqualität besteht.[543] Indiz hierfür ist u.a., in welchem Umfang beide Elternteile schon zur Zeit des Zusammenlebens in die Kinderbetreuung eingebunden waren.[544]

Im Übrigen ist es auch ein Zeichen der Erziehungsfähigkeit, wenn die Bindung des Kindes zum anderen Elternteil akzeptiert und der Loyalitätsdruck damit reduziert wird, wie es § 1684 Abs. 1 S. 2 BGB vorgibt: „Dementsprechend sollten beide Eltern hinreichende Erziehungskompetenzen aufweisen und erkannt haben, dass eine kontinuierliche und verlässliche Kindererziehung der elterlichen Kooperation und eines Grundkonsenses in wesentlichen Erziehungsfragen bedarf.“ [545]

542 OLG Frankfurt, Beschluss vom 6. Juli 2021 – 3 UF 144/20 –, Rn. 31, juris.

543 Walper in: Verhandlungen des 72. DJT, L14.

544 BGH, Beschluss vom 27. November 2019 – XII ZB 512/18 –, NZFam 2020, 116, 120.

545 BGH, Beschluss vom 27. November 2019 – XII ZB 512/18 –, NZFam 2020, 116, 119–120.

cc. Kindesalter

Das Alter des Kindes spielt bei der Bewältigung regelmäßiger Wechsel eine entscheidende Rolle. Diese können u.U. im Kleinkindalter zu Verlustängsten führen.[546] Insbesondere beim Umgang über Nacht ist auf die Bedürfnisse des Kindes einzugehen, dass gerade Kleinkinder durch die ungewohnte Übernachtungssituation nicht überfordert werden.[547]

Es ist zu beobachten, dass sich Eltern, die sich für ihre Kleinkinder zunächst für die geteilte Betreuung entschieden haben, öfter wieder zum Residenzmodell wechseln als Eltern mit Kindern im Grundschulalter.[548] Auf der anderen Seite ist für Heranwachsende zu beobachten, dass sie insgesamt weniger Betreuungszeit mit ihren Eltern in Anspruch nehmen.

Mit zunehmendem Alter kann und sollte dem Kindeswillen mehr Gewicht beigemessen werden, da die Wechsel regelmäßig auch autonom durchgeführt werden können und das Kind die Reichweite der Entscheidung für diese Betreuungsform eher überblicken kann. Außerdem wird das Interesse, mit der Peergruppe[549] Zeit zu verbringen und Freizeitaktivitäten nachzugehen, mit zunehmendem Alter bedeutender.[550]

Bei Kindern im Kleinkindalter bis zu drei Jahren ist von häufigen Wechseln eher abzuraten, da zum einen während der Stillphase des Säuglings eine längere Trennung zur Mutter ausgeschlossen ist, aber es auch für eine kindgerechte Entwicklung wichtig ist, dass das Kind in einem verlässlichen Umfeld aufwächst, ohne ständig zwischen den Haushalten wechseln zu müssen (zur Entwicklungsforschung siehe V. B. 1. Einblick in die Kindes- und Entwicklungspsychologie).[551]

dd. Wohnortnähe

Alternierende Betreuungsarrangements mit weiter Distanz sind mit hohen sozialen und persönlichen Aufwendungen der Kinder verbunden. Ggf. müssen sie sich nicht nur auf die wechselnden Haushalte einstellen, sondern wenn

546 Vgl. Salzgeber, Familienpsychologische Gutachten, S. 255.

547 OLG Nürnberg, Beschluss vom 28. Oktober 2009 – 7 UF 1009/09 –, Rn. 28, juris.

548 Poortman/van Gaalen, FCR 2017, 531, 534–535.

549 Mit Peer-Gruppe sind gleichaltrige Kinder und Jugendliche gemeint.

550 Brandenburgisches Oberlandesgericht, Beschluss vom 19. September 2012 – 13 UF 9/11 –, Rn. 49, juris; Salzgeber, NZFam 2014, 921, 926–927.

551 Hennemann in: 15. Göttinger Workshop zum Familienrecht, S. 60–61.

beide Eltern das Kind an ihrem Ort in einer Kindertagesstätte anmelden, werden sie ständig mit wechselnden Betreuungspersonen und Gruppenmitgliedern konfrontiert.[552] Spätestens mit der Einschulung entfällt diese Möglichkeit völlig.

Besteht noch keine Schulpflicht, kann zunächst ein weiterer Radius akzeptiert werden. Es ist im Einzelfall und mit hoher Kompromissbereitschaft der Eltern möglich, das Kind in zwei Kindertagesstätten an den jeweiligen Wohnorten der Eltern gleichzeitig anzumelden.[553] Ab dem Schulstart muss die Schule dann aber von beiden Orten erreichbar sein.[554]

Zu klären ist auch, wie die Übergabe erfolgen kann. In der Regel wird die Holpflicht dem jeweils Betreuenden übertragen.[555] Dies kann aber aufgrund der individuellen Familienbedingungen (insbes. aufgrund von Billigkeitserwägungen) auch anders geregelt werden.[556]

ee. Kommunikations- und Kooperationsbereitschaft

Sofern das Verhältnis der Eltern erheblich konfliktbelastet ist und eine Kommunikations- und Kooperationsbereitschaft erst herbeigeführt werden muss, geht der BGH davon aus, dass von einer geteilten Betreuung eher Abstand zu nehmen ist, da hier ein hoher Abstimmungsbedarf vorausgesetzt wird.[557]

Strenger noch sieht es u.a. das OLG Brandenburg, das verlangt, dass die Eltern kontinuierlich und störungsfrei im Interesse des Kindes kommunizieren und kooperieren können, und die Anordnung des paritätischen

---

552 Walper in: Verhandlungen des 72. DJT , L16–L17.

553 Vgl. OLG Frankfurt, Beschluss vom 9. Februar 2021 – 6 UF 172/20 –, FamRZ 2021, 1120, 1122.

554 Vgl. KG Berlin, Beschluss vom 25. Juli 2017 – 13 UF 110/17 –, FamRZ 2018, 502, 504.

555 Die im Zusammenhang mit der Ausübung des Umgangs entstehenden Kosten sind grundsätzlich vom Umgangsberechtigten zu tragen, sodass er auch grundsätzlich dafür verantwortlich ist, dass das Kind zu ihm kommt, vgl. BGH, Urteil vom 19. Juni 2002 – XII ZR 173/00 –, BGHZ 151, 155-164, Rn. 11.

556 Vgl. OLG Celle, Beschluss vom 31. Januar 2020 – 10 UF 10/20, NJW-RR 2020, 460, 461.

557 BGH, Beschluss vom 1. Februar 2017 – XII ZB 601/15 –, BGHZ 214, 31–45, Rn. 30.

Wechselmodells gegen den Willen eines Elternteils ablehnt.[558] Dem folgt der BGH nicht, da er keinem der Elternteile ein Vetorecht einräumen möchte.[559]

Die überwiegende Rechtsprechung betont, dass keine überzogenen Erwartungen an das Zusammenwirken der Eltern gestellt werden dürften, sondern nach der Auffassung des 12. Zivilsenats müssen die Eltern erkannt haben, dass es eines Grundkonsenses in wesentlichen Erziehungsfragen bedarf.[560] Konflikte zwischen den Eltern begründen nicht per se eine Einschränkung oder einen Ausschluss des Umgangs.[561]

ff. Kontinuität

Ein sehr hohes Gewicht wird auch dem Kontinuitätsgrundsatz beigemessen, sodass die Gerichte sich eher für die geteilte Betreuung ausgesprochen haben, wenn in der Vergangenheit bereits über einen gewissen Zeitraum eine paritätische Betreuung oder zumindest ein über den Wochenendumgang hinausgehender Umgang praktiziert wurde und daher Bindungen zu beiden Elternteilen aufgebaut werden konnten.[562] Ein Indiz dafür ist auch, wie sich die Eltern während des Zusammenlebens in der Kinderbetreuung eingebracht haben. Negativ ist dabei zu bewerten, wenn einem betreuungswilligen Elternteil der Zugang zu dem Kind verwehrt wird.[563]

---

558 Brandenburgisches Oberlandesgericht, Beschluss vom 21. Februar 2019 – 9 UF 227/18 –, Rn. 6, juris m.w.N.

559 Vgl. BGH, Beschluss vom 1. Februar 2017 – XII ZB 601/15 –, BGHZ 214, 31–45, Rn. 26.

560 BGH, Beschluss vom 1. Februar 2017 – XII ZB 601/15 –, BGHZ 214, 31–45, Rn. 30; OLG Frankfurt, Beschluss vom 16. Dezember 2021 – 1 UF 113/21 –, Rn. 23, juris; OLG Naumburg Beschluss vom 15. April 2019 – 9 UF 14/19 –, BeckRS 2019, 12767 Rn. 17; OLG Stuttgart, Beschluss vom 23. August 2017 – 18 UF 104/17 –, NJW-RR 2017, 1284 Rn. 31.

561 Döll in: Erman-KO BGB, § 1684 Rn. 10; vgl. Brandenburgisches Oberlandesgericht, Beschluss vom 28. Februar 2005 – 10 WF 38/05 –, Rn. 4, juris; OLG Frankfurt, Beschluss vom 3. September 2002 – 1 UF 103/00 –, Rn. 26, juris.

562 Vgl. OLG Frankfurt, Beschluss vom 16. Dezember 2021 – 1 UF 113/21 –, Rn. 30, juris; KG Berlin, Beschluss vom 13. September 2018 – 13 UF 74/18 –, FamRZ 2019, 363, 364; OLG Stuttgart, Beschluss vom 23. August 2017 – 18 UF 104/17 –, FamRZ 2018, 35, 37.

563 KG Berlin, Beschluss vom 13. Februar 2015 – 13 WF 203/14 –, Rn. 13, juris; Brandenburgisches Oberlandesgericht, Beschluss vom 28. Februar 2005 – 10 WF 38/05 –, Rn. 4, juris.

Aber nicht nur die Elternbindung, sondern auch weitere familiäre und soziale Beziehungen am bisherigen Wohnort des Kindes sollten in die Bewertung einfließen und, wenn sie dem Kind dienen, möglichst aufrechterhalten bleiben.[564]

In der akuten Trennungssituation ist zumindest versuchsweise eine erhebliche Einbeziehung beider Eltern in Betracht zu ziehen, um das Kind behutsam an die Veränderung heranzuführen.[565]

gg. Zwischenfazit

Die oben genannten Aspekte sollen lediglich erste Anhaltspunkte bieten, die in jedem Einzelfall bei der Ausgestaltung der Betreuungsvereinbarung individuell zu beachten und zu gewichten sind. Insbesondere die persönlichen Neigungen und Bedürfnisse des Kindes, aber auch die Bereitschaft und das Verhältnis der Eltern untereinander tragen dazu bei, dass das Konzept langfristig funktioniert und alle Beteiligten davon profitieren.

Die Umstände werden sich regelmäßig im Laufe der Zeit ändern, insbesondere wenn der Trennungsschmerz abgeheilt ist und durch die Weiterentwicklung des Kindes. Das zeigt einmal mehr, dass an einem starren Ergebnis nicht festgehalten werden darf, sondern die Eltern bei erkennbaren Veränderungen eine erneute Bewertung anstellen sollten.

2. Formale Anforderungen

Sind sich die Eltern über den Abschluss der Vereinbarung einig, dürfen ihnen keine bürokratischen Hürden in den Weg gestellt werden.[566] Außerdem ist zu beachten, dass auch auf wandelnde Bedürfnisse kurzfristig reagiert werden muss, sodass auch kurzfristige Änderungen sowie alltägliche Abstimmung niedrigschwellig ermöglicht werden sollten.

Auf der anderen Seite besteht ein Bedürfnis nach Rechtsverbindlichkeit und einem Übereilungsschutz, sodass mündliche Abreden, die im Konfliktfall

---

564 Helms/Schneider, FamRZ 2020, 813, 819.

565 Salzgeber, NZFam 2014, 921, 929. Salzgeber geht regelmäßig von zwei Jahren aus, bis sich der Trennungsschmerz reduziert und das trennungsbedingte Stressniveau wieder normalisiert hat, vgl. Salzgeber, Familienpsychologische Gutachten, S. 626.

566 Damit wird die Gesetzesintention zum Kindschaftsreformgesetz von 1998 fortgeführt, BT-Drs. 13/8511, S. 66.

in Frage gestellt werden und sich später nicht rekonstruieren lassen, nicht ausreichen können.

Ferner ist zu beachten, dass die Trennung der Eltern für das Kind bereits mit wesentlichen Änderungen und Ungewissheiten einhergeht. Regelmäßig wird das Zusammenleben mit beiden Elternteilen aufgelöst werden und teilweise kommt es zu einem Umzug. Damit das Kind wieder eine gewisse Stabilität erfährt, wird angeregt, die vorrangige Kompetenz der Eltern zum Abschluss einer Betreuungsvereinbarung zeitlich zu befristen, sodass danach die Familiengerichte einschreiten können.

a. Schriftform

An unterschiedlichen Stellen des Familienrechts ist für die Abgabe von Erklärungen mit personenstandrechtlicher Tragweite die öffentlich beglaubigte Form vorgesehen, bspw. bei der Vaterschaftsanerkennung nach § 1597 Abs. 1 BGB, wenn die Eltern den Namen des Kindes erst nach der Beurkundung der Geburt bestimmen, § 1617 Abs. 1 S. 2 BGB, oder für die Abgabe der Sorgeerklärung im Sinne des § 1626a Abs. 1 Nr. 1 BGB gemäß § 1626d Abs. 1 BGB.

Das Eckpunktepapier zum Abstammungsrecht enthält einen Vorschlag zum Abschluss einer Elternschaftsvereinbarung, mit der bestimmt werden kann, welche Person Vater oder Mutter neben der Geburtsmutter werden soll. Auch diese soll aufgrund ihrer weitreichenden Folgen in öffentlich beurkundeter Form verfasst werden.[567]

Die aufgeführten Beispiele haben allesamt gemeinsam, dass damit eine endgültige Entscheidung bspw. durch die Bestimmung des Kindesnamens getroffen wird bzw. der Status als Sorgerechtsinhaber festgelegt wird. Ihnen ist daher ein stärkeres Gewicht beizumessen, als wenn über die Aufgabenverteilung innerhalb des Sorgerechts entschieden wird, ohne in den Status als solchen einzugreifen.

Für die im Rahmen dieser Arbeit vorgeschlagene Elternvereinbarung bedarf es daher nicht dieser strengen Form. Die Beweisfunktion wird durch ein Textformerfordernis i.S.d. § 126b BGB gewahrt. Auch für den Übereilungsschutz reicht die Textform aus, da dem einvernehmlichen Abschluss

---

567 Bundesjustizministerium, Eckpunkte für eine Reform des Abstammungsrechts vom 16. Januar 2024, S. 6–7.

der Vereinbarung regelmäßig bereits Verhandlungen vorausgehen werden, die den Eltern die Tragweite ihrer Entscheidung bewusst machen. Dies lässt sich auch in die moderne Praxis integrieren, sodass kurzfristige Entscheidungen mittels Messenger-Diensten abgestimmt werden können.

Zusätzlich soll den Eltern ein Informationsangebot des Jugendamtes zur Verfügung gestellt werden. Für unverheiratete Eltern ergibt sich bereits aus § 18 Abs. 2 SGB VIII ein Beratungsanspruch zur Abgabe einer Sorgerechtserklärung oder die Möglichkeit der gerichtlichen Übertragung des gemeinsamen Sorgerechts, welcher um einen Beratungsanspruch zur Elternvereinbarung erweitert werden kann.

Die Textform hat zugleich den Vorteil, dass die Eltern bei aufkommenden Änderungen der Umstände schnell reagieren können, indem sie eigenständig die verfasste Vereinbarung abändern. Außerdem werden die Eltern nicht durch die aufwendigere und v.a. kostenträchtige notariell beurkundete Form vom Abschluss der Elternvereinbarung abgeschreckt.

Für die Übertragung sorgerechtlicher Befugnisse an Dritte schlägt das BMJ eine schriftliche Vereinbarung vor.[568] Diese ist mit der hier vorgeschlagenen Vereinbarung vergleichbar, denn es werden jeweils die Ausübungsbefugnisse innerhalb des Sorgerechts verteilt. Allerdings sind dritte Personen bei der Ausgestaltung der Vereinbarung nicht beteiligt, sodass zur Verdeutlichung der Tragweite ihrer Entscheidung zusätzlich eine Namensunterschrift gerechtfertigt ist.

Formverstöße sollen die Elternvereinbarung nach § 125 BGB unwirksam machen. Den Eltern bleibt aber die Möglichkeit, innerhalb des vorgegebenen Zeitrahmens die formgerechte Vereinbarung nachzuholen.

Sie können jedoch nicht von staatlicher Seite ohne einen Eingriff in ihrer Handlungsfreiheit und ihrem Selbstbestimmungsrecht zum Abschluss einer solchen Vereinbarung gezwungen werden.[569] Wenn diese aber als zwingende

568 Bundesjustizministerium, Eckpunkte für eine Reform des Kindschaftsrechts vom 25. Januar 2024, S. 6.

569 Sie sind in ihrer Handlungsfreiheit (Art. 2 Abs. 1 GG) und ihrem Selbstbestimmungsrecht (Art. 2 Abs. 1 i.V.m 1 Abs. 1 GG) geschützt. Das Vertragsrecht kennt zwar den sog. diktierten Vertrag, wobei der Vertragsinhalt nicht zur Disposition der Vertragsparteien gestellt wird, sondern von einer Partei vorgegeben wird. Der Staat wird selbst aber nicht zur Vertragspartei, sondern gibt den Eltern Vorgaben vor. Hierbei ist die Privatautonomie zu beachten.

Voraussetzung für eine Unterhaltsfestsetzung festgelegt wird bzw. bei Nichtvornahme ein gerichtliches Einschreiten droht, besteht zumindest ein Anreiz zum Abschluss der Vereinbarung. Gesetzlich könnte dies durch die Ausgestaltung als *Soll*-Vorschrift abgebildet werden.

b. Monatsfrist

Psychologen warnen davor, Kinder einer anhaltenden Unsicherheit auszusetzen. Sie empfehlen, dass nicht mehr Zeit für die Regelung der Betreuungsverhältnisse nach einer Trennung[570] eingeräumt wird, als für eine stichhaltige Abwägung erforderlich ist.[571]

Das Gesetz kennt bspw. eine Monatsfrist für die Bestimmung des Geburtsnamens, vgl. § 1617 Abs. 2 S. 1 BGB. Diese kann für den Abschluss der Elternvereinbarung übertragen werden. Es ist davon auszugehen, dass damit ausreichend Zeit eingeräumt wird, über die zukünftigen Verhältnisse zu sprechen, und dennoch wird das Kind nicht zu lange in einem unzumutbaren Schwebezustand gelassen.

Vor Ablauf der Frist soll das Gericht auch auf Antrag eines Elternteils nicht einschreiten dürfen. Liegen im Einzelfall aber gewichtige Gründe vor, die dem Abschluss in dem vorgesehenen Zeitrahmen entgegenstehen, zeigt die Rechtsprechung in anderen Entscheidungen, dass sie sich nicht grundsätzlich einer Fristverlängerung verschließt.[572] Dies soll aber keinesfalls der Regelfall sein.

Neben der Frist zum Abschluss der Elternvereinbarung sollten die Eltern auch motiviert werden, diese nach Ablauf eines Zeitraums bzw. nachdem sie erkennen, dass sich die Ausgangsbedingungen geändert haben, zu evaluieren. Da dabei allerdings ebenfalls nicht dem Elternrecht vorgegriffen werden darf, kann dafür von staatlicher Seite keine Vorgabe gemacht werden, sondern es

570 Trennung meint hier ein ernsthaftes Getrenntleben der Eltern, denn spätestens dann, wenn ein Elternteil dauerhaft die Familienwohnung verlässt, muss der Kontakt des Kindes zum getrenntlebenden Elternteil geregelt werden. Wann ein ernsthaftes Getrenntleben vorliegt, kann am Maßstab, der für das Getrenntleben der Ehegatten im Scheidungsverfahren (§ 1567 BGB) angestellt wird, gemessen werden.

571 Goldstein, Jenseits des Kindeswohls, S. 41.

572 Wenn bspw. die Anerkennung einer im Ausland geschlossenen Ehe noch aussteht, vgl. OLG Frankfurt, Beschluss vom 25. Oktober 2018 – 20 W 153/18 –, MDR 2019, 488, 489.

steht in ihrem Ermessen, bis die Grenzen des § 1666 Abs. 3 Nr. 5 und 6 BGB überschritten sind von dieser Möglichkeit Gebrauch zu machen.

3. Gerichtliche Anordnung

Schaffen es die Eltern nicht, innerhalb der vorgesehenen Monatsfrist eine wirksame Vereinbarung abzuschließen, soll als milderes Mittel gegenüber § 1671 Abs. 1 S. 1 BGB und Erweiterung zu § 1628 S. 1 BGB jedem Elternteil ein Antragsrecht zur gerichtlichen Anordnung der Elternvereinbarung gewährt werden. Diese Möglichkeit besteht auch, wenn ein Elternteil die ursprünglich getroffene Vereinbarung abändern möchte. Für Änderungen einer einmal getroffenen gerichtlichen Entscheidung ist aber ein strengerer Maßstab anzusetzen, um die Ausgangsentscheidung nicht zu entkräften.[573]

a. Ausgangsentscheidung

Auf Antrag[574] jedes Elternteils soll zukünftig das Gericht die Wahrnehmung der Betreuungsaufgaben in einem sorgerechtlichen Verfahren anordnen dürfen. Der Beurteilungsmaßstab ergibt sich dabei aus der Parallele zu § 1671 Abs. 1 S. 2 Nr. 1 BGB – was *dem Wohl des Kindes am besten entspricht*. Damit wird zugleich die Diskussion darüber aufgelöst, ob die gerichtliche Anordnung des paritätischen Wechselmodells grundsätzlich möglich ist (vgl. IV. C. 1. Verfassungsrechtliche Vereinbarkeit), denn das Familiengericht hat das Kindeswohl anhand der oben aufgeführten Anknüpfungspunkte zu bewerten (siehe hierzu V. D. 1. c. Entscheidungsparameter) und die beste Entscheidung über die Betreuungskonstellation aus der Sicht des Kindes zu treffen, ohne an ein starres Betreuungsmodell gebunden zu sein.[575]

---

573 Dies lässt sich mit § 313 Abs. 1 BGB begründen, der Störung der Geschäftsgrundlage. Hat sich die Vertragsgrundlage schwerwiegend nach Vertragsschluss geändert und hätten die Parteien den Vertrag nicht in gleicher Weise abgeschlossen, kann eine Vertragsanpassung unter Berücksichtigung der Umstände des Einzelfalls verlangt werden.

574 Das Familiengericht darf ohne Antrag keine Vorgaben zur Ausgestaltung der Elternvereinbarung treffen, um die Wertung der §§ 1628 S. 1 und 1671 Abs. 1 S. 1 BGB nicht zu unterlaufen.

575 Vgl. BGH, Beschluss vom 1. Februar 2017 – XII ZB 601/15 –, BGHZ 214, 31–45, Rn. 24–31.

Der Eingriff in Art. 6 Abs. 2 S. 1 GG ist durch den Schutz des Elternrechts des anderen Elternteils zur effektiven Wahrnehmung seiner Verantwortung gerechtfertigt.[576] Da damit außerdem der schwerwiegendere Eingriff des § 1671 Abs. 1 S. 1 BGB abgewendet werden kann, ist diese Möglichkeit als mildere Maßnahme gegenüber der Übertragung des alleinigen Sorgerechts regelmäßig vorzuziehen.

b. Änderungsentscheidung

Möchte ein Elternteil von einer einmal getroffenen Elternvereinbarung abweichen und stimmt der andere Elternteil dem nicht zu, soll hierfür ebenfalls ein Antrag beim Familiengericht eingereicht werden können. Die bestehende Vereinbarung entfaltet im Einklang mit der Rechtsprechung des BGH aber eine indizielle Wirkung, dass diese zumindest einmal dem Wohl des Kindes entsprochen hat.[577] Sie ist daher in der Bewertung zu berücksichtigen, ohne eine abschließende Beurteilung vorzuzeichnen.

Wurde bereits in einer Erstentscheidung die Elternvereinbarung gerichtlich angeordnet, sollen sich die Eltern nicht mehr autonom von dieser lösen können. Es ist dann eine erneute gerichtliche *Änderungs*entscheidung nach den Maßgaben des § 1696 Abs. 1 S. 1 BGB einzuholen. Damit soll eine ordnende Wirkung der Verhältnisse erreicht werden, um dem Rechtsfrieden und dem Bedürfnis des Kindes nach Kontinuität in der Erziehung beizutragen.[578] Die ursprüngliche Entscheidung ist nur abzuändern, wenn dies aus „triftigen, das Wohl des Kindes nachhaltig berührenden Gründen angezeigt ist“. Zugunsten einer einvernehmlichen Änderung durch die Eltern soll aber die Beweiserleichterung greifen, dass ein *triftiger Grund* in diesem Sinne vorliegt. Damit werden sie zur Einigkeit animiert, ohne an Rechtssicherheit einbüßen zu müssen.[579]

4. Ergebnis

Die Möglichkeit, eine Elternvereinbarung abzuschließen, stärkt die Elternautonomie, kann zur Streitbeilegung beitragen und rückt damit auch das

---

576 Schumann in: Gutachten zum 72. DJT, B14.

577 BGH, Beschluss vom 16. März 2011 – XII ZB 407/10 –, FamRZ 2011, 796, 801.

578 Goldstein, Jenseits des Kindeswohls, S 38; Salzgeber, Familienpsychologische Gutachten, S. 593.

579 Coester in: Staudinger BGB, § 1696 Rn. 113.

Kindeswohl weiter in den Mittelpunkt der Entscheidung über die Betreuungsmodalitäten. Den Eltern ist dabei ein weiter Entscheidungsspielraum einzuräumen. Sie sollen aber bei der inhaltlichen Ausgestaltung die vordefinierten Entscheidungsparameter indiziell einfließen lassen. Die starren Regelungen zu den unterschiedlichen Betreuungsmodellen können damit abgelöst werden.

Bei fehlender Einigung soll jeder Elternteil die Möglichkeit haben, die Familiengerichte einzuschalten und eine abschließende Regelung herbeizuführen. Von dieser darf nur noch dann – ebenfalls durch eine gerichtliche Entscheidung – abgewichen werden, wenn dies aus „triftigen, das Wohl des Kindes nachhaltig berührenden Gründen angezeigt" ist.

Mit der hier vorgeschlagenen Lösung können einige Unstimmigkeiten der Rechtsprechung gelöst werden. Insbesondere wird die Entscheidung über die Ausübung der sorgerechtlichen Befugnisse wieder zurück in das sorgerechtliche Verfahren geholt, und auch die Frage, ob Betreuungsmodalitäten gegen den Willen eines Elternteils angeordnet werden können, ist damit geklärt.

Eine Regelung, die all diese Aspekte aufgreift, kann als Ergänzung des § 1627 BGB, der bereits die Ausübung der elterlichen Sorge beschreibt, wie folgt aussehen:

„§ 1627 Ausübung der elterlichen Sorge; Elternvereinbarung.

(1) [1]Die Eltern haben die elterliche Sorge in eigener Verantwortung und grundsätzlich in gegenseitigem Einvernehmen zum Wohl des Kindes auszuüben.

(2) [1]Leben die Eltern nicht nur vorübergehend getrennt, sollen sie in Textform i.S.d. § 126b BGB die Modalitäten der Ausübung der elterlichen Sorge und die dabei bestehenden Kompetenzbereiche einvernehmlich festsetzen (Elternvereinbarung). [2]Die Elternvereinbarung ist am Wohl des Kindes nach dem Maßstab des § *xxxx* (Kindeswohlprinzip) auszurichten. [3]Die vollständige Aufgabe des Sorgerechts eines Elternteils kann mit der Vereinbarung nicht erzielt werden. [4]Hierfür ist ein Antrag nach § 1671 Abs. 1 S. 1 BGB bei den Familiengerichten einzureichen. [5]Bei Gefahr in Verzug ist jeder Elternteil dazu berechtigt, alle Rechtshandlungen vorzunehmen, die zum Wohl des Kindes notwendig sind. [6]Der andere Elternteil ist hierüber aber unverzüglich zu

unterrichten.

(3) [1]Kann über den Abschluss der Elternvereinbarung innerhalb von einem Monat nach dem Getrenntleben der Eltern keine Einigung erzielt werden, kann jeder Elternteil bei den Familiengerichten die Anordnung dieser Vereinbarung beantragen. [2]Der Familienrichter hat diejenige Aufteilung festzusetzen, die dem Wohl des Kindes am besten entspricht. [3]Konnten die Eltern in der Vergangenheit eine Elternvereinbarung treffen, die allerdings aufgrund eines Formmangels nicht wirksam wurde, durch eine neuere Vereinbarung ersetzt wurde oder zeitlich befristet war, ist diese dennoch als Indiz für eine Ausgestaltung zum Wohle des Kindes heranzuziehen.

(4) Zur Abänderung einer gerichtlich angeordneten Elternvereinbarung ist der Maßstab des § 1696 Abs. 1 S. 1 BGB mit der Maßgabe heranzuziehen, dass die einvernehmliche Änderungserklärung ein triftiger Grund in diesem Sinne darstellt.

(5) Der jeweils andere Elternteil ist über wichtige Angelegenheiten außerhalb seines Kompetenzbereichs zu informieren.“

E. Umgangsrecht Dritter

Das Eckpunktepapier zur Reform des Kindschaftsrechts sieht außerdem noch vor, dass die Eltern zukünftig sofort vollstreckbare Umgangsvereinbarungen ggf. auch mit Dritten (nicht sorgeberechtigten Personen) abschließen können.[580] Dies kann durch die hier vorgeschlagene Elternvereinbarung bereits weitestgehend abgedeckt werden, sodass es hierfür keine zusätzlichen Regelungen bedarf.

Ein Umgangsrecht der Eltern hat nur noch dann eine eigenständige Bedeutung, wenn einem Elternteil das alleinige Sorgerecht übertragen wurde, aber der Kontakt mit dem anderen Elternteil aus Kindeswohlgesichtspunkten trotzdem aufrechterhalten bleiben soll.

Dritte Personen, die nicht von der Elternvereinbarung erfasst werden, sollen weiterhin ihr Recht auf Umgang nach § 1685 BGB einfordern können, wenn sie enge Bezugspersonen des Kindes sind und der Umgang mit ihnen dem

---

580 Bundesjustizministerium, Eckpunkte für eine Reform des Kindschaftsrechts vom 25. Januar 2024, S. 7.

Kindeswohl dient. In der Rechtspraxis sind das v.a. die Großeltern.[581] Diese Personen können allerdings nicht eigenständig von der neu entworfenen Möglichkeit des Antrags auf gerichtliche Anordnung einer Elternvereinbarung (siehe hierzu V. D. Elternvereinbarung) Gebrauch machen, sondern sind weiterhin auf die Mitwirkung eines Sorgerechtsinhabers angewiesen, damit die vorrangige Elternverantwortung gem. Art. 6 Abs. 2 S. 1 GG ausreichend beachtet wird.

Alltagsentscheidungen während der Umgangszeiten sind in Abstimmung mit den Sorgerechtsberechtigten zu treffen. Da aber während der Betreuungszeit Entscheidungen relevant werden können, die nicht alle antizipiert werden können und daher auch nicht vorher mit den Sorgerechtsinhabern abgesprochen wurden (bspw. wann das Kind ins Bett zu gehen hat oder was es zu essen bekommt), ist auch den Umgangspersonen weiterhin eine Alleinentscheidungsbefugnis über Angelegenheiten der tatsächlichen Betreuung einzuräumen. Dies sieht die aktuelle Gesetzeslage bereits durch § 1687a BGB für den nicht sorgeberechtigten Elternteil vor.[582] Aufgrund des aufgezeigten praktischen Bedürfnisses sollte dies auch auf die übrigen Bezugspersonen erweitert werden. Es darf sich damit aber nicht gegen eine ausdrückliche Entscheidung bzw. Vorgabe der Sorgerechtsinhaber widersetzt werden.

Ferner schlägt das BMJ in seinem Eckpunktepapier noch vor, dem Kind ein eigenes Recht auf Umgang mit seinen Großeltern, Geschwistern oder sonstigen Bezugspersonen vorzusehen.[583] Dies ist bislang nur für die rechtlichen Eltern vorgesehen, vgl. § 1684 Abs. 1 Hs. 1 BGB („Das Kind hat das Recht auf Umgang mit jedem Elternteil"). Eine Stärkung der Kinderrechte ist zwar grundsätzlich immer voranzutreiben, wie aber bereits zur Einbeziehung des Kindeswillens festgestellt (vgl. V. B. 2. Die Berücksichtigung des Kindeswillens), darf das Kind in seiner Mitentscheidungsfunktion auch nicht überfordert werden.

---

581 Brandenburgisches Oberlandesgericht, Beschluss vom 17. Dezember 2015 – 13 UF 186/15 –, FamRZ 2016, 1092, 1092; OLG Hamm, Beschluss vom 23. Februar 2011 – II-8 WF 27/11 –, Rn. 2, juris; Brandenburgisches Oberlandesgericht, Beschluss vom 17. Mai 2010 – 10 UF 10/10 –, FamRZ 2010, 1991, 1992.

582 § 1687a verweist auf § 1687 Abs. 1 S. 4 BGB.

583 Bundesjustizministerium, Eckpunkte für eine Reform des Kindschaftsrechts vom 25. Januar 2024, S. 12.

Dabei ist die Situation auch nicht mit dem Umgang der Eltern vergleichbar. Für die sonstigen Bezugspersonen besteht nur ein *Recht* zum Umgang, vgl. § 1685 Abs. 1 BGB. Sie können dazu gerade nicht verpflichtet werden, da eine gleichwertige verfassungsrechtliche Pflicht, wie diejenige der Eltern (Art. 6 Abs. 2 S. 1 GG), für diese Personen nicht besteht. Damit ließe sich das Recht nicht durchsetzen und entpuppt sich bei mangelnder Bereitschaft als leere Hülle.[584]

Ein Recht des Kindes auf Umgang mit anderen Bezugspersonen würde auch mit dem Umgangsausgestaltungsrecht der Eltern (die Personensorge umfasst nach § 1632 Abs. 2 BGB das Recht, den Umgang des Kindes auch mit Wirkung für und gegen Dritte zu bestimmen) kollidieren. Dies könnte dann zu einer zusätzlichen Belastung der Eltern-Kind-Beziehung führen.

F. Reform des Kindesunterhalts

Es bedarf jedoch nicht nur einer grundlegenden Reform des Kindschaftsrechts, sondern es muss auch das Unterhaltsrecht darauf abgestimmt werden. Eine substanzielle Mitbetreuung sollte die Unterhaltslast merklich reduzieren. Es kann deshalb nicht mehr an der pauschalen Unterscheidung eines barunterhaltspflichtigen und eines betreuungspflichtigen Elternteils festgehalten werden.

Seit Jahren sind sowohl Mütter- als auch Väterverbände bemüht, Väter mehr in die Erziehung des Kindes einzubeziehen. Auch aus der Sicht des Gesetzgebers wurden hierfür bereits unterschiedliche Anreize geschaffen, u.a. durch die Einführung des ElterngeldPlus, § 4 Abs 3 BEEG.[585]

§ 1606 Abs. 3 S. 2 BGB, der die Unterhaltspflicht in Betreuungs- und Barunterhaltspflicht unterteilt, passt zu der Lebensrealität bei geteilter Betreuung nicht mehr und steht daher auf dem Prüfstand der aktuellen Diskussion. Die Norm sieht eine „Teilanrechnung" der Betreuungszeiten nicht vor. Es ist für den Fall der geteilten Betreuung klarzustellen, dass der Unterhalt des Kindes von beiden Elternteilen sowohl durch die Pflege als auch die Erziehung erfüllt wird.

Das BMJ hat zum Reformanstoß im August 2023 ein Eckpunktepapier mit einem Berechnungsmodell für das asymmetrische Wechselmodell

---

[584] Ein Eingriff in die allgemeine Handlungsfreiheit dieser Personen (Art. 2 Abs. 1 GG) könnte sich nicht durch eine gegengesetzliche verfassungsrechtliche Pflicht rechtfertigen.

[585] BGBl. 2015 I S. 38.

veröffentlicht und zur Diskussion gestellt. Für die übrigen Betreuungsformen bzw. etwaige Mischformen soll dieses allerdings nicht gelten.[586]

Im Rahmen dieser Arbeit wird eine Regelung vorgestellt, die auf sämtliche Betreuungskonstellationen angewendet werden kann. Mit diesem Vorschlag erübrigt sich auch die kontrovers geführte Diskussion zur Abgrenzungsfrage vom Residenzmodell zum asymmetrischen und schließlich zum symmetrischen Wechselmodell. Eine Übernachtung im Monat mehr soll nicht entscheidungsrelevant sein, ob die Unterhaltspflicht um die Hälfte reduziert ist oder nur ein 15 %iger Abschlag anerkannt wird, und damit zusätzliches Konfliktpotenzial im elterlichen Diskurs bieten.

Zieht man vergleichend die Bedarfsdeckung des Kindes in einer intakten Familie heran, werden dort auch die Eltern nach ihren individuellen Einkommensverhältnissen und Betreuungsmöglichkeiten zur Kindesbetreuung bzw. Ausstattung des Kindes mit den erforderlichen Naturalien beitragen. An dieser grundsätzlichen Einstellung und Bereitschaft zur Arbeitsteilung sollte auch nach der Trennung möglichst festgehalten werden, wenn sich beide Eltern weiterhin engagieren möchten.

1. Das Eckpunktepapier des BMJ zur Reform des Kindesunterhalts

Neben den bereits erwähnten Vorschlägen zum Kindschafts- und Abstammungsrecht hat das BMJ am 24. August 2023 auch Eckpunkte für eine geplante Reform des Kindesunterhaltsrechts veröffentlicht.[587] Das Ministerium bestätigt selbst den erheblichen Reformbedarf des Unterhaltsrechts: „Das Residenzmodell entspricht jedoch nicht der Lebensrealität vieler Familien.“[588]

Mit dem Eckpunktepapier soll im Wesentlichen der Betreuungsaufwand beim asymmetrischen Wechselmodell besser berücksichtigt werden, sodass

---

586 Das BMJ sieht kein Erfordernis, Regelungen zur Unterhaltsberechnung für das paritätische Wechselmodell aufzustellen, da hierfür die Rechtsprechung bereits eine ausreichende Lösung biete, Bundesjustizministerium, Eckpunkte zur Modernisierung des Unterhaltsrechts vom 24. August 2023, S. 5.

587 Bundesjustizministerium, Eckpunkte zur Modernisierung des Unterhaltsrechts vom 24. August 2023.

588 Bundesjustizministerium, Erläuterung zum Eckpunktepapier Kindesunterhalt vom 24. August 2023, S. 2.

ein finanzieller Anreiz für die Übernahme von Betreuungsverantwortung gesetzt wird, wie es im Koalitionsvertrag vereinbart wurde.[589]

In dem Papier wird einheitlich festgelegt, dass ein asymmetrisches Wechselmodell vorliegt, wenn jeder Elternteil zu mehr als 29 % die nächtliche Betreuung der Kinder bis zu einer hälftigen Aufteilung (< 49 %) übernimmt.[590]

Die in der Gerichtspraxis teilweise vorgenommenen ermessensabhängigen Abschläge als Gegenwert für die Übernahme überdurchschnittlicher Betreuungsleistung innerhalb der Düsseldorfer Tabelle können dem Bedürfnis nach Rechtssicherheit nicht ausreichend Rechnung tragen und wirken sich auch nur sehr gering auf den tatsächlichen Zahlbetrag aus (zu der inkonsistenten Rechtsprechung siehe IV. Status quo: Die inkonsistente Rechtspraxis im Zusammenhang mit der geteilten Betreuung). Das Ministerium stellt daher jetzt eine neue Rechenmethode vor, die einen pauschalen Abzug i.H.v. 15 % für den Betreuungsaufwand berücksichtigt. Darüber hinaus anfallender Mehrbedarf soll damit bereits abgegolten sein.

Für das symmetrische Wechselmodell wird seitens des BMJ kein Bedürfnis für eine gesetzliche Vorgabe gesehen. Hierfür soll weiterhin der Rechtsprechung des Bundesgerichtshofes gefolgt werden, die bereits eine *praktikable Lösung* bietet.[591] Dass diese nicht unumstritten ist, wird von dem Ministerium nicht näher kommentiert (zu den unterschiedlichen Berechnungen der einzelnen Betreuungsmodelle vgl. IV. D. Unterhaltsberechnung bei geteilter Betreuung).

Im Übrigen werden noch klarstellende Regeln für die gerichtliche Vertretung des Kindes bei der Durchsetzung des Unterhaltsanspruchs (§ 1629 BGB), die Festsetzung der Selbstbehaltssätze sowie die Angleichung des Betreuungsunterhalts der unverheirateten Eltern an denjenigen der verheiraten Eltern in Aussicht gestellt.[592] Zu den letztgenannten Punkten

---

589 SPD u.a., Mehr Fortschritt wagen – Bündnis für Freiheit, Gerechtigkeit und Nachhaltigkeit, S. 102.

590 Vgl. Bundesjustizministerium, Erläuterung zum Eckpunktepapier Kindesunterhalt vom 24. August 2023, S. 5–6.

591 Bundesjustizministerium, Erläuterung zum Eckpunktepapier Kindesunterhalt vom 24. August 2023, S. 6.

592 Bundesjustizministerium, Eckpunkte zur Modernisierung des Unterhaltsrechts vom 24. August 2023, S. 3-4.

finden sich bislang aber noch keine konkreteren Vorschläge, sodass diese im Rahmen dieser Arbeit nicht weiter thematisiert werden.

a. Anwendungsbereich

Die vorgestellte Berechnungsmethode soll nur für das asymmetrische Wechselmodell gelten, wenn der Mitbetreuungsanteil des nicht hauptsächlich betreuenden Elternteils zwischen 30 und 49 % liegt. Daher stellt sich zuallererst die Abgrenzungsfrage zu den anderen Betreuungsmodellen. Hierfür sollen zukünftig grundsätzlich die Nächte, die das Kind bei einem Elternteil verbringt, relevant sein.[593]

Die Wechsel von einem Haushalt in den anderen finden in der Regel nicht in der Nacht statt, sodass klar abgrenzbare Werte ermittelt werden können. Außerdem beschränkt sich die Verantwortung nicht nur auf die Überwachung während des Schlafens, sondern insbesondere am Morgen trägt der Elternteil auch die Verantwortung, dass das Kind mit allen erforderlichen Utensilien pünktlich bei der Schule/beim Kindergarten etc. ankommt, oder ggf. muss darüber entscheiden, ob das Kind aufgrund einer Erkrankung zu Hause bleibt.

Liegen besondere Umstände vor, soll die Möglichkeit bestehen, dass im Einzelfall von der starren Gegenüberstellung der Nächte abgewichen werden kann, wenn andernfalls der Betreuungsaufwand am Tag nicht ausreichend gewürdigt werden würde.[594] Welche Kriterien das sein sollen, ist allerdings noch offen.

---

593 So wird bspw. bereits in Australien und Großbritannien mit dem Hinweis der besonderen Bedeutung der Übernachtung gerade bei Kleinkindern verfahren. Außerdem könne damit das Stundenzählen vermieden werden, da die nächtliche Betreuungsübernahme so gut wie nie geteilt werde, vgl. Sünderhauf, Wechselmodell, S. 68.Betreuungspläne und Vorlagen für Wechselmodellvereinbarungen -- Anhang Psychologie: 45 psychologische Forschungsstudien zum Wechselmodell -- Anhang Recht: 65 Urteile zum Wechselmodell (Umgangsrecht, elterliche Sorge und Unterhalt

594 Bundesjustizministerium, Erläuterung zum Eckpunktepapier Kindesunterhalt vom 24. August 2023, S. 6–7.

b. Rechenbeispiel

Das Ministerium stellt in sieben Schritten eine beispielhafte Berechnung des Unterhalts bei asymmetrischer Betreuung vor.[595] Diese wird nachfolgend im Wesentlichen wiedergegeben.

(1) Im ersten Schritt soll der Bedarf des Kindes mit Hilfe der Düsseldorfer Tabelle ermittelt werden. Maßgebend ist dafür das Einkommen beider Eltern, aus denen sich die Eingruppierung in die Tabelle bestimmt.

(2) Von dem soeben ermittelten Bedarf wird sodann ein pauschaler Abzug in Höhe von 15 % für die Naturalien, die der Betreuende zusätzlich bereitstellt und die den Hauptbetreuenden entlasten, berücksichtigt. Damit kann auf den Vortrag zu den individuell anfallenden Mehrkosten verzichtet werden.

(3) Dem Prozentsatz von 15 % liegt die Annahme zugrunde, dass typischerweise 45 % des anfallenden Bedarfs durch den Barunterhaltsschuldner im asymmetrischen Wechselmodell während seiner Betreuungszeit abgedeckt werden.[596]

(4) Der individuelle Haftungsanteil ergibt sich nach der bereits gängigen Berechnungsmethode, indem die Einkommen nach Abzug des angemessenen Selbstbehaltes[597] ins Verhältnis zueinander gesetzt werden.

(5) Im vierten Schritt wird der ermittelte Haftungsanteil um den Betreuungsanteil bereinigt. Hierfür wird eine pauschale Aufteilung von $^1/_3$ zu $^2/_3$ für das asymmetrische Wechselmodell vorgesehen. Konkrete Feststellungen zu den konkreten Betreuungsanteilen entfallen damit.

(6) Der modifizierte Haftungsanteil kann dann mit dem modifizierten Bedarf aus Schritt 2 multipliziert werden, sodass sich daraus ein konkreter Geldbetrag ergibt.

(7) Schließlich wird noch das Kindergeld, das an den hauptbetreuenden Elternteil ausgezahlt wird, zur Hälfte zum Abzug gebracht und steht damit auch dem anderen Elternteil hälftig zu.

---

595 Bundesjustizministerium, Berechnungsmodell Kindesunterhalt.

596 Bundesjustizministerium, Erläuterung zum Eckpunktepapier Kindesunterhalt vom 24. August 2023, S. 7.

597 Ist der angemessene Selbstbehalt nicht mehr gedeckt, trifft den anderen Elternteil eine Ausfallhaftung nach § 1603 Abs. 2 S. 3 BGB, der dann für den vollständigen Barunterhalt (reduziert um den 15 %igen Abschlag) aufzukommen hat, vgl. Bundesjustizministerium, Berechnungsmodell Kindesunterhalt, S. 2.

Das BMJ hat dazu das nachfolgende Rechenbeispiel veröffentlicht[598]:

„**Berechnung Kindesunterhalt im asymmetrischen Wechselmodell**

1. **Berechnung, wenn beide Einkommen über dem angemessenen Selbstbehalt (1.650 €) liegen.** Beispiel: Einkommen: A 4.000 €, Einkommen B: 2.000 €, Kind 6 Jahre, B wird das Kindergeld ausgezahlt

Schritt 1: Einkommen A + Einkommen B: 4.000 € + 2.000€ = 6.000 € Düsseldorfer Tabelle: **844 € Kindesbedarf**

Schritt 2: Vom Bedarf werden pauschal 15 % abgezogen. 844 € – (15 % von 844 €; das sind 126,60 €): **717,40 €**

Schritt 3: Berechnung Haftungsanteil nach **feststehender Berechnungsmethode:** (Einkommen A – 1.650 €) / (Einkommen A + B – 3.300 €) (4.000 € – 1.650 €) / (4.000 € + 2.000 € – 3.300 €) 2.350 € / 2.700 € = **0,87**

Schritt 4: (Haftungsanteil nach Schritt 3 (hier 0,87) + **Betreuungsanteil**[599]) / 2
(0,87 + 0,67 = 1,54) / 2 = **0,77**

Schritt 5: Ergebnis aus Schritt 4 multipliziert mit Ergebnis aus Schritt 2
0,77 × 717,40 € = **552,40 €**

Schritt 6: Von dem unter Schritt 5 ermittelten Betrag wird nunmehr das halbe Kindergeld abgezogen. Das Ergebnis ist der Betrag, den der andere Elternteil erhält:
552,40 € – 125 € = **427 €** (*Betrag auf ganze Eurobeträge gerundet*)“

---

598 Bundesjustizministerium, Berechnungsmodell Kindesunterhalt, online abrufbar unter: https://www.bmj.de/SharedDocs/Downloads/DE/Gesetzgebung/Eckpunkte/Eckpunkte_Betreuungsrecht_Anlage-2.pdf?__blob=publicationFile&v=2 (zuletzt aufgerufen am 17. Mai 2024).

599 Der Haftungsanteil wird um den eigenen Betreuungsanteil (des nicht hauptsächlich betreuenden Elternteils) im asymmetrischen Wechselmodell um pauschal 33 % pauschal bereinigt.

2. Anmerkungen aus der Literatur

Immer mehr Stimmen aus der Literatur äußern sich zu dem Eckpunktepapier. Insgesamt wird kritisiert, dass mit dem Vorschlag noch nicht alle Hürden beseitigt werden können. Das Ziel sollte sein, die geteilte Betreuungsformen attraktiver zu machen, die dafür vorgesehenen pauschalen Abzugspositionen sind aber nicht intuitiv verständlich und ihre empirische Grundlage wird nicht näher erläutert.

Exemplarisch werden nachstehend vier Stimmen aufgegriffen, die als Erstes Stellung bezogen haben.

a. Seiler

Seiler stimmt dem Regelungsbedarf bei der Unterhaltsermittlung für das asymmetrische Wechselmodell zu, denn die Herabstufung um eine oder zwei Einkommensgruppen reiche nicht aus, um die *Kluft* zwischen symmetrischem und asymmetrischem Wechselmodell zu schließen.[600] Er gibt aber zu bedenken, dass das BMJ sich nicht nur auf das asymmetrische Wechselmodell beschränken sollte, denn trotz der teilweise gefestigten Rechtsprechung zum symmetrischen Wechselmodell zeigt die Realität große Probleme bei der Umsetzung des hohen Abstimmungsbedarfs.[601]

Die Übernachtungstage zu Bewertung der Betreuungsanteile anzuführen stellt grundsätzlich eine praktikable Lösung dar, wobei *Seiler* vorschlägt, den Anwendungsbereich des asymmetrischen Wechselmodells insgesamt weiter zu fassen und bei einem Mitbetreuungsanteil von 33–55 % in Betracht zu ziehen.[602]

Seines Erachtens ist auch die Anwendung von Pauschalbeträgen für das Massengeschäft der Unterhaltsverfahren erforderlich. Damit könne auf eine konkrete Darlegung des Betreuungsaufwandes verzichtet werden.[603]

Dass die zusammengerechneten Einkommen als Referenzwert für die Düsseldorfer Tabelle angeführt werden, hat der BGH zwar für das symmetrische Wechselmodell begründet und anschließend auch teilweise auf andere Unterhaltskonstellationen übertragen. Es ist aber noch nicht geklärt, ob damit ein allgemeingültiger Weg vorgezeichnet wurde. Hier bittet der Autor um Klarstellung.[604]

---

600 Seiler, FamRZ 2023, 1761, 1761.
601 Seiler, FamRZ. 2023, 1761, 1764–1765.
602 Seiler, FamRZ 2023, 1761, 1764.
603 Seiler, FamRZ 2023, 1761, 1764.
604 Götz/Seiler, FamRZ 2022, 1338, 1339.

Außerdem wird das Kindergeld nach dem Rechenmodell des BMJ erst ganz am Ende bei den individuellen Zahlbeträgen berücksichtigt. Der Autor vermutet, dass damit die hälftige Partizipation am Kindergeld erreicht werden soll.[605] Dies ist in einem konkreten Gesetzesentwurf noch klarzustellen.[606]

b. Maaß

Maaß stimmt ebenfalls dem Reformbedarf zu, da insbesondere bei Einkommensgruppen unterhalb der ersten Stufe eine Herabstufung nicht mehr möglich sei.[607]

Die Kriterien, die neben der Anzahl der Nächte einen Rückschluss auf die Betreuungsanteile zulassen, werden allerdings im Eckpunktepapier nicht näher dargelegt. Es dürften dabei keine sachfremden Erwägungen einbezogen werden, die die Unterhaltsverfahren aufblähen und noch komplexer und streitanfälliger machen. *Maaß* rät daher insgesamt davon ab, Kriterien zur inhaltlichen Gestaltung der Betreuung anzuführen, die ohnehin dem Verantwortungsprimat der Eltern unterliegen und daher jeglicher staatlichen Beurteilung entzogen sind.[608]

Die Einführung eines Pauschalabzugs um 15 % folgt einer neuen Vorgehensweise gegenüber den bisher gängigen Berechnungen bei anderen Betreuungsmodellen. Im Residenzmodell mit „normalem" Umgang wird kein Betreuungsaufwand gegengerechnet und im symmetrischen Wechselmodell ist der Betreuungsaufwand konkret darzulegen.[609]

Maaß weist darauf hin, dass es eigentlich dem Konzept des asymmetrischen Wechselmodells widerspreche, bei dem der hauptsächlich Verantwortliche weiterhin die größeren und länger anhaltenden Anschaffungen allein trägt, wenn der Unterhaltsanspruch auf 85 % reduziert werde. Der Betreuungsaufwand sollte besser vom individuellen Haftungsanteil im Sinne einer Erfüllungsleistung abgezogen werden.[610]

Die Pauschalwerte wurden bislang auch noch nicht begründet. Es wurde zwar eine beispielhafte Aufzählung (Aufwendungen für „*Nahrung, Verkehr, Freizeit*

---

605 Seiler, FamRZ 2023, 1761, 1764.
606 Seiler, FamRZ 2023, 1761, 1769.
607 Maaß, NZFam 2023, 913, 913.
608 Maaß, NZFam 2023, 913, 915.
609 Maaß, NZFam 2023, 913, 916.
610 Maaß, NZFam 2023, 913, 916.

und Bildung")[611] gemacht, diese kann aber nicht abschließend sein und lässt daher einen weiten Interpretationsspielraum zu. Aus der Sicht des Autors sollte das angesetzt werden dürfen, was sich der hauptbetreuende Elternteil konkret einspart.[612] Dies könne damit erreicht werden, dass § 1606 Abs. 3 S. 2 BGB in seiner jetzigen Form abgeschafft wird und eine konkrete Ausgleichspflicht in der Höhe vorgesehen wird, in der die Kinderbetreuung ein Erwerbshindernis darstellt.[613]

c. Obermann

Obermann befürchtet ebenfalls aufgrund der starren Grenzen des Anwendungsbereichs der geplanten neuen Berechnungsmethode ein weiteres Konfliktpotenzial in den Umgangsverfahren um die konkreten Betreuungsanteile.[614]

Die Anwendung von Pauschalbeträgen steht einer einzelfallgerechten Entscheidung auch im Grundsatz entgegen. Jedenfalls müsste der Pauschalabzug – zustimmend zu der Meinung von *Maaß* – als teilweise Erfüllungsleistung von den Haftungsanteilen abgezogen werden und soll nicht den Bedarf reduzieren.[615]

Obermann unterbreitet einen eigenen Vorschlag, mit dem die grundsätzliche Differenzierung von Betreuungs- und Barunterhalt aufgebrochen wird. In der Entscheidung der Eltern, die eigene Arbeitsleistung aufzuwenden und damit ihre Erwerbstätigkeit zurückzustellen oder Dritte dafür zu beauftragen, kann eine Vermögenseinbuße beziffert werden. Zusätzlich konkret vorgetragene Betreuungsaufwendungen können daneben noch als Erfüllungsleistung reduzierend berücksichtigt werden.[616]

Der Kindesunterhalt, der an den betreuenden Elternteil ausgezahlt wird, unterstellt, dass das Geld auch vollständig für die Betreuung aufgewendet wird. Dabei sei es interessensgerechter, wenn das Kind unmittelbar einen Anspruch gegenüber dem jeweils betreuenden Elternteil auf Erfüllung seines Naturalunterhaltes geltend machen kann. An die Stelle des Kindesunterhalts tritt dann ein Ausgleichsanspruch der Unterhaltsspitzen der Eltern, wie er

---

611 Bundesjustizministerium, Eckpunkte zur Modernisierung des Unterhaltsrechts vom 24. August 2023, S. 7.

612 Maaß, NZFam 2023, 913, 916.

613 Maaß, NZFam 2023, 913, 917.

614 Die Eltern werden noch mehr bemüht sein, Kriterien vorzubringen, die einen erhöhten Betreuungsaufwand rechtfertigen sollen.

615 Obermann, FamRZ 2023, 1769, 1770.

616 Obermann, FamRZ 2023, 1769, 1771–1772.

auch beim symmetrischen Wechselmodell besteht.[617] Zwar ist nach diesem Vorschlag ein erhöhter Abstimmungsbedarf der Eltern erforderlich, aufgrund der hohe Flexibilität bei der Festlegung der Betreuungsanteile kann aber die Kompromissbereitschaft der Beteiligten gefördert werden.[618]

d. Witt

Witt befasst sich vor allem mit dem Anwendungsbereich des asymmetrischen Wechselmodells. Die Abgrenzung über die Anzahl der Nächte räumt die oftmals schwierige Zuordnung der Betreuungszeiten am Tag, die zum Großteil auch durch Fremdbetreuungsanteile geprägt sind, aus.[619] Allerdings können die starren Grenzen von 30 und 49 % nicht die Lebensrealität vollständig abdecken. Die Übernahme der Betreuung an jedem zweiten Wochenende von Freitag bis Montag würde bereits zu einem Betreuungsanteil von 29 % führen und damit schon fast eine Kürzung des Unterhaltsanspruchs auslösen. Auf der anderen Seite soll ein Mitbetreuungsanteil in jeder zweiten Woche von Freitag bis Donnerstag noch nicht ausreichen, um gleiche Betreuungsanteile anzunehmen. Damit wird nur ein Mitbetreuungsanteil von 45 % erreicht.

Witt schlägt daher einen größeren Beurteilungsspielraum für das asymmetrische Wechselmodell von 35–45 % des Mit-Betreuungsanteils vor.[620]

Die Komplexität der Unterhaltsberechnung soll die Eltern nicht abschrecken, sich für diese Betreuungsform zu entscheiden. Zum symmetrischen Wechselmodell sehe er, dass dieses Betreuungsmodell aus diesem Grund von den Eltern häufig vermieden werde.[621] Für das asymmetrische Wechselmodell präsentiert *Witt* daher eine kompakte Berechnung in drei Schritten:

Der Kindesbedarf soll sich allein an dem Einkommen des Barunterhaltspflichtigen orientieren. Der Kindesbedarf reduziert sich sodann um den Betreuungsanteil des Mitbetreuenden, wobei *Witt* hierfür einen Pauschalbetrag von 25 % vorsieht. Damit wird eine Herabgruppierung um etwa 5 Einkommensgruppen erreicht, was einen deutlichen Anreiz für die geteilte

---

617 Obermann, FamRZ 2023, 1769, 1772.
618 Obermann, FamRZ 2023, 1769, 1772.
619 Witt, FF 2023, 432, 433.
620 Witt, FF 2023, 432, 433.
621 Witt, FF 2023, 432, 435.

Mitbetreuung setzt. Als dritter und letzter Schritt müsse dann nur noch das hälftige Kindergeld abgezogen werden.[622]

Mit dieser Vorgehensweise werden in etwa gleiche Ergebnisse wie nach dem Vorschlag des Eckpunktepapiers erzielt.[623]

3. Bewertung und Stellungnahme

Das Bedürfnis einer Reform des Kindesunterhaltsrechts ist allgegenwärtig. Nach der aktuellen Gesetzeslage wird der Barunterhaltsschuldner bei geteilter Betreuung stärker belastet als der Betreuungsunterhaltsschuldner.[624] Einen ersten Ansatz liefert das vom BMJ veröffentlichte Eckpunktepapier. Hieran sollte weiter angesetzt werden.

Das veröffentlichte Rechenbeispiel ist noch nicht intuitiv und ohne Begründung nachvollziehbar. Das Ministerium schlägt hierbei einen neuen Weg ein, indem erstmals der Kindesbedarf um einen Pauschalabzug von 15 % reduziert wird. Dies führt dazu, dass zukünftig für jede Betreuungsform individuelle Berechnungen aufzustellen sind, die die Betroffenen dazu motivieren könnten, über die individuellen Betreuungsanteil zu streiten. Von diesem Pauschalabzug kann unter bestimmten Umständen abgewichen werden. Hierfür sollte aber noch eine Konkretisierung erfolgen, damit kein Raum für umfangreiche Diskussionen über das Vorliegen der *besonderen Umstände* geschaffen wird.

Die Unterhaltsberechnung bei symmetrischer Aufteilung der Betreuungsverantwortung ist ebenfalls noch nicht abschließend geklärt, sodass sich die Reform auch hierauf erstrecken sollte. Es hat sich zwar in der Rechtsprechung des BGH eine Unterhaltsberechnung für dieses Betreuungskonzept entwickelt, die vorangegangenen Ausführungen (vgl. IV. D. Unterhaltsberechnung

---

622 Witt, FF 2023, 432, 436–437.

623 Witt, FF 2023, 432, 437.

624 Trotz eines nicht unerheblichen Mitbetreuungsumfangs, der zwar noch nicht die Ausmaße einer paritätischen Betreuung erreicht, aber dennoch einen nicht zu vernachlässigenden Beitrag zur Kinderbetreuung darstellt, ist gleichwohl der Barunterhalt vollständig und allein von einem Elternteil zu tragen. Die von der Rechtsprechung teilweise vollzogene Herabstufung um eine oder zwei Einkommensgruppen innerhalb der Düsseldorfer Tabelle wirkt sich nur in geringem Umfang auf die Unterhaltslast aus; Vgl. Bundesjustizministerium, Eckpunkte zur Modernisierung des Unterhaltsrechts vom 24. August 2023, S. 3.

bei geteilter Betreuung) belegen jedoch, dass auch Argumente gegen diese Rechtsprechung sprechen.

Der Vorschlag des BMJ setzt an die Bedarfssätze der Düsseldorfer Tabelle an. Damit würde eine durch die Rechtsprechung entwickelte Orientierungshilfe, die nicht parlamentarisch legitimiert ist, in Gesetzesform gegossen werden.

Nach den Anmerkungen von *Seiler* und *Witt* kann die pauschale Anerkennung des Mitbetreuungsanteils die Unterhaltsberechnung in der Praxis vereinfachen. Dies sollte allerdings auf zweiter Ebene bei der Ermittlung der Haftungsbeiträge erfolgen, um die Entlastung des überwiegend betreuenden Elternteils abzubilden. Andernfalls reduziere sich der Kindesbedarf. Es überzeugt daher, entsprechend den Vorschlägen von *Maaß* und *Obermann*, die Betreuungsanteile als Erwerbseinbuße zu erfassen, zu der konkret vorzutragen ist.

Nachstehend wird ein eigener Vorschlag präsentiert, der sich zum Teil an den Anregungen von *Maaß* und *Obermann* orientiert.

a. Streichung des § 1606 Abs. 3 S. 2 BGB

Da es nicht überzeugt, für die einzelnen Betreuungsmodelle unterschiedliche Berechnungsmodelle vorzuhalten, ist die Regelung des § 1606 Abs. 3 S. 2 BGB aufzugeben, die sich an dem Residenzmodell orientiert. Entscheiden sich die Eltern zur geteilten Betreuung, könnten sich beide Eltern auf die Ausnahmevorschrift berufen und die Barunterhaltsschuld reduzieren oder insgesamt wegfallen lassen.

Zwar hatte *Maaß* in einem früheren Beitrag noch die Ansicht vertreten, dass mit entsprechender Lesart die Norm auch so verstanden werden kann, dass damit lediglich der betreuende Elternteil von seiner Erwerbsobliegenheit befreit wird.[625] Nach dem historischen Hintergrund der Vorschrift konnte sich die nicht erwerbstätige Mutter darauf berufen, dass sie ihre Unterhaltsbeteiligung bereits durch die Haushaltsführung erfüllt (vgl. § 1360 BGB a.F.). Der ausdrückliche Verweis auf § 1360 BGB a.F. ist mit dem Gesetz zur Angleichung der rechtlichen Stellung der nichtehelichen Kinder zwar weggefallen,[626] an der grundsätzlichen Wertung, dass der

---

625 Maaß, FamRZ 2019, 857, 862.

626 „Mehrere gleich nahe Verwandte haften anteilig nach ihren Erwerbs- und Vermögensverhältnissen. Die Mutter erfüllt ihre Verpflichtung, zum Unterhalt eines minderjährigen unverheirateten Kindes beizutragen, in der Regel durch die Pflege und Erziehung des Kindes", BGBl. 1969 I 1245.

haushaltsführende Elternteil keinen Barunterhalt schuldet, sollte sich dadurch aber nichts ändern.[627]

Es besteht aber auch kein Bedürfnis, an § 1606 Abs. 3 S. 2 BGB festzuhalten. Der Unterhaltsbedarf ergibt sich bereits aus 1610 Abs. 2 BGB, der nach der Grundnorm des § 1606 Abs. 3 S. 1 BGB entsprechend den Erwerbs- und Vermögensverhältnissen zu verteilen ist. Ein daneben noch geleisteter Beitrag zur Kinderbetreuung kann mit dem Vorschlag von *Maaß* und *Obermann* damit berücksichtigt werden, dass die Betreuungsleistung als konkretes Erwerbshindernis bei der Einkommensermittlung der Eltern berücksichtigt wird.

b. Unterhaltsvereinbarung

Die Eltern sollen dazu motiviert werden, einvernehmlich eine Unterhaltsvereinbarung abzuschließen. Die Bereitstellung des Unterhalts ist eng mit der Personensorge (Pflicht zur Pflege und Erziehung des Kindes, § 1631 Abs. 1 BGB) verknüpft und fällt damit in die primäre Verantwortung der Eltern.[628] Für den Ehegattenunterhalt wird in § 1585c BGB explizit vorgesehen, dass die Ehegatten eine Vereinbarung für die Unterhaltspflichten nach der Scheidung ausarbeiten können. Dies lässt sich auf den Kindesunterhalt nach einer Elterntrennung übertragen.

Dem Scheidungsantrag ist nach § 133 Abs. 1 Nr. 2 FamFG ohnehin die Erklärung beizufügen, dass die Unterhaltspflicht des gemeinschaftlichen minderjährigen Kindes geregelt ist. Können die Eltern eine Unterhaltsvereinbarung vorlegen, verkürzt sich damit das Verfahren.

Gesetzlich könnte die Unterhaltsvereinbarung durch eine Klarstellung in § 1610 BGB ergänzt werden und in der Praxis zusammen mit der oben vorgeschlagenen Elternvereinbarung (siehe V. D. Elternvereinbarung) abgeschlossen werden.

c. Richterliches Ermessen

Gelingt es den Eltern nicht, eine wirksame Unterhaltsvereinbarung abzuschließen, müssen die Familienrichter zur Streitbeilegung die Unterhaltslast nach pflichtgemäßem Ermessen festlegen. Dabei soll neben den

---

627 BT-Drs. 5/2370, S. 40.

628 „Zur Verantwortung der Eltern gehört auch, für einen ihrem eigenen Vermögen gemäßen und zugleich angemessenen Unterhalt des Kindes zu sorgen und seine Betreuung sicherzustellen", BVerfG, Urteil vom 6. Februar 2001 – 1 BvR 12/92 –, BVerfGE 103, 89–111, Rn. 50.

Einkommens- und Vermögensverhältnissen der Eltern auch die individuelle Betreuungsleistung Beachtung finden.

Die Betreuungsanteile werden durch die Elternvereinbarung (siehe V. D. Elternvereinbarung) festgelegt, woraus sich nach dem Ausgleich des Kindergeldes die Haftungsbeiträge ermitteln lassen. Konkrete Sachleistungen, die von den Eltern bereitgestellt werden und nachweislich den Kindesbedarf reduzieren, können als Erfüllungsleistung angesetzt werden. Der Ausgleich erfolgt dann im Elternverhältnis. Derjenige mit dem höheren Haftungsbeitrag hat die hälftige Differenz an den anderen Elternteil auszukehren.

Nachfolgend werden die einzelnen Rechenschritte näher erläutert.

aa. Kindesbedarf

Als Referenzwert zur Ermittlung des Kindesbedarfs soll weiterhin die Düsseldorfer Tabelle herangezogen werden. Dabei ist entsprechend der neueren Rechtsprechung des BGH das zusammengerechnete Einkommen beider Elternteile anzusetzen (vgl. hierzu II. B. 3. Bedarf). Es ist davon auszugehen, dass auch der erwerbstätige und hauptsächlich betreuende Elternteil das Kind an seiner eigenen Lebensstellung partizipieren lässt, sodass sich diese mit doppelter Erwerbstätigkeit der Eltern erhöht.[629] Es soll keinen Unterschied machen, ob das Kind in einer intakten Elternbeziehung – hier dürfte es nicht unüblich sein, dass die Eltern über gemeinsame Konten verfügen – oder von den getrenntlebenden Eltern abwechselnd betreut wird. Durch die Trennung der Eltern wird die Lebensstellung des Kindes nicht zwingend beeinflusst, sondern im besten Fall kann der Lebensstandard fortgesetzt werden.[630]

Ferner wird aufgrund der zusammengerechneten Einkommen auch von vornherein eine höhere Tabellenstufe erreicht, die den grundsätzlich eher knapp kalkulierten Kindesbedarf besser gewährleistet.

Beiden Elternteilen ist auch weiterhin ein Selbstbehalt zuzugestehen, der zum Erhalt der eigenen Lebensstellung verbleiben muss. Es darf nicht riskiert werden, dass die Eltern in die Situation der eigenen Bedürftigkeit abrutschen. Es wird dabei zwischen einem angemessenen und einem notwendigen

---

629 Es kann wohl unterstellt werden, dass auch im Residenzmodell der Residenzelternteil seine Betreuung anders gestaltet und auch mal bspw. eine Kultureinrichtung (Zoo, Theater etc.) aufsucht, wenn er über eigenes Einkommen verfügt, vgl. auch Gutdeutsch, FamRZ 2022, 1757, 1758.

630 Borth, FamRZ 2022, 1758, 1759.

Selbstbehalt differenziert, vgl. § 1603 Abs. 1 („angemessener Unterhalt") und Absatz 2 („alle verfügbaren Mittel"). Dabei ist dem Gesetz allerdings nicht zu entnehmen, welche konkreten Beträge den Selbstbehaltssätzen zugrunde liegen. In § 1603 Abs. 2 S. 1, Abs. 1 BGB heißt es vielmehr, dass die Eltern, die in der Lage sind, ohne Gefährdung ihres angemessenen Unterhalts den Kindesunterhalt zu gewähren, *alle verfügbaren Mittel* einzusetzen haben. Zwar ist der notwendige Selbstbehalt nach dem Wortlaut nur gegenüber dem minderjährigen Kind bzw. gegenüber den privilegierten Volljährigen zu berücksichtigen, dies stellt allerdings den Hauptanwendungsfall des Kindesunterhaltsrechts dar. Es stellt sich daher die Frage, ob eine Abstufung von einem *angemessenen* zu einem *notwendigen* Betrag grundsätzlich überhaupt erforderlich ist. Bei der Unterhaltsberechnung des volljährigen, nicht privilegierten Kindes könnte im Zweifelsfall noch eine Korrektur bei der Angemessenheitskontrolle vorgenommen werden.

Im Übrigen tragen die Eltern die finanzielle Verantwortung für ihre Kinder, sodass ihnen auch zugemutet werden kann, alles bis zum eigenen Existenzminimum aufzuwenden.

Das BMJ kündigte an, die Selbstbehaltssätze parallel zur Mindestunterhaltsverordnung als Rechtsverordnung alle zwei Jahre festlegen zu wollen.[631] An diesem Vorschlag sollte das BMJ festhalten. Eine gesetzliche Fixierung der konkreten Beträge wäre sehr unflexibel. Es könnte auf die schwankenden und inflationsbedingten Kostenentwicklungen erst durch ein aufwendiges Gesetzesänderungsverfahren reagiert werden. Die Verordnungslösung ist deutlich flexibler.

Zusätzlicher außergewöhnlicher Mehrbedarf, der regelmäßig anfällt oder einmaliger, unvorhergesehener Sonderbedarf ist von den Eltern konkret vorzutragen. Der Richter hat dann darüber zu entscheiden, ob sich damit der Kindesbedarf als solcher erhöht, da die Beträge nicht durch die Düsseldorfer Tabelle abgedeckt sind. Eine Pauschalerhöhung hierfür vorzusehen, wird der Individualität und den wandelnden Bedürfnissen der Kinder (bspw. Smartphones, Laptops etc.) nicht gerecht.

---

631 Bundesjustizministerium, Erläuterung zum Eckpunktepapier Kindesunterhalt vom 24. August 2023, S. 9.

bb. Kindergeld

Das Kindergeld ist zur Deckung des Barbedarfs des Kindes zu verwenden und reduziert diesen, vgl. § 1612 Abs. 1 S. 1 BGB. Entgegen § 1612b Abs. 1 S. 1 Nr. 1 BGB kann auf die Halbierung verzichtet werden, da mit der hier vorgestellten Berechnungsmethode an späterer Stelle die Betreuungsleistung einkalkuliert wird und somit das Kindergeld anteilig entsprechend berücksichtigt wird. Damit löst sich auch der Streit, ob beim paritätischen Wechselmodell Nummer 1 oder 2 der Vorschrift anzuwenden ist.[632]

cc. Haftungsquote

Der sodann ermittelte bereinigte Kindesbedarf ist auf beide Elternteilen gerecht zu verteilen. § 1606 Abs. 3 S. 1 BGB gibt vor, dass für die anteilige Verpflichtung die Einkommens- und Vermögensverhältnisse entscheidend sind. Ergänzend ist noch auf die Wertung der §§ 1570 Abs. 1 S. 1 und 1615l Abs. 2 S. 3 BGB zurückzugreifen, woraus sich ergibt, dass in den ersten drei Lebensjahren des Kindes regelmäßig keiner Erwerbstätigkeit neben der Kinderbetreuung nachgegangen werden muss.[633] Überobligatorisches Erwerbseinkommen kann der Richter daher aus der Unterhaltsberechnung ausklammern.[634]

Die Einkommenspositionen werden einander gegenübergestellt und daraus eine Quote gebildet [Haftungsquote 1].

Um aber zugleich auch einen Anreiz für die Übernahme von Betreuungsverantwortung zu schaffen und die Betreuungsleistung zu honorieren, sind in einem zweiten Schritt die Betreuungsanteile darzulegen. Dafür haben die Eltern den Familienrichtern konkret vorzutragen, in welcher Höhe sie eine monatliche Erwerbseinbuße aufgrund der Kinderbetreuung erleiden. In diesem Zusammenhang ist die Elternvereinbarung dem Gericht vorzulegen, aus der sich die individuellen Betreuungsanteile ergeben. Aus der Gegenüberstellung der jeweiligen Erwerbseinbuße ist dann eine zweite Haftungsquote zu ermitteln. Der individuelle Haftungsanteils des Einkommens

---

632 Damljanovic, Das Wechselmodell, S. 162–163.

633 Erhält die Mutter bspw. eine Unterhaltszahlung vom Vater des gemeinsamen Kindes aus § 1615l BGB, ist dieser Betrag als ihr Einkommen anzusetzen.

634 Vgl. so auch Maaß, FamRZ 2019, 857, 861.

[Haftungsquote 1] ist durch den Betreuungsanteile [Haftungsquote 2] des jeweils anderen Elternteils zu bereinigen.[635]

Besteht ein erhebliches Einkommensgefälle zwischen den Eltern, sodass für den Betreuungsanteil des geringer verdienenden Elternteils ein deutlich geringerer Wert als Erwerbseinbuße angesetzt werden müsste, ist ein Elternteil nicht erwerbstätig oder liegt faktisch keine Erwerbseinbuße vor, da der Elternteil seiner Erwerbstätigkeit neben der Kinderbetreuung (durch bspw. Nachtarbeit, während das Kind schläft) nachkommen kann, soll der Familienrichter nach billigem Ermessen und einer Abwägung der Gesamtumstände einen Wert festsetzen. Der Elternteil, der sich hierauf beruft, hat die entsprechenden Gründe vorzutragen.

Der Durchschnittswert der jeweiligen Haftungsquoten mit dem Kindesbedarf ergibt den individuellen Haftungsbeitrag. Dies folgt daraus, dass die Elternteile nach diesem Modell gemeinsam für den Unterhalt aufzukommen haben.

Das nachfolgende Beispiel soll diesen Rechenschritt noch einmal veranschaulichen.

ET[636] 1 verfügt über ein Einkommen von **3.000 EUR**, ET 2 bekommt **1.800 EUR.** Zu den individuellen Einkommenseinbußen belegt ET 1 mittels der Elternvereinbarung, dass aufgrund der Kinderbetreuung **500 EUR** weniger verdient werden, ET 2 **800 EUR.** Daraus ergibt sich die folgende Berechnung:

	ET 1	ET 2
Haftungsquote 1 |Einkommensverhältnis|:	3.000 EUR/4.800 EUR = 0,625	1.800 EUR/4.800 EUR = 0,375
Haftungsquote 2 |Betreuungsverhältnis|:	500 EUR/1.300 EUR = 0,385	800 EUR/1.300 EUR = 0,615
Ergebnis:	0,625 + (1-0,385) = 1, 24 1,24/2 = **0,62**	0,375 + (1-0,615) = 0,76 0,76/2 = **0,38**

Damit hat ET 1 **0,62** und ET 2 **0,38** des Kindesbedarfes als individuellen Haftungsbeitrag zu leisten.

---

635 Dies erfolgt durch folgenden Rechenschritt: Haftungsquote 1 + (1- Haftungsquote 2).

636 ET steht für Elternteil.

Fällt ein Elternteil mangels Leistungsfähigkeit aus, muss der andere Elternteil auch weiterhin allein für den Kindesbedarf aufkommen, § 1607 Abs. 1 BGB. Im Rahmen der Elternvereinbarung kann aber vorgesehen werden, dass der ausfallende Elternteil einen größeren Anteil der Betreuungsverantwortung zu übernehmen hat. Ebenso kann vereinbart werden, dass die ungenügende Wahrnehmung der Elternverantwortung durch eine Reduktion der Erwerbseinbuße sanktioniert wird.

Konkret dargelegte Beiträge, die den Kindesbedarf reduzieren (z.B., wenn ein Elternteil allein für die Kosten des Musikunterrichts aufkommt), können den Haftungsbeitrag i.S. einer Erfüllungsleistung nach § 362 Abs. 1 BGB reduzieren. Dies allerdings maximal bis zur Höhe des insgesamt geschuldeten Betrages, um nicht den Bedarf des Kindes zu gefährden.

Wird der individuelle Haftungsbeitrag regelmäßig überschritten, kann dies als Indiz angesehen werden, dass evtl. Mehr- oder Sonderbedarf angefallen ist, der nicht ausreichend durch den Tabellenwert abgedeckt wird. Mehr- und Sonderbedarfspositionen können den Kindesbedarf nach konkretem Vortrag erhöhen.

Leistungen, die keinen konkreten Beitrag zum Kindesbedarf erfüllen (z.B. ein nicht erforderliches Zweithandy), rechtfertigen keine Erfüllungswirkung, sondern sind als *freiwillige Leistungen* nicht zu berücksichtigen.[637] Damit sollen sich die Eltern nicht ungerechtfertigt wechselseitig belasten können.

dd. Ausgleichsanspruch

Die Haftungsbeiträge sind einander gegenüberzustellen, sodass derjenige mit dem höheren Haftungsbeitrag die halbe Differenz an den anderen Elternteil auszugleichen hat. Der Unterhaltsanspruch wandelt sich damit in einen familienrechtlichen Ausgleichsanspruch der Eltern um, der von dem Anspruchsberechtigten geltend gemacht werden kann.[638]

Das Kind hat hingegen einen Anspruch auf Erfüllung seines Naturalunterhalts gegenüber dem jeweils betreuenden Elternteil.

---

637 OLG Schleswig, Beschluss vom 23. Dezember 2013 – 15 UF 100/13 –, FamRZ 2014, 1643, 1644.

638 BGH, Urteil vom 26. April 1989 – IVb ZR 42/88 –, NJW 1989, 2816, 2817 m.w.N.

Aufgrund des sich mit zunehmendem Alter reduzierenden Betreuungsbedarfs kann der Richter vorsehen, dass entweder nach Ablauf einer konkreten Zeitspanne die Unterhaltsberechnung wiederholt werden muss oder wenn bereits abzusehen ist, dass in naher Zukunft ein geringerer Betreuungsaufwand anfällt und die Erwerbspflicht daher steigt, kann dies ebenfalls bereits einkalkuliert werden und ein weiteres Verfahren vermeiden.

4. Ergebnis

Mit dem hier vorgeschlagenen Modell lässt sich in wenigen Schritten der Unterhaltsanspruch für alle Betreuungskonstellationen (auch etwaige Mischformen) ermitteln. Die Berechnung knüpft außerdem an die Elternvereinbarung aus dem Kindschaftsrecht an (siehe hierzu V. D. Elternvereinbarung) und schafft es so, ein abgestimmtes Gesamtkonzept für Trennungsfamilien bereitzustellen.

Für die Unterhaltsfestsetzung wird dem Richter ein weites, aber pflichtgemäß auszufüllendes Ermessen eingeräumt, mit dem er die individuellen Einzelfälle lösungsorientiert entscheiden kann. Er hat die konkreten Einkommens- und Betreuungsverhältnisse festzustellen, die sich aus der Elternvereinbarung ergeben. Die Zuweisung der Betreuungskompetenzen lassen einen Rückschluss auf ein etwaiges Erwerbshindernis zu, welches als zweite Bezugsgröße zur Ermittlung der Haftungsquote dem Einkommen gegenüberzustellen ist.

Das Kind soll den Naturalunterhalt gegenüber dem jeweils betreuenden Elternteil geltend machen können. Gerade im Säuglings- oder Kleinkindalter kann das Kind mit dem Barunterhalt in monetärer Form regelmäßig nichts anfangen, sondern hat ein Interesse daran, dass sein Bedarf gedeckt wird. Hierbei kann erneut die Parallele zum Kind in der intakten Familie gezogen werden, dass ebenfalls nur die Deckung des sächlichen Bedarfs von seinen Eltern verlangen kann.

Der Ausgleich findet im Elternverhältnis als familienrechtlicher Ausgleichsanspruch statt. Dabei können die konkreten Erfüllungsleistungen, die den Bedarf reduzieren, angeführt werden. Die Eltern haben aber vorher festzulegen, welche Anschaffungen von wem zu tätigen sind, damit sie nicht als *freiwillige Leistung* unberücksichtigt bleiben.

Kommt ein Elternteil seiner Verantwortung nicht nach oder hält sich nicht an die Vereinbarung, kann dem flexibel über die Komponente der

Erwerbseinbuße begegnet werden. Dies setzt zugleich einen Anreiz zur tatsächlichen und pflichtgemäßen Wahrnehmung der Elternverantwortung.

Eine Regelung, die all diese Aspekte aufgreift, könnte als Ergänzung zu der jetzigen Fassung des § 1610 BGB wie folgt aussehen:

„§ 1610 Maß des Unterhalts

(1) [1]Das Maß des zu gewährenden Unterhalts bestimmt sich grundsätzlich nach der Lebensstellung des Bedürftigen (angemessener Unterhalt). [2]Verfügt der Unterhaltsberechtigte nicht über eigenes Einkommen oder ausreichendes Vermögen, um für seine Lebensstellung selbst aufzukommen, leitet sich der Unterhaltsbedarf nach derjenigen der Eltern ab.

(2) Der Unterhalt umfasst den gesamten Lebensbedarf einschließlich der Kosten einer angemessenen Vorbildung zu einem Beruf, bei einer der Erziehung bedürftigen Person auch die Kosten der Erziehung.

(3) [1]Die Unterhaltsverpflichteten können einvernehmlich eine Vereinbarung darüber treffen, auf welche Art und für welche Zeit im Voraus der Unterhalt gewährt wird, sofern auf die Belange des Kindes die gebotene Rücksicht genommen wird und die gesetzlichen Grenzen nicht überschritten werden (Unterhaltsvereinbarung). [2]Bei fehlender oder ungenügender Einigung legt das Familiengericht nach pflichtgemäßem Ermessen die individuellen Unterhaltslasten fest.“

Die für die Ermessensentscheidung relevanten – siehe oben (unter V. D. 1. c. Entscheidungsparameter) – Erwägungen sollen nicht im Gesetz festgeschrieben werden, um keine Entscheidung vorzuprägen. Diese dienen aber dem Richter als Orientierungshilfe für seine Ermessensentscheidung.

Es bietet sich an, die Erwägungen in den Leitlinien der Oberlandesgerichte zu ergänzen. Diese legen bereits heute Richtlinien zur Festsetzung des Unterhaltsanspruchs fest.

G. Zusammenfassung Kapitel 5

- Dem Familienrecht sollte durch eine Neuausrichtung begegnet werden, um die zentrale Bedeutung des Kindeswohlprinzips für das gesamte Familienrecht in den Fokus zu rücken. Dafür wird vorgeschlagen, eine Eingangsvorschrift hierzu in das Gesetz aufzunehmen. Als weitere Änderung wird noch angeregt, den Kindesunterhalt im Anschluss an das Kindschaftsrecht einzufügen, da die Betreuungsaufteilung Einfluss auf die Unterhaltsbestimmung nimmt.

- Zur Stärkung der Kinderrechte soll in einer Vorschrift ein Orientierungsrahmen vorgegeben werden, der v.a. die Achtung des Kindeswillens festschreibt und die Gewaltschutzelemente, die bereits im Zuge der Reform des Vormundschaftsrechts auch zu einer Veränderung des § 1631 Abs. 2 BGB geführt haben, nochmals aufgreift. In diesem Kontext kann auch das Recht des Kindes auf Kontakt zu seinen Eltern sowie auf den Umgang zu sonstigen Bezugspersonen festgeschrieben werden. Ein konkreter Formulierungsvorschlag findet sich oben (V. B. 5. Ergebnis).
- Den Überlagerungen des Sorge- und Umgangsrechts kann damit begegnet werden, dass das Sorgerecht grundsätzlich abschließend die elterlichen Befugnisse sowie deren Ausübung regelt und das Umgangsrecht auf die nicht sorgeberechtigten Bezugspersonen des Kindes beschränkt wird.
- Nach der aktuellen Gesetzeslage muss der nichtverheiratete Vater, der nicht die Zustimmung der Mutter zur Begründung des gemeinsamen Sorgerechts erhält, das Familiengericht einschalten und das gemeinsame Sorgerecht erstreiten. Dies benachteiligt ihn gegenüber dem verheirateten Vater, der automatisch (*ex lege*) mit der Geburt des Kindes das gemeinsame Sorgerecht zusammen mit der Mutter hat.
  Das gemeinsame Sorgerecht sollte daher auch bei den unverheirateten Eltern ab Anerkennung oder Feststellung der rechtlichen Vaterschaft gelten, um dem Regelfall, der grundsätzlichen Erziehungsfähigkeit beider Eltern, am besten zu entsprechen. Falls im Einzelfall aus Kindeswohlaspekten doch Bedenken gegen das gemeinsame Sorgerecht aufkommen, besteht nach wie vor die Möglichkeit des § 1671 Abs. 1 S. 2 Nr. 2 BGB: Jeder Elternteil kann beantragen, dass ihm das Sorgerecht allein übertragen wird.
- Den Eltern ist im Rahmen ihrer vorrangigen Elternautonomie (Art. 6 Abs. 2 S. 1 GG) das Recht einzuräumen, einvernehmlich eine Elternvereinbarung auszugestalten. Hierbei sind sie grundsätzlich frei in der Ausgestaltung. Als Orientierungsrahmen dienen die Kriterien des Kindeswohls, die mit den Erkenntnissen aus der Wissenschaft und Rechtsprechung als Regelkatalog in das Gesetz aufzunehmen sind.

Es können die Betreuungszeiten und Kompetenzen unter den Eltern aufgeteilt werden. Die starre Einordnung in Betreuungsmodelle kann damit aufgegeben werden.
Zu den formalen Anforderungen sind keine zu hohe Hürden vorgesehen, sodass nach Abwägung mit dem Schutzgedanken und der Beweisfunktion die Textform ausreicht. Vor Ablauf eines Monats soll kein Elternteil die gerichtliche Anordnung beantragen können. Damit soll den Eltern zum einen ausreichend Zeit zur Verhandlung eingeräumt werden, aber auf der anderen Seite auch kurzfristig klare Verhältnisse geschaffen werden, sodass sich v.a. das Kind rasch auf die neuen Lebensbedingungen einstellen kann.
Schließlich sollte noch vorgesehen werden, dass die Vereinbarung nach Ablauf einer gewissen Frist oder bei Änderung der Umstände evaluiert wird.

- Können sich die Eltern nicht oder nicht in der vorgesehenen Zeit über eine Elternvereinbarung einigen, soll jeder Elternteil bei den Familiengerichten eine klärende gerichtliche Anordnung beantragen können. Das Gericht hat parallel zu § 1671 Abs. 1 S. 2 Nr. 2 BGB diejenige Entscheidung zu treffen, die am besten dem Kindeswohl entspricht.
- Die Änderung einer bereits abgeschlossenen Betreuungsvereinbarung kann nur durch eine Änderungsentscheidung des Gerichts nach Maßgaben des § 1696 Abs. 1 BGB erfolgen, wobei bei einer einvernehmlichen Änderung die Beweiserleichterung eintritt, dass ein triftiger Grund vorliegt.
- Ein Restanwendungsbereich des Umgangsrechts verbleibt noch für die sonstigen Bezugspersonen und Elternteile, denen das Sorgerecht entzogen wurde. Sie sollen die Alleinentscheidung für Angelegenheiten der tatsächlichen Betreuung haben, dürfen sich dabei aber nicht über Vorgaben der Sorgerechtsinhaber hinwegsetzen.
- Das Unterhaltsrecht soll künftig an das Kindschaftsrecht anknüpfen und für alle Betreuungsformen das gleiche Berechnungsmodell angewendet werden können.
- Primär sind die Eltern zum Abschluss einer Unterhaltsvereinbarung zu motivieren. Schließen sie keine ab, wird den Familiengerichten ein weites Ermessen eingeräumt, die individuelle Unterhaltslast interessengerecht zu verteilen. Dabei sind neben den Einkommens- und

Vermögensverhältnissen als weiterer Faktor die individuellen Betreuungsleistungen einzubeziehen. Die Eltern sollen damit zur Übernahme von Betreuungsverantwortung motiviert werden.
§ 1606 Abs. 3 S. 2 BGB ist in seiner jetzigen Form restlos zu streichen und dafür einheitlich das Maß des Unterhalts in § 1610 BGB zu regeln. Die neben der Einkommenssituation haftungsbestimmende Betreuungsverteilung wird in Form eines Erwerbshindernisses berücksichtigt. Stehen die individuellen Haftungsbeiträge fest, hat derjenige Elternteil mit dem höheren Haftungsbeitrag die hälftige Differenz auszugleichen.

VI. Zusammenfassung der Kernthesen

Wie die Ausführungen zeigen, besteht ein allgemeiner Konsens, dass das Familienrecht in seiner jetzigen Fassung nicht mehr die Lebensrealität vollständig abbildet. Moderne Familienformen sollen nicht mehr in das „enge Korsett" einer starren Rollenverteilung, bei der es einen hauptsächlich betreuenden Elternteil (historisch geprägt in der Regel die Mutter) und einen „Bezahl-Elternteil" gibt, gedrängt werden. Die Gleichberechtigung der Elternteile erfordert es, dass zumindest die Voraussetzungen geschaffen werden, dass beiden gleichermaßen die Teilhabe am Berufs- und Privatleben gewährleistet wird.

Die aktuelle Gesetzeslage bildet dies nicht ab (vgl. hierzu die Ausführungen unter II. De lege lata: Die aktuelle Gesetzeslage zum Kindschafts- und Kindesunterhaltsrecht). U.a. in § 1687 Abs. 1 S. 2 BGB wird deutlich, dass die Annahme zugrunde liegt, dass sich das Kind nach dem Getrenntleben der Eltern, bei einem Elternteil gewöhnlich aufhält. Dies führt insbesondere im Unterhaltsrecht zu Problemen, da hier ebenfalls in § 1606 Abs. 3 S. 2 BGB vorgesehen ist, dass das Kind einen hauptbetreuenden Elternteil hat, der durch die Pflege und Erziehung bereits seinen Beitrag zum Unterhalt leistet.

Interdisziplinäre Untersuchungen aus den Bereichen der Rechtswissenschaften, Psychologie und Soziologie zeigen, dass eine Einbeziehung beider Elternteile in die Kinderbetreuung nach einer Trennung oder Scheidung nicht nur deeskalierend im Elternkonflikt, sondern auch zur Stärkung des Kindeswohls beitragen kann. Es entspricht i.d.R. dem Gerechtigkeitsempfinden der Kinder, keinen Elternteil zurückdrängen zu müssen. Aus der Sicht der Eltern sollte nicht im Vordergrund stehen, eine Machtposition durchzusetzen, sondern sie sind dazu zu motivieren, kooperativ zusammenzuarbeiten (zum Wechselmodell als Betreuungsalternative siehe III. Das *Wechselmodell*: Die Betreuungsalternative für moderne Familien?).

Insbesondere der unverheiratete Vater tritt in eine nachgelagerte Stellung gegenüber der Mutter und muss sich gegenwärtig das Sorgerecht aktiv - nach einer der Möglichkeiten des § 1626a Abs. 1 BGB - übertragen lassen (vgl. II. A. 2. b. Sorgerechtsinhaber). Damit wird ein familienrechtliches Verfahren provoziert, das die gewünschte paritätische Zusammenarbeit (§ 1627 BGB) belastet.

Die regierenden Parteien haben sich schon mehrfach in ihren Koalitionsvereinbarungen darauf verständigt, dass eine Reform des Familienrechts angezeigt ist. Eine Umsetzung blieb trotz konkreter Vorschläge der einberufenen Arbeitsgruppen und unzähligen Beiträgen aus der Literatur bislang aber aus (siehe I. A. Politische Entwicklung).

Dies stellt die Rechtsprechung vor erhebliche Herausforderungen, die bislang die Gesetzeslage zum Residenzmodell modifizieren und auf die geteilten Betreuungsformen anwenden muss. Der BGH geht teilweise sogar so weit, dass er das paritätische Wechselmodell auch gegen den Willen eines Elternteils anordnet. Dies führt zu erheblicher Kritik in der Literatur, aber auch zu Unstimmigkeiten zwischen den Instanzen und Gerichtsbezirken (vgl. IV. Status quo: Die inkonsistente Rechtspraxis im Zusammenhang mit der geteilten Betreuung).

Die Verantwortung liegt bei dem Gesetzgeber, einen verbindlichen Rahmen zu schaffen.

Ein erster Schritt auf dem Weg zu einer Reform sind die kürzlich veröffentlichten Eckpunktepapiere des Bundesjustizministeriums (die Eckpunktepapiere sind im Anhang abgedruckt). Das Ministerium gibt zu erkennen, dass es Änderungen im Abstammungs-, Kindschafts- und Unterhaltsrecht für erforderlich hält. Dabei soll das Recht des Kindes gestärkt werden und insbesondere für das Unterhaltsrecht wird bereits ein konkretes Berechnungsbeispiel für den Kindesunterhalt bei asymmetrischer Betreuung vorgestellt. Dieses bietet Raum für eine erste Diskussionsgrundlage. Es haben sich bereits einige Stimmen in der Literatur zu den Vorschlägen geäußert, die oben (V. F. 2. Anmerkungen aus der Literatur) erörtert werden.

Nach der hier vertretenen Auffassung ist zwar vorrangig, die Elternautonomie weiter aufrechtzuhalten und diese zum Abschluss einer Elternvereinbarung mit interessengerechter Verantwortungsaufteilung zu motivieren, zugleich sollte aber im Sinne einer raschen Streitbeilegung, den Familiengerichten die Befugnis eingeräumt werden, bei mangelnder Einigung eine Betreuungsorganisation vorgeben zu können (vgl. hierzu V. D. 3. Gerichtliche Anordnung).

An die Betreuungsvereinbarung kann dann grundsätzlich die Unterhaltsverteilung anschließen, bei der die individuelle Betreuungsleistung als Einkommenseinbuße ermittelt wird. Ganz nach dem Motto: *Kindschaftsrecht und Kindesunterhaltsrecht aus einem Guss.*

Gelingt es den Eltern nicht, eine Unterhaltsvereinbarung auszuhandeln, ist diese vom Familienrichter zu ersetzen. Ein Berechnungsvorschlag der individuellen Haftungsanteile am Kindesunterhalt findet sich oben (V. 3 Richterliches Ermessen).

Im Hauptteil dieser Arbeit wurde eine Analyse zu dem Reformbegehren vorgenommen, die mit konkreten Lösungsvorschlägen endet. Diese sehen zusammengefasst vor, dass

1. eine Neustrukturierung vorgesehen wird, die das Kindeswohl als Leitmodell hervorhebt und aus der Struktur hervorgeht, dass das Unterhaltsrecht an das Kindschaftsrecht anknüpft.
2. die Elternautonomie gestärkt wird, indem es vorrangig den Eltern überlassen werden soll, eine Elternvereinbarung abzuschließen, mit der sie ihre individuellen Betreuungsanteile regeln können.
3. mangels einer Einigung der Eltern das Gericht eine Betreuungsvereinbarung im Wege eines sorgerechtlichen Verfahrens anordnen kann. Diese Möglichkeit ist der Übertragung des alleinigen Sorgerechts vorzuziehen und soll sich ebenfalls an dem Maßstab des § 1671 Abs. 1 S. 2 Nr. 2 BGB orientieren (insbes. am Kindeswohl – das Gericht hat diejenige Entscheidung zu treffen, die dem Wohl des Kindes am besten entspricht).
4. das gemeinsame Sorgerecht der Eltern als Regelfall unabhängig davon vorgesehen wird, ob die Eltern verheiratet sind oder nicht. Damit wird der Vater auch ohne „Trauschein" von vornherein in die Verantwortung genommen.
5. im Unterhaltsverfahren die Eltern ebenfalls primär zum Abschluss einer Vereinbarung motiviert werden. Kommt keine Einigung zu Stande, soll der Richter nach pflichtgemäßem Ermessen die Unterhaltslast festlegen können. Er hat dabei neben der individuellen Einkommenssituation auch

den jeweiligen Betreuungsanteil in Form einer Einkommenseinbuße als zweiten Faktor einzukalkulieren.

6. die Leitlinien zur Düsseldorfer Tabelle, die als Bewertungsgrundlage dienen, noch konkretisiert werden. Es soll deutlicher hervorgehen, welche Annahmen der Berechnung zugrunde liegen, welche Abzugsposten angesetzt werden können, was bereits in den Bedarfssätzen eingepreist ist und was zusätzlich noch beantragt werden kann.
7. die Differenz der Unterhaltsspitzen innerhalb der Eltern in Form eines familienrechtlichen Ausgleichsanspruches ausgeglichen wird, damit das Kind von jedem Elternteil die Erfüllung seines Bedarfs verlangen kann und beiden die gleichen wirtschaftlichen Verhältnisse zur Verfügung stehen.

Mit diesem Vorschlag wird neben den sowieso schon aufgezeigten Vorteilen v.a. dem kindlichen Interesse nach einem harmonischen Zusammenwirken der Eltern nachgekommen. Damit besteht zumindest die Aussicht, die Belastungen des Kindes im Zusammenhang mit der Elterntrennung nicht durch zusätzliches Konfliktpotenzial aufzuladen.

Literaturverzeichnis

Arbeitsgruppe: „Sorge- und Umgangsrecht, insbesondere bei gemeinsamer Betreuung nach Trennung und Scheidung“, Thesen der Arbeitsgruppe, FamRZ 2019, 1986–1988

Balomatis, Argiris, Das Wechselmodell in Europa, NZFam 2016, 833–836

Bausch, Eva Maria / Seiler, Christian / Gutdeutsch, Werner, Die unterhaltsrechtliche Abrechnung des Wechselmodells, FamRZ 2012, 258–261

Bergström, Malin / Fransson, Emma / Modin, Bitte / Berlin, Marie / Gustafsson, Per A. / Hjern, Anders, Fifty moves a year: is there an association between joint physical custody and psychosomatic problems in children?, JECH 2015, 769–774

Berufsverband Deutscher Psychologinnen und Psychologen, Schriftliche Stellungnahme für die öffentliche Anhörung im Rechtsausschuss zum Thema „Wechselmodell als Regelfall“ am 13. Februar 2019, online abrufbar unter https://www.bundestag.de/resource/blob/592784/e1998fb7b1e50e74afeaf2796a29e1b6/kannegiesser_bdp_dgps-data.pdf (zuletzt aufgerufen am 10. Mai 2024)

Beschlüsse der Abteilung Familienrecht des 72. Deutschen Juristentags, Gemeinsam getragene Elternverantwortung nach Trennung und Scheidung – Reformbedarf im Sorge-, Umgangs- und Unterhaltsrecht?, FamRZ 2018, 1732–1735

Bock, Tamara von, Das elterliche Recht auf körperlichen Zugriff, Frankfurt am Main / Berlin / Bern / Wien, 2011

Born, Winfried, Wechselmodell gegen den Willen des anderen Elternteils – geht das, und ist das sinnvoll?, NZFam 2022, 821–826

Borth, Helmut, Plädoyer für eine sachliche Auseinandersetzung mit der „neueren Rechtsprechung“ des BGH, FamRZ 2022, 1758–1759

Bovenschen, Ina / Spangler, Gottfried, Besondere Kenntnisse der am Kindschaftsverfahren Beteiligten über frühkindliche Bindungen, NZFam 2014, 900–906

Bowlby, John, Elternbindung und Persönlichkeitsentwicklung: therapeutische Aspekte der Bindungstheorie, Heidelberg 1995

Bowlby, John, Frühe Bindung und kindliche Entwicklung, 4. Auflage, München / Basel 2001

Brand, Oliver, Grundfragen der Rechtsvergleichung – Ein Leitfaden für die Wahlfachprüfung, JuS 2003, 1082–1091

Bundesministerium für Justiz, Ein faire Unterhaltsrecht für Trennungsfamilien: Eckpunkte des Bundesministeriums für Justiz zur Modernisierung des Unterhaltsrechts, online abrufbar unter: https://www.bmj.de/SharedDocs/Downloads/DE/Gesetzgebung/Eckpunkte/Eckpunkte_Unterhaltsrecht.pdf?__blob=publicationFile&v=2 (zuletzt aufgerufen am 17. Mai 2024)

Bundesministerium für Justiz, Eckpunkte des Bundesministeriums für Justiz zur Reform des Abstammungsrechts, online abrufbar unter: https://www.bmj.de/SharedDocs/Downloads/DE/Themen/Nav_Themen/240115_Eckpunkte_Abstammungsrecht.pdf?__blob=publicationFile&v=2 (zuletzt aufgerufen am 17. Mai 2024)

Bundesministerium für Justiz, Eckpunkte des Bundesministeriums für Justiz für eine Reform des Kindschaftsrechts: Modernisierung von Sorgerecht, Umgangsrecht und Adoptionsrecht, online abrufbar unter: https://www.bmj.de/SharedDocs/Downloads/DE/Themen/Nav_Themen/240115_Eckpunkte_Kindschaftsrecht.html?nn=110490 (zuletzt aufgerufen am 17. Mai 2024).

Bundesagentur für Arbeit, Empfängerquoten der Leistungen nach dem SGB II nach Typ der Bedarfsgemeinschaft 2022, Duisburg-Essen 2023

Bundesministerium für Familie, Senioren, Frauen und Jugend, Wenn aus Liebe rote Zahlen werden – über die wirtschaftlichen Folgen von Trennung und Scheidung, online abrufbar unter: https://www.bmfsfj.de/resource/blob/100940/9f71853c9e223e9c7dda9096ccf33702/wenn-aus-liebe-rote-zahlen-werden-data.pdf (zuletzt aufgerufen am: 10. Mai 2024)

Campbell, Claudia, Vereinbarungen der Eltern zum Kindesunterhalt, NJW-Spezial 2023, 388–389

CDU / CSU und SPD, Deutschlands Zukunft gestalten, Koalitionsvertrag der 18. Legislaturperiode, online abrufbar unter: https://www.bundestag.de/resource/blob/194886/696f36f795961df200fb27fb6803d83e/koalitionsvertrag-data.pdf (zuletzt aufgerufen am 30. April 3024)

CDU / CSU und SPD, Ein neuer Aufbruch für Europa; Eine neue Dynamik für Deutschland; Ein neuer Zusammenhalt für unser Land, Koalitionsvertrag der 19. Legislaturperiode, online abrufbar unter: https://www.bundestag.de/resource/blob/543200/9f9f21a92a618c77aa330f00ed21e308/kw49_koalition_koalitionsvertrag.pdf (zuletzt aufgerufen am 30. April 2024)

Coester, Michael, Das Kindeswohl als Rechtsbegriff: die richterliche Entscheidung über die elterliche Sorge beim Zerfall der Familiengemeinschaft, Frankfurt am Main 1983

Coester, Michael, Nichteheliche Elternschaft und Sorgerecht, FamRZ 2007, 1137–1145
DFGT e.V., 16. Deutscher Familiengerichtstag vom 14. bis 17. September 2005 in Brühl, Bielefeld 2006 (zitiert: Bearbeiter in: 16. DFGT)
DFGT e.V., 21. Deutscher Familiengerichtstag vom 21. bis 24. Oktober 2015 in Brühl, Bielefeld 2016 (zitiert: Bearbeiter in: 21. DFGT)
DJT, Gemeinsam getragene Elternverantwortung nach Trennung und Scheidung – Reformbedarf im Sorge-, Umgangs- und Unterhaltsrecht?, Bd. 1 / Teil: B Gutachten zum 72. DJT, München 2018 (zitiert: Bearbeiter in: Gutachten zum 72. DJT)
DJT, Gemeinsam getragene Elternverantwortung nach Trennung und Scheidung – Reformbedarf im Sorge-, Umgangs- und Unterhaltsrecht? Bd. 2 / Teil 1: Verhandlungen des 72. DJT, München 2018 (zitiert: Bearbeiter in: Verhandlungen des 72. DJT)
Coester-Waltjen, Dagmar / Lipp, Volker / Reuß, Philipp / Schumann, Eva / Veit, Barbara (Hrsg.), Kindgerechte Verfahren – Anspruch und Wirklichkeit in Kindschaftssachen: 18. Göttinger Workshop zum Familienrecht 2021, Göttingen 2022 (zitiert: Bearbeiter in: 18. Göttinger Workshop zum Familienrecht 2021)
Coester-Waltjen, Dagmar / Lipp, Volker / Schumann, Eva / Veit, Barbara (Hrsg.), Reformbedarf im nichtehelichen Eltern-Kind-Verhältnis: 10. Göttinger Workshop zum Familienrecht 2011, Göttingen 2012 (zitiert: Bearbeiter in: 10. Göttinger Workshop zum Familienrecht)
Coester-Waltjen, Dagmar / Lipp, Volker / Schumann, Eva / Veit, Barbara (Hrsg.), Das Wechselmodell – Reformbedarf im Kindschaftsrecht? 15. Göttinger Workshop zum Familienrecht 2017, Göttingen 2018 (zitiert: Bearbeiter in: 15. Göttinger Workshop zum Familienrecht)
Damljanovic, Dragana, Das Wechselmodell: Geltendes Recht und Reformbedarf, Frankfurt am Main 2016
Destatis, Ehescheidungen und betroffene minderjährige Kinder, online abrufbar unter: https://www.destatis.de/DE/Themen/Gesellschaft-Umwelt/Bevoelkerung/Eheschliessungen-Ehescheidungen-Lebenspartnerschaften/Tabellen/ehescheidungen-kinder.html (zuletzt aufgerufen am 07. Mai 2024)
Diederichsen, Uwe, Die Reform des Kindschafts- und Beistandschaftsrechts, NJW 1998, 1977–1991
Diehl, Gretel, Kinderbetreuungsrecht und Unterhalt im Wandel: Zahlt Frau drauf?, djbZ 2014, 13-15

DIJuF, Umgang und Wechselmodell: Berücksichtigung der Kosten im Rahmen der Berechnung von Kindesunterhaltsansprüchen, FamRZ 2013, 346–347

Ebert, Johannes, Mehrbedarf und Sonderbedarf in der Unterhaltsberechnung, NZFam 2016, 438–444

Eckardt, Wolf-Dieter, Die verfassungskonforme Gesetzesauslegung: Ihre dogmatische Berechtigung und ihre Grenzen im deutschen Recht, Berlin 2019

European Justice, Europäisches Justizportal – Elterliche Sorge und Umgangsrecht / Besuchsrecht in Belgien, online abrufbar unter: https://e-justice.europa.eu/302/DE/parental_responsibility__child_custody_and_contact_rights?BELGIUM&member=1 (zuletzt aufgerufen am 07. Mai 2024)

Fehr, Hannah, Umgangsrecht für Dritte, NJW-Spezial 2021, 708–709

Fritz-Erler-Forum Baden-Württemberg, Familienbild im Wandel – Lebensentwürfe zwischen Wunsch und Wirklichkeit – Ergebnisse einer qualitativ-quantitativen Studie in Baden-Württemberg, online abrufbar unter: https://library.fes.de/pdf-files/bueros/stuttgart/11598.pdf (zuletzt aufgerufen am 09. Mai 2024)

Gernhuber, Joachim / Dagmar Coester-Waltjen, Familienrecht, 7. Auflage, München 2020

Goldstein, Joseph, Jenseits des Kindeswohls, 1. Auflage, Frankfurt am Main 1974

Götz, Isabell / Seiler, Christian, Systemwechsel im Unterhaltsrecht?, FamRZ 2022, 1338–1341

Grossmann, Klaus E. / Grossmann, Karin, Die Entwicklung psychischer Sicherheit in Bindungen – Ergebnisse und Folgerungen für die Therapie, Zeitschrift für Psychosomatische Medizin und Psychotherapie 2007, 9–28

Grüneberg, Christian, Bürgerliches Gesetzbuch, 83. Auflage, München 2024 (zitiert: Bearbeiter in: Grüneberg BGB)

Gutdeutsch, Werner, System der Unterhaltsberechnung, FamRZ 2022, 1757–1758

Hammer, Stephan, Die gerichtliche Anordnung des Wechselmodells, FamRZ 2015, 1433–1444

Hau, Wolfgang / Poseck, Roman, Beck'scher Onlinekommentar BGB – beck-online, 69. Edition, München 2024 (zitiert: Bearbeiter in: BeckOK BGB)

Heiß, Beate / Born, Winfried, Unterhaltsrecht – Ein Handbuch für die Praxis, 64. Auflage, München 2023 (zitiert: Bearbeiter in: Heiß/Born Unterhaltsrecht)

Helms, Tobias / Schneider, Stephanie, Anordnung eines Wechselmodells in der Rechtsprechung der Oberlandesgerichte seit der Grundsatzentscheidung des BGH v. 1. Februar 2017, FamRZ 2020, 813–820

Hennemann, Heike, § 1629 II 2 und III BGB – Probleme der gesetzlichen Vertretung und der Prozessstandschaft beim Wechselmodell, FPR 2006, 295–298

Hennemann, Heike, Meldewesen, Kindergeldberechtigung und Sozialleistungen beim Wechselmodell, NZFam 2016, 825–829

Huber, Peter / Scherer, Holger, Die Neuregelung zur Ächtung der Gewalt in der Erziehung, FamRZ 2001, 797–801

IfD-Allensbach, Reale und ideale Aufteilung der Betreuung: Viele wünschen sich eine eher gleiche Aufteilung, Allensbach 2017, IfD-Umfrage 7255

Jarass, Hans D. / Pieroth, Bodo / Kment, Martin (Hrsg.), GG für die Bundesrepublik Deutschland, 18. Auflage, München 2024 (zitiert: Bearbeiter in: Jarass/Pieroth/Kment GG)

Johannsen, Kurt H. / Henrich, Dieter / Althammer, Christoph (Hrsg.), Familienrecht, 7. Auflage, München 2020 (zitiert: Bearbeiter in: JHA BGB)

Kaiser, Dagmar, Gemeinsame elterliche Sorge und Wechselmodell, FPR 2008, 143-148

Kaser, Max / Knütel, Rolf / Lohsse, Sebastian, Römisches Privatrecht, 22. Auflage, München 2021

Keuter, Wolfgang, Anmerkungen zum Referentenentwurf zur Reform des Sorgerechts nicht miteinander verheirateter Eltern, FamRZ 2012, 825–827

Kindler, Heinz / Walper, Sabine: Das Wechselmodell im Kontext elterlicher Konflikte, NZFam. 2016, 820–824

Köhler, Iven, Große Reform des Kindschaftsrechts nötig? – Überlegungen zum Thesenpapier der Arbeitsgruppe „Sorge- und Umgangsrecht, insbesondere bei gemeinsamer Betreuung nach Trennung und Scheidung“, ZKJ 2020, 4–6

Kohlrausch, Bettina / Zucco, Aline, Die Corona-Krise trifft Frauen doppelt – weniger Erwerbseinkommen und mehr Sorgearbeit, online abrufbar unter: https://www.boeckler.de/pdf/p_wsi_pb_40_2020.pdf (zuletzt aufgerufen am 07. Mai 2024)

Künkel, Bernd / Kemper, Reiner / Rahm, Walter, Handbuch Familien- und Familienverfahrensrecht, 83. Lieferung, Köln 2022 (zitiert: Bearbeiter in: Künkel/Kemper/Rahm, Familien- und Familienverfahrensrecht).

Lettmaier, Saskia / Dürbeck, Werner, Die Behandlung elterlicher Umgangskosten im Unterhalts-, Sozial- und Steuerrecht, FamRZ 2019, 81–89

Löhnig, Martin, Konsequenzen aus der Entscheidung des Europäischen Gerichtshofs für Menschenrechte zum Sorgerecht des nicht mit der Kindesmutter verheirateten Vaters, FamRZ 2010, 338–341

Looschelders, Dirk / Roth, Wolfgang, Juristische Methodik im Prozess der Rechtsanwendung: zugleich ein Beitrag zu den verfassungsrechtlichen Grundlagen von Gesetzesauslegung und Rechtsfortbildung, Bd. 176, Berlin 1996

Maaß, Martin, Keine Barunterhaltspflicht im echten Wechselmodell, FamRZ 2016, 603–609

Maaß, Martin, Plädoyer für ein verändertes Verständnis des § 1606 Abs. 3 S. 2 BGB, FamRZ 2019, 857–862

Maaß, Martin, Eckpunkte des Bundesministeriums der Justiz zur Modernisierung des Unterhaltsrechts, NZFam 2023, 913–917

Marchlewski, Simon M., Das Wechselmodell im Kindschaftsrecht, Tübingen 2018

Michalski, Lutz, Gemeinsames Sorgerecht geschiedener Eltern, FamRZ 1992, 128–137

Niepmann, Birgit, Die Düsseldorfer Tabelle – immer noch ein brauchbares Instrument in Unterhaltssachen? –, NZFam 2022, 141–145

Obermann, Torsten, Das Eckpunktepapier des Bundesministeriums der Justiz zum Kindesunterhalt – Diskussionsbeitrag zur beabsichtigten Unterhaltsreform, FamRZ 2023, 1769–1773

Obermann, Torsten, Betreuungsmodell und Lebensmittelpunkt als Gegenstand von elterlicher Sorge und Umgangsrecht, NZFam 2023, 337–346

Poortman, Anne-Rigt / van Gaalen, Ruben, Shared Residence After Separation: A Review and New Findings from the Netherlands, FCR 2017, 531–544

Prenzyna, Julia, Familiäre Verantwortung versus Gemeinwohlverantwortung beim Kindes- und Elternunterhalt: Kompensation unterhaltsrechtlicher Belastungen durch einkommensteuerrechtliche Entlastungen – Analyse anhand verfassungsrechtlicher Vorgaben, Frankfurt am Main 2017

Proksch, Roland, Begleitforschung zur Umsetzung der Neuregelungen zur Reform des Kindschaftsrechts, Nürnberg 2002
Rakete-Dombek, Ingeborg, Das „Wechselmodell" und die Folgen für wen auch immer, FF 2002, 16–18
Rubenbauer, Daniela / Dose, Hans-Joachim, Barunterhaltspflicht der Eltern gegenüber ihren minderjährigen Kindern unter Berücksichtigung des Betreuungsanteils bis hin zum Wechselmodell, FamRZ 2022, 1497–1506
Säcker, Jürgen / Rixecker, Roland / Oetker, Hartmut / Limperg, Bettina (Hrsg.), Münchener Kommentar zum Bürgerlichen Gesetzbuch, Bd. 1, 10, 9. Auflage, München 2024 (zitiert: Bearbeiter in: MüKo BGB)
Salzgeber, Joseph / Bublath, Katharina: Betreuungsmodelle aus Kindersicht, NZFam 2016, 837–841
Salzgeber, Joseph, Das Wechselmodell, NZFam 2014, 921–929
Salzgeber, Joseph, Familienpsychologische Gutachten: rechtliche Vorgaben und sachverständiges Vorgehen, 7. Auflage, München 2020
Schäfer, Dominik, Einführung in die Methodik der Gesetzesauslegung, JuS 2015, 875–880
Schlaich, Klaus / Korioth, Stefan, Das Bundesverfassungsgericht – Stellung, Verfahren, Entscheidungen, 12. Auflage, München 2021
Schmahl, Stefanie, UN-Kinderrechtskonvention Nomos Kommentar, 2. Auflage, Baden-Baden 2017 (zitiert: Bearbeiter in: UN-Kinderrechtskonvention Nomos Kommentar)
Schmidt, Axel / Westhoff, Karl, Kindeswohl interdisziplinär: Empirische Ergebnisse für die juristische Praxis bei Trennung der Eltern, 2. Auflage, Baden-Baden 2022
Schramm, Barbara, Konkreter Bedarf statt Düsseldorfer Tabelle beim Kindesunterhalt, NJW-Spezial 2017, 644–645
Schröder, Daniela, Die Rechtsstellung des Kindes im Wechselmodell: ein Rechtsvergleich mit der alternierenden Obhut in der Schweiz, 2022
Scholz, Harald / Stein, Rolf / Kleffmann, Norbert, Praxishandbuch Familienrecht, 44. EL, München 2024 (zitiert: Bearbeiter in: Scholz/ Kleffmann Praxishandbuch Familienrecht)
Schürmann, Heinrich, Sozialrecht für die familienrechtliche Praxis, 2. Auflage, Bielefeld 2022
Schwab, Dieter, Die große Paragraphenwanderung und mehr, FamRZ 2020, 1321–1326
Schwab, Dieter, Familienrecht, 31. Auflage, München 2023
Seiler, Christian, Wechselmodell – unterhaltsrechtliche Fragen, FamRZ 2015, 1845–1858

Seiler, Christian, Das Eckpunktepapier des Bundesministeriums der Justiz – der große Wurf hin zu einem fairen Unterhaltsrecht für Trennungsfamilien?, FamRZ 2023, 1761–1769
Singer, Anna, Active Parenting or Solomon's Justice? Alternating Residence in Sweden for Children with Separated Parents, ULR 2008, 35–47
Sodermans, An Katrien / Matthijs, Koen, Joint physical custody and adolescents' subjective well-being: A personality × environment interaction, JFP 2014, 346-356
Spangenberg, Ernst, Wechselmodell und Unterhalt, FamFR 2010, 125–128
Spangenberg, Ernst, Wechselmodell und Kindesunterhalt, FamRZ 2014, 88–90
Spangenberg, Ernst, Zur Systematik des Kindesunterhalts, NZFam 2017, 45–48
SPD / BÜNDNIS 90/DIE GRÜNEN / FDP, Mehr Fortschritt wagen – Bündnis für Freiheit, Gerechtigkeit und Nachhaltigkeit, Koalitionsvertrag der 20. Legislaturperiode, online abrufbar unter: https://www.spd.de/fileadmin/Dokumente/Koalitionsvertrag/Koalitionsvertrag_2021-2025.pdf (zuletzt aufgerufen am 30. April 2024)
Spitzlei, Thomas, Die Gesetzesbegründung und ihre Bedeutung für die Gesetzesauslegung, JuS 2022, 315–319
Statista, Anzahl der ehelich und nichtehelich Lebendgeborenen in Deutschland von 2000 bis 2022, online abrufbar unter: https://de.statista.com/statistik/daten/studie/1327/umfrage/anzahl-der-lebendgeborenen-seit-dem-jahr-2006/#:~:text=Im%20Jahr%202022 %20gab%20es,739.000 (zuletzt aufgerufen am 17. Mai 2024)
Staudigl, Sigfried / Wendl, Philipp / Dose, Hans-Joachim (Hrsg.), Das Unterhaltsrecht in der familienrichterlichen Praxis, 10. Auflage, München 2019 (zitiert: Bearbeiter in: Wendl/Dose Unterhaltsrecht)
Staudinger, Julius v., Staudinger Kommentar zum Bürgerlichen Gesetzbuch mit Einführungsgesetz und Nebengesetzen, Saarbrücken 2020 (zitiert: Bearbeiter, in: Staudinger BGB)
Steinbach, Anja / Augustijn, Lara / Helms, Tobias / Flindt, Jan Ole, Das Wohlbefinden von Eltern im Wechselmodell: Weitere Ergebnisse der Studie „Familienmodelle in Deutschland" (FAMOD), FamRZ 2022, 1827–1837
Steinbach, Anja / Augustijn, Lara / Helms, Tobias / Schneider, Stephanie, Erste Ergebnisse der Studie „Familienmodelle in Deutschland" (FAMOD): Zur Bedeutung des Wechselmodells für das kindliche Wohlbefinden nach elterlicher Trennung oder Scheidung, FamRZ 2021, 729–740

Sternal, Werner (Hrsg.), Gesetz über das Verfahren in Familiensachen und in den Angelegenheiten der freiwilligen Gerichtsbarkeit, 21. Auflage, München 2023 (zitiert: Bearbeiter in: Sternal FamFG)

Stürner, Rolf (Hrsg.), Jauernig BGB Kommentar, 19. Auflage, München 2023 (zitiert: Bearbeiter in: Jauernig BGB)

Sünderhauf, Hildegund, Wechselmodell: Psychologie – Recht – Praxis: Abwechselnde Kinderbetreuung durch Eltern nach Trennung und Scheidung, Wiesbaden 2013

Thibaut, Anton Friedrich Justus, System des Pandekten-Rechts, Bd. 1, Jena 1803

Thomas, Heinz / Putzo, Hans (Hrsg.), Zivilprozessordnung: FamFG, Verfahren in Familiensachen, EGZPO, GVG, EGGVG, EU-Zivilverfahrensrecht: Kommentar, 45. Auflage, München 2024 (zitiert: Bearbeiter in: Thomas/Putzo FamFG)

Vanassche, Sofie / Sodermans, An Katrien / Declerck, Charlotte / Matthijs, Koen, Alternating Residence for Children After Parental Separation: Recent Findings from Belgium, FCR 2017, 545–555

Vaskovics, Laszlo A. / Huinink, Johannes, Werden die Regelungen des Familienrechts heutigen Familien und Kindern gerecht? Reflexionen aus sozialwissenschaftlicher Perspektive, ZfF 2016, 221–244

Walper, Sabine / Gerhard, Anna-Katharina, Zwischen Risiko und Chance – Konsequenzen einer elterlichen Scheidung für die psychosoziale Entwicklung betroffener Kinder, PTT 2003, 105–116

Wank, Rolf / Maties, Martin, Die Auslegung von Gesetzen, 7. Auflage, München 2023

Weber, Klaus (Hrsg.), Weber Rechtswörterbuch, 32. Edition, München 2024 (zitiert: Bearbeiter in: Weber Rechtswörterbuch)

Wellenhofer, Marina, Gemeinsam getragene Elternverantwortung nach Trennung und Scheidung, NJW 2018, 2758–2762

Westermann, Peter/ Grunewald, Barbara/ Maier-Reimer, Georg, Erman BGB Kommentar, 17. Auflage, Köln 2023 (zitiert: Bearbeiter in: Erman-KO BGB)

Witt, Alexander, Zum neuen Unterhaltsrecht – Kommentar zum Eckpunktepapier des BMJ, FF 2023, 432–442

Zermatten, Jean, Best Interests of the Child, in: Child-friendly Justice, Reihe: Stockholm Studies in Child Law and Children's Rights, Bd. 1, Boston 2010

Anhang

• Eckpunkte zur Modernisierung des Unterhaltsrechts vom 24. August 2023[639]

Bundesministerium
der Justiz

24. August 2023

Ein faires Unterhaltsrecht für Trennungsfamilien:
Eckpunkte des Bundesministeriums der Justiz
zur Modernisierung des Unterhaltsrechts

Zusammenfassung

Das deutsche Unterhaltsrecht muss dringend reformiert werden. Es passt nicht mehr zur Lebensrealität vieler Trennungsfamilien. Ein Viertel der Kinder in Deutschland hat getrennt lebende Elternteile. Auch diese Eltern wollen ihre Kinder häufig gemeinschaftlich betreuen. Das geltende Unterhaltsrecht bildet diese Realität nicht ab.

Das Bundesministerium der Justiz (BMJ) hat Vorschläge erarbeitet für die seit langem geforderte – und im Koalitionsvertrag vereinbarte – Reform des Unterhaltsrechts. Ziel ist eine am Kindeswohl orientierte partnerschaftliche Betreuung minderjähriger Kinder auch durch das Unterhaltsrecht zu fördern. Dafür sollen die finanziellen Lasten der Betreuung von Kindern fairer verteilt werden. Wenn ein Elternteil substantielle Betreuungsleistungen erbringt, muss das Unterhaltsrecht dem Rechnung tragen: Die Zahlungspflichten beim Kindesunterhalt sollen dann nicht die gleichen sein wie bei Elternteilen, die kaum Betreuungsleistungen erbringen. Weitere Vorschläge für die geplanten Reform betreffen den sog. Betreuungsunterhalt und den notwendigen Selbstbehalt.

Nachfolgend wird zunächst näher umrissen, weshalb das Unterhaltsrecht einer Reform bedarf (I.). Anschließend werden die Ziele der geplanten Reform vorgestellt (II.). Danach erfolgt eine detailliertere Vorstellung der Reformpläne (III.)

I. Ausgangslage: Reformbedarf im Unterhaltsrecht

Das deutsche Unterhaltsrecht ist zuletzt im Jahr 2007 umfassend reformiert worden.[1] Die Lebensrealitäten und -modelle sind seither vielfältiger geworden. Insbesondere deshalb ist das Unterhaltsrecht in mehrfacher Hinsicht reformbedürftig. Reformbedarf besteht beim Kindesunterhalt (1.), beim Betreuungsunterhalt (2.) und bei den Regeln über den notwendigen Selbstbehalt (3.)

[1] Gesetz zur Änderung des Unterhaltsrechts vom 21. Dezember 2007 (BGBl. I 2007, 3189).

639 Das Eckpunktepapier zur Modernisierung des Unterhaltsrechts vom 24. August 2023 ist online abrufbar unter: https://www.bmj.de/SharedDocs/Downloads/DE/Gesetzgebung/Eckpunkte/Eckpunkte_Unterhaltsrecht.pdf?__blob=publicationFile&v=2 (zuletzt aufgerufen am 17. Mai 2024)

1. Reformbedarf im Kindesunterhalt

Eltern nehmen heute vermehrt gemeinsam Erziehungsverantwortung wahr. Sehr viele wollen dies auch nach einer Trennung und Scheidung fortsetzen. Das Unterhaltsrecht trägt dem allerdings nicht hinreichend Rechnung. Das ist gerade auch deshalb problematisch, weil inzwischen etwa 25 % aller minderjährigen Kinder in Deutschland getrenntlebende Eltern haben.[2]

Kindesunterhalt ist der Unterhalt, der von beiden Elternteilen dem Kind gegenüber geschuldet wird. Seit dem Jahr 1957 geht das Recht für den Kindesunterhalt vom Leitbild des **Residenzmodells** aus: also von der Vorstellung, dass das Kind im Wesentlichen bei einem Elternteil lebt. Für dieses Modell gilt im Kindesunterhalt der Grundsatz **„Eine(r) betreut, eine(r) zahlt“**.[3] Der Elternteil, bei dem das Kind im Wesentlichen lebt, erbringt seinen Unterhaltsbeitrag durch Pflege und Erziehung (Betreuung); der andere Elternteil erbringt seine Unterhaltsleistung durch Geldzahlung (Barunterhalt). Das Residenzmodell entspricht jedoch nicht der Lebensrealität vieler Familien. So sind zum Beispiel etliche Kinder einige Tage und Nächte der Woche bei einem Elternteil und die anderen Tage und Nächte der Woche beim anderen Elternteil.

Das geltende Unterhaltsrecht kennt nur sehr begrenzte **Ausnahmen vom Grundsatz „Eine(r) betreut, eine(r) zahlt.“** Eine Ausnahme gilt für den Fall einer genau hälftigen Teilung der Betreuungsleistungen der Eltern (50:50; sog. **symmetrisches Wechselmodell**). In diesen Fällen müssen beide Elternteile Barunterhalt leisten. Ihre Unterhaltspflicht teilt sich im Verhältnis ihres Einkommens auf.[4]

Erbringt ein Elternteil nach der Trennung über den Umgang am Wochenende hinaus wesentliche Betreuungsleistungen auch im Alltag des Kindes (sog. **asymmetrisches Wechselmodell**), gibt das Gesetz keine klare Orientierung bei der Ermittlung des zu leistenden Unterhalts. Die Rechtsprechung behilft sich hier mit einem geringen Abschlag vom Unterhalt nach der sogenannten Düsseldorfer Tabelle: also der Unterhaltsleitlinie, die maßgeblich von der Rechtsprechung fortentwickelt wird. Die Barunterhaltspflicht des mitbetreuenden Elternteils wird um ein oder zwei Stufen nach unten herabgestuft. Finanziell wirkt sich das aber kaum aus.

Im Ergebnis stellt sich das geltende Unterhaltsrecht also wie folgt dar:

- Im **Residenzmodell** schuldet der Elternteil, bei dem das Kind nicht hauptsächlich lebt, den vollen Barunterhalt.
- Im **symmetrischen Wechselmodell** muss ein Elternteil nur sehr geringe Zahlungen leisten, weil die Zahlungspflichten beider Eltern miteinander verrechnet werden.

---

[2] Schätzung des Instituts für Demoskopie Allensbacher, Gemeinsam getrennt erziehen, 2017, S. 3.
[3] vgl. § 1606 Absatz 3 Satz 2 Bürgerliches Gesetzbuch (BGB).
[4] Siehe § 1606 Absatz 3 Satz 1 BGB.

- In dem großen Bereich (**asymmetrisches Wechselmodell**) dazwischen wirkt sich eine gesteigerte Mitbetreuung finanziell so gut wie gar nicht aus. Ob und wieweit sie sich überhaupt auswirkt, ist für die Betroffenen in vielen Fällen nur schwer vorherzusehen.

Bildhaft dargestellt kann sich derzeit die Zahlungspflicht des Barunterhaltspflichtigen nach der Rechtsprechung vom Residenzmodell (1) über das asymmetrische Wechselmodell (2) zum symmetrischen Wechselmodell (3) wie folgt ergeben – basierend auf der beispielhaften Annahme, dass das Einkommen eines Elternteils 4.000 Euro und das des anderen Elternteils 2.000 Euro beträgt.

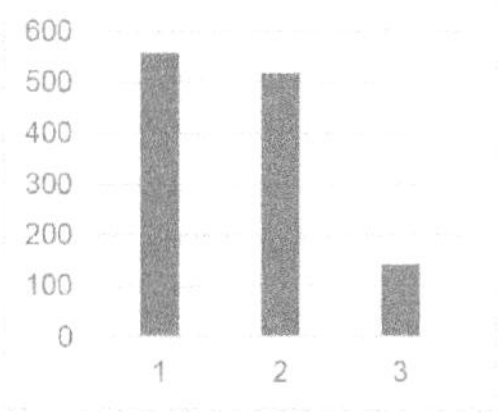

Diese Rechtslage ist **in höchstem Maße unbefriedigend**. Sie steht einer partnerschaftlichen Betreuung von Kindern nach Trennung und Scheidung häufig entgegen, denn sie setzt falsche Anreize: Eine über den gewöhnlichen Umgang hinausgehende Betreuung wirkt **sich** für den Barunterhaltspflichtigen **oftmals finanziell kaum aus**, während eine hälftige Betreuung im (50:50) **nahezu** zum Wegfall der Zahlungspflicht führt.

Unbefriedigend ist die geltende Rechtslage im Übrigen noch aus einem weiteren Grund: Die **gesetzliche Vertretung des Kindes** zur Geltendmachung des Unterhalts im symmetrischen Wechselmodell erfordert nach aktueller Rechtslage eine dem Unterhaltsverfahren vorausgehende **sorgerechtliche Entscheidung.** Nach dem Gesetz kann nur der Elternteil den Kindesunterhalt geltend machen, in dessen Obhut sich das Kind befindet. Im symmetrischen Wechselmodell befindet sich das Kind in der Obhut beider Eltern. Damit muss vor Einleitung des Unterhaltsverfahrens derzeit die gesetzliche Vertretung des Kindes geregelt werden. Das verursacht unnötigen Aufwand.

2. Reformbedarf beim Betreuungsunterhalt

Auch der **Betreuungsunterhaltsanspruch** in **nichtehelichen Beziehungen** ist reformbedürftig.

Betreuungsunterhalt ist eine Unterhaltsleistung eines Elternteils an den anderen Elternteil (also keine Leistung an das Kind). Sind Kinder bei Trennung und Scheidung noch sehr klein und damit betreuungsbedürftig, erhält der Elternteil, der hierfür seine Berufstätigkeit vorübergehend einschränken oder aufgeben muss, Betreuungsunterhalt.[5] Dieser Betreuungsunterhalt ist zunächst auf drei Jahre nach der Kindesgeburt befristet. Er bezweckt, dass der betreuende Elternteil genügend Mittel zur Verfügung hat, um die Pflege und Erziehung des Kindes sicherzustellen. Während dieser drei Jahre kann von dem betreuenden Elternteil nicht verlangt werden, einer Erwerbstätigkeit nachzugehen. Dieser Unterhaltsanspruch kann sich verlängern, wenn es der Billigkeit entspricht.

Der **Betreuungsunterhalt geschiedener und nichtehelicher Paare ist im BGB unterschiedlich geregelt**. Unterschiedliche Regeln gelten insbesondere für die Frage, ob auf Unterhalt verzichtet und eine Abfindungszahlung geleistet werden kann; ferner hinsichtlich der Verwirkung und der Vererbbarkeit von Betreuungsunterhaltsansprüchen. Diese Ungleichbehandlung ist letztlich nicht begründbar. Auch die Ermittlung der Höhe des Unterhaltsanspruchs bei nichtehelichen Paaren ist reformbedürftig. So sind für das Maß des Unterhalts (also die Höhe des Zahlungsanspruchs) bei geschiedenen Ehegatten die Einkommen beider Elternteile relevant, während bei nicht verheirateten Elternteilen nur auf das Einkommen des betreuenden Elternteils abgestellt wird. Das ist gerade bei jahrelangen Beziehungen mit gemeinsamen Kindern nicht mehr zeitgemäß, die zuvor als Familie zusammengelebt haben.

3. Reformbedarf beim notwendigen Selbstbehalt

Einem Elternteil, der Barunterhalt leistet, muss ein Mindestbetrag seines Einkommens für seinen eigenen Lebensbedarf verbleiben (**notwendiger Selbstbehalt**). Im Gesetz kommt dies bereits heute zum Ausdruck (vgl. § 1603 BGB: Begrenzung der Unterhaltszahlungen durch die Leistungsfähigkeit der Eltern). Allerdings ist die Höhe dieses Betrags nicht dem Gesetz zu entnehmen, sondern allein der Düsseldorfer Tabelle. Auch insoweit besteht Reformbedarf.

II. Die Ziele der Reform im Überblick

1. Reform des Kindesunterhalts

Zentrales Ziel der Reform ist es, sicherzustellen, dass die **Betreuungsanteile vor und nach Trennung und Scheidung beim Kindesunterhalt besser berücksichtigt werden**. Dieses

[5] § 1570 BGB für Eltern die verheiratet waren; § 1615l BGB für nichtverheiratete Paare.

Ziel wurde auch im Koalitionsvertrag als zentrales Ziel der Unterhaltsrechtsreform ausgegeben.[6] Eine wesentliche Übernahme der Betreuung soll künftig zu einer spürbaren Reduzierung des Kindesunterhalts führen. Damit soll die **Akzeptanz gemeinsamer Betreuung** nach Trennung und Scheidung **gefördert** und mehr **Rechtssicherheit** geschaffen werde. Vorgesehen ist:

- Die Betreuungsleistung der Eltern soll sich auch im **asymmetrischen Wechselmodell** (alle Fälle zwischen 30 % und 49 % der Mitbetreuung) spürbar auf den zu leistenden Unterhalt auswirken. Mit Hilfe eines klar definierten Rechenmodells kann die Unterhaltsleistung entsprechend der Betreuungsleistung und den beiderseitigen Einkommen der Eltern ermittelt werden.
- Da die **Rechtsprechung** in Bezug auf das **symmetrische Wechselmodell** (50:50) für die Frage der Verteilung der Unterhaltslast bereits eine **akzeptierte Lösung** gefunden hat, und insoweit kein zwingender Reformbedarf besteht, soll es hier **bei der geltenden Rechtslage verbleiben**
- Die Möglichkeit der **gesetzlichen Vertretung** des Kindes nach § 1629 Absatz 2 und 3 BGB und andere Regelungen außerhalb des BGB sollen für Fälle des Wechselmodells angepasst werden.

2. Reform des Betreuungsunterhalts

Die Regeln zum **Betreuungsunterhalt** sollen **vereinheitlicht** werden: Die nicht gerechtfertigten Unterschiede zwischen dem Betreuungsunterhalt bei geschiedenen und bei nichtehelichen Paaren sollen beseitigt werden. Vorgesehen ist:

- Die beim **Betreuungsunterhaltsanspruch nichtverheirateter Eltern** bisher bestehende Ungleichbehandlung hinsichtlich der Möglichkeit des Verzichts und von Abfindungszahlung, Verwirkung, Einsatz von Vermögen und Vererbbarkeit des Unterhaltsanspruchs wird beseitigt.
- Die Situation **des die gemeinsamen Kinder betreuenden nichtverheirateten Elternteils** soll **deutlich verbessert** werden. So soll die Berechnung in Bezug auf die Höhe des zu zahlenden **Betreuungsunterhalts** nichtehelicher und geschiedener Elternteile, die wegen der Pflege und Erziehung eines gemeinschaftlichen Säuglings oder Kleinkindes an der Erwerbstätigkeit gehindert sind und sich nicht selbst unterhalten können, vereinheitlicht werden, sofern die Lebenslage vergleichbar ist. Das kann z. B. der Fall sein,

---

[6] Siehe Koalitionsvertrag, Zeilen 3407 bis 3408: „Wir wollen im Unterhaltsrecht die Betreuungsanteile vor und nach der Scheidung besser berücksichtigen, ohne das Existenzminimum des Kindes zu gefährden."

wenn die Elternteile vor der Trennung längere Zeit mit ihren Kindern zusammengelebt haben.

- Auch wenn die Lebenslagen nicht vergleichbar sind, soll jedenfalls der Mindestunterhalt[7] für den betreuenden Elternteil auf den für Ehegatten geltenden Mindestselbstbehalt angehoben werden.

3. Regelung des notwendigen Selbstbehalts.

Der **notwendige Selbstbehalt** für Unterhaltsschuldner soll erstmals gesetzlich geregelt werden. Das Gesetz legt bereits den Mindestunterhalt für Kinder fest (§ 1612a BGB i.V.m. der Mindestunterhaltsverordnung). Der notwendige Selbstbehalt ist spiegelbildlich der Betrag, der dem Unterhaltsschuldner zum Leben verbleiben muss. Daher soll auch dieser künftig im BGB geregelt werden.

III. Die Reformvorschläge im Einzelnen

1. Reform des Kindesunterhalts

- Für das **Residenzmodell** und das **symmetrische Wechselmodell** verbleibt es bei den bisherigen gesetzlichen Regelungen bzw. der bewährten Rechtsprechung des Bundesgerichtshofs.
- Ein **asymmetrisches Wechselmodell** liegt vor, wenn jeder Elternteil die Kinder zu mehr als 29 % betreut. Relevant ist für die Berechnung des Unterhalts nur, dass der Betreuungsanteil diese Größe übersteigt. Eine weitere Differenzierung im Sinne einer linearen Berechnung erfolgt nicht.
- Die **Ermittlung des Betreuungsanteils** erfolgt in der Regel durch Zählung der **Übernachtungen** (Beispiele siehe Anlage 1). Dabei handelt es sich um **ein nachprüfbares objektives Kriterium**, das auch in der **Fachwelt**[8] als Anknüpfungspunkt akzeptiert ist. Der Großteil der Fälle geteilter Betreuung kann hierdurch zuverlässig eingeordnet werden. Wenn die Zahl der Übernachtungen sich im Einzelfall als untaugliches Beurteilungskriterium erweist, da beispielsweise die Betreuungsleistung nur tagsüber erbracht werden kann, kann eine angemessene Einordnung erfolgen, indem auch andere Kriterien (Übernahme der Betreuung bei Krankheit des Kindes, Organisation der Freizeit, Wahrnehmung von Terminen in der Schule, beim Arzt etc.) berücksichtigt werden. Diese Kriterien

---

[7] Düsseldorfer Tabelle, Anmerkungen D, Nummer II, derzeit 1.120 Euro

[8] Siehe auch Gutachten Prof. Eva Schumann zum 72. Deutschen Juristentag 2018, S. 72; Gutachten des wissenschaftlichen Beirats des BMFSFJ vom März 2021, S. 86

können auch bei den Übergängen vom Residenzmodel zum asymmetrischen Wechselmodell oder vom asymmetrischen Wechselmodell zum symmetrischen Wechselmodell angewandt werden.

- **Rechenmodell** (Anlage 2): Es wird ein klar strukturiertes Rechenmodell zur Ermittlung des Kindesunterhalts beim asymmetrischen Wechselmodell geben. Wesentliche Bestandteile dieses Rechenmodells sind folgende:
  - **Schritt 1 (Ermittlung des Bedarfs des Kindes anhand der Düsseldorfer Tabelle):** Der Bedarf des Kindes, d.h. die Geldmittel, die erforderlich sind, um seine Bedürfnisse abzudecken, wird grundsätzlich von beiden Eltern im Rahmen ihrer finanziellen Möglichkeiten bezahlt. Maßgebend ist das Einkommen beider Eltern und der sich aus der Düsseldorfer Tabelle daraus ergebende Bedarf des Kindes.
  - **Schritt 2 (Pauschaler Abzug beim Kindesbedarf):** Für die wesentliche Mitbetreuung ist ein Abschlag beim Bedarf des Kindes in Höhe von 15 % vorgesehen. Durch diese Pauschale wird berücksichtigt, dass ein Teil des Kindesbedarfs, z. B. betreffend Nahrung, Verkehr, Freizeit, Bildung, im Haushalt des mitbetreuenden Elternteils gedeckt wird und es dadurch auch zu einer Ersparnis beim hauptbetreuenden Elternteil kommt.
  - **Schritt 3 (Ermittlung der Haftungsanteile der Elternteile in Ansehung ihrer Leistungsfähigkeit):** Da jeder Elternteil nur im Rahmen seiner Leistungsfähigkeit haftet (jedem Elternteil verbleibt der angemessene Selbstbehalt in Höhe von 1.650 €), wird sein Haftungsanteil[9] nach der im Unterhaltrechtsrecht gängigen Methode ermittelt (Schritt 3).
  - **Schritte 4 (Modifikation des Haftungsanteile in Ansehung der Betreuungsanteile):** Danach werden der Haftungsanteil und ein Betreuungsanteil, der pauschaliert in Höhe von einem Drittel angesetzt wird, kombiniert, um die erhöhten Kosten des mitbetreuenden Elternteils abzubilden.
  - **Schritt 5 (Ermittlung des geschuldeten Betrags):** Der modifizierte Haftungsanteil (Schritt 4) wird mit dem modifizierten Kindesbedarf (Schritt 2) multipliziert; so wird ein konkreter Geldbetrag ermittelt.
  - **Schritt 6 (Abzug Kindergeld):** In einem letzten Schritt wird das Kindergeld, wenn es an den hauptbetreuenden Elternteil ausbezahlt wird, zur Hälfte vom Haftungsanteil in Abzug gebracht und auf diese Weise zwischen den Eltern aufgeteilt.
- Im symmetrischen Wechselmodell wird die Möglichkeit der **gesetzlichen Alleinvertretung** durch jeden Elternteil durch Änderung des § 1629 Absatz 2 und 3 BGB geschaffen.

---

[9] Der vom mitbetreuenden Elternteil zu zahlende Anteil des Bedarfs.

2. Reform des Betreuungsunterhalts

Die Regeln zum **Betreuungsunterhalt** sollen **vereinheitlicht** werden. Die nicht gerechtfertigten Unterschiede zwischen dem Betreuungsunterhalt bei geschiedenen und bei nichtehelichen Paaren sollen beseitigt werden. Vorgesehen ist:

- Die Regelung des § 1615l BGB weist an verschiedenen Stellen **Wertungswidersprüche** auf, indem auf Regelungen des Verwandtenunterhalts verwiesen wird, obgleich eine vergleichbare Lebenslage nicht vorliegt. Insbesondere sind **Vereinbarungen** kaum und **Abfindungszahlungen** nicht möglich. Dies soll geändert werden.
- Die Situation **des die gemeinsamen Kinder betreuenden nichtverheirateten Elternteils** wird **deutlich verbessert**.
    - Ist die Lebenslage des nichtverheirateten Elternteils vergleichbar mit der eines geschiedenen Elternteils, so sollen für die Höhe des Unterhaltsanspruchs in beiden Fällen die gleichen Maßstäbe gelten. Bislang richtet sich der Unterhaltsbedarf des nichtverheirateten bedürftigen Elternteils nach seinem Einkommen. Künftig soll bei Vergleichbarkeit der Lebenslagen auch das Einkommen des anderen Elternteils einbezogen werden. **Vergleichbar** sind z. B. Beziehungen, in denen die Eltern vor der Trennung über einen längeren Zeitraum zusammengelebt und für das Kind oder die Kinder gemeinsam gesorgt haben.
    - Liegt **keine vergleichbare Lebenslage** vor, soll gegenüber der aktuellen Rechtslage ebenfalls eine Besserstellung erfolgen: Der **Mindestunterhalt** des nichtverheirateten Elternteils soll sich am **Ehegattenmindestselbstbehalt** (derzeit 1.385 Euro) und nicht mehr am notwendigen Selbstbehalt (derzeit 1.120 Euro) orientieren. Die Höhe des notwendigen Selbstbehalts stellt das Existenzminimum dar. Er gilt daher gegenüber minderjährigen Kindern, denen selbst nur der Mindestunterhalt, d.h. ihr Existenzminimum gezahlt werden kann. Bei entsprechender Leistungsfähigkeit des nichtbetreuenden Elternteils soll sich der Elternteil, der zugunsten der Kinderbetreuung auf eine eigene Erwerbstätigkeit verzichten muss, nicht mehr auf sein Existenzminimum beschränken müssen.
- Auch in weiteren Einzelvorschriften soll eine Vereinheitlichung erfolgen. So sind z. B. die bisherige Ungleichbehandlung hinsichtlich der Verwirkung, des Einsatzes von Vermögen und der Vererbbarkeit nicht begründbar. Beabsichtigt ist die Schaffung **einer einheitlichen,** d. h. nur noch am Ehegattenunterhalt ausgerichteten, **und stimmigen Regelung zum Betreuungsunterhalt**.

3. Regelung des notwendigen Selbstbehalts

- Der **notwendige Selbstbehalt** soll erstmals im BGB **geregelt** werden. Die jeweilige Höhe soll – wie der Mindestunterhalt – durch Rechtsverordnung alle zwei Jahre geregelt werden. Als einzige inhaltliche Änderung soll die Bestimmung der angemessenen Wohnkosten künftig auf die Regelung zum Wohngeldgesetz Bezug genommen werden, um die großen regionalen Unterschiede abzubilden. Damit wird in angespannten Wohnungsmärkten mit teuren Mieten der Selbstbehalt höher ausfallen als bisher.
- In § 1603 Absatz 2 BGB soll klarstellend aufgenommen werden, dass dem Verpflichteten der notwendige Selbstbehalt verbleiben muss.

• Eckpunkte für eine Reform des Abstammungsrechts vom 16. Januar 2024[640]

Bundesministerium der Justiz

16. Januar 2024

Eckpunkte des Bundesministeriums der Justiz für eine Reform des Abstammungsrechts

Zusammenfassung

Das Abstammungsrecht regelt, welche Personen im Rechtssinne Eltern eines Kindes sind. Das geltende Recht führt im Grundsatz dazu, dass die leiblichen Eltern die rechtlichen Eltern eines Kindes sind. Mutter eines Kindes ist die Frau, die das Kind geboren hat. Vater eines Kindes ist der Mann, der im Zeitpunkt der Geburt mit der Mutter verheiratet ist, der die Vaterschaft anerkennt oder dessen Vaterschaft gerichtlich festgestellt wird. Dabei wird es auch künftig bleiben. Von diesem Grundsatz gibt es jedoch seit jeher Ausnahmen:

- Die Annahme als Kind (Adoption) führt dazu, dass andere Personen als die leibliche Mutter und der leibliche Vater rechtliche Eltern sind.
- Der Ehemann der Mutter wird kraft Gesetzes rechtlicher Vater, selbst, wenn er nicht der leibliche Vater des Kindes ist.
- Auch ein Mann, der die Vaterschaft mit Zustimmung der Mutter anerkennt, wird rechtlicher Vater des Kindes, selbst, wenn er nicht der leibliche Vater ist.
- Dies gilt auch für die Vaterschaft eines Mannes, dessen Partnerin nach einer Samenspende Mutter wird.

Neue Familienformen und die Rechtsprechung des Bundesverfassungsgerichts lösen auch im Abstammungsrecht Reformbedarf aus:

- Gleichgeschlechtliche Paare können seit dem 1. Oktober 2017 heiraten. Damit stellt sich die Frage nach der rechtlichen Stellung der Ehefrau der Mutter, die das Kind geboren hat.
- Schwule und lesbische Paare verabreden, dass durch private Becherspende ein Kind gezeugt werden soll, an dessen Erziehung beide Paare teilhaben wollen.
- Das Bundesverfassungsgericht hat die rechtliche Stellung leiblicher Väter betont. Das hat auch Bedeutung, wenn der leibliche Vater Samenspender ist.

---

640 Das Eckpunktepapier zur Reform des Abstammungsrechts vom 16. Januar 2024 ist online abrufbar unter: https://www.bmj.de/SharedDocs/Downloads/DE/Themen/Nav_Themen/240115_Eckpunkte_Abstammungsrecht.pdf?__blob=publicationFile&v=2 (zuletzt aufgerufen am 17. Mai 2024)

Auf diese Veränderungen muss auch das Abstammungsrecht reagieren. Das soll nach Maßgabe folgender Grundsätze erfolgen:

- Die leiblichen Eltern sind auch künftig in der Regel die rechtlichen Eltern des Kindes.
- Die Frau, die das Kind geboren hat, ist auch künftig immer die rechtliche Mutter des Kindes.
- Es bleibt dabei, dass ein Kind nur zwei rechtliche Eltern hat.
- Wird ein Kind in die Ehe zweier Frauen geboren, sind automatisch beide Frauen rechtliche Mütter des Kindes, sofern nichts anderes vereinbart ist.
- Auch außerhalb der Ehe soll die Elternschaftsanerkennung unabhängig vom Geschlecht der anerkennenden Person oder einem Scheidungsverfahren möglich sein.
- Zwei Frauen können daher künftig auch ohne Adoptionsverfahren beide rechtliche Mütter eines Kindes werden.
- Wird das Kind durch eine Samenspende gezeugt, besteht die Möglichkeit, rechtssicher vor der Zeugung familienrechtliche Vereinbarungen über die rechtliche Elternschaft zu treffen. Zudem sollen Vereinbarungen zum Sorgerecht und zu Umgangsrechten auch von Dritten möglich sein.
- Der Wunsch des leiblichen Vaters, als rechtlicher Vater Verantwortung für das Kind zu übernehmen, soll leichter verwirklicht werden können.
- Die rechtsmissbräuchliche Anerkennung einer Vaterschaft soll besser bekämpft werden, indem Regelungslücken geschlossen und die Verfahren optimiert werden.

I. Ausgangslage

Das Abstammungsrecht regelt die rechtliche Eltern-Kind-Zuordnung, also die Frage, welche Personen im rechtlichen Sinne die Eltern eines Kindes sind. Es ist im Bürgerlichen Gesetzbuch (BGB) geregelt. Die biologischen Eltern eines Kindes sind in aller Regel auch seine rechtlichen Eltern. Das gilt insbesondere für die Frau, die das Kind geboren hat: Sie ist immer die Mutter des Kindes (§ 1591 BGB).

Vom Gleichlauf biologischer und rechtlicher Elternschaft gibt es allerdings bereits im geltenden Recht Ausnahmen: Der Ehemann der Mutter wird auch dann rechtlicher Vater, wenn er nicht der leibliche Vater des Kindes ist. Auch der Mann, der die Vaterschaft mit Zustimmung der Mutter anerkennt, muss nicht der leibliche Vater sein. Durch Adoption kann ein Kind anderen Personen als seinen leiblichen Eltern als Kind zugeordnet werden.

Vielen neuen Familienformen und Lebenskonstellationen trägt das geltende Abstammungsrecht nicht hinreichend Rechnung. Das gilt zum Beispiel für ein Kind, das in die Ehe zweier

Frauen geboren wird. Die **Ehefrau** der Geburtsmutter wird – anders als der Ehemann der Geburtsmutter – **nicht automatisch (zweite) Mutter** des Kindes. Auch eine **Anerkennung der Mutterschaft** ist **nicht möglich**. Stattdessen muss die Ehefrau das Kind **erst adoptieren**, um (auch) rechtliche Mutter des Kindes zu werden. Bis dahin hat das Kind nur einen Elternteil.

Auch auf Samenspenden ist das geltende Abstammungsrecht nur bedingt eingestellt: So gibt es bisher keine Möglichkeit, vor Zeugung eines Kindes rechtssicher zu vereinbaren, wer – neben der Geburtsmutter – Vater oder Mutter werden soll. Bisher können daher Paare – dies können auch schwule und lesbische Paare sein – nicht rechtssicher verabreden, dass durch Becherspende ein Kind gezeugt werden soll, an dessen Erziehung beide Paare teilhaben wollen.

Das geltende Recht lässt **den leiblichen Vater** trotz klarer Verhältnisse und Einigkeit unter den Beteiligten dann, wenn die Mutter bei Geburt des Kindes noch mit einem anderen Mann verheiratet ist, **nur mit erheblichem Aufwand auch rechtlicher Vater werden.** Entweder müssen die Frau oder ihr Ehemann noch vor der Geburt des Kindes einen Scheidungsantrag einreichen, um dem leiblichen Vater im Einvernehmen mit der Mutter und ihrem Ehemann eine Anerkennung der Vaterschaft zu ermöglichen. Oder die Vaterschaft des Ehemannes muss in einem familiengerichtlichen Verfahren erst angefochten werden, bevor der leibliche Vater auch rechtlicher Vater des Kindes werden kann.

Auch in anderen Fällen ist das Interesse des leiblichen Vaters, auch rechtlicher Vater seines Kindes zu werden, nicht hinreichend geschützt: Hat der leibliche Vater ein familiengerichtliches Verfahren zur Feststellung seiner Vaterschaft eingeleitet, kann gleichwohl ein anderer Mann rechtlicher Vater werden, wenn er mit Zustimmung der Mutter die Vaterschaft anerkennt. Hat sich zwischen dem rechtlichen Vater und dem Kind eine sozial-familiäre Beziehung entwickelt, ist der leibliche Vater gegenwärtig ausnahmslos von der Anfechtung ausgeschlossen. Dies gilt selbst dann, wenn auch zwischen ihm und dem Kind eine tragfähige persönliche Beziehung besteht. Ein solcher Fall ist derzeit Gegenstand eines Verfahrens vor dem Bundesverfassungsgericht.

Nicht zuletzt trägt das geltende Recht auch dem Recht eines Kindes auf Kenntnis seiner leiblichen Abstammung nur unzureichend Rechnung. Will das Kind **gerichtlich klären lassen,** ob es **leiblich von einem anderen Mann als seinem rechtlichen Vater abstammt**, muss es dessen Vaterschaft beseitigen und den anderen Mann als rechtlichen Vater feststellen lassen. Eine Feststellung der leiblichen Vaterschaft ohne Anfechtung der rechtlichen Vaterschaft ist derzeit nicht vorgesehen. Außerdem kann **ein Kind über das Samenspenderregister nicht in Erfahrung** bringen, wer der Samen- oder Embryonenspender war, wenn die Zeugung mittels Samenspende **vor 2018** stattgefunden hat, die Samenspende **privat** erfolgt ist oder eine **Embryonenspende** genutzt worden ist.

II. Beibehaltung bisheriger Grundsätze

Die Reform wird die tragenden Grundsätze des Abstammungsrechts **beibehalten.**

- Wird ein Kind von einem Mann und einer Frau natürlich **gezeugt**, wird das Kind seinen biologischen Eltern im Regelfall auch rechtlich zugeordnet.
- **Mutter eines Kindes** ist die Frau, die das **Kind geboren** hat.
- **Vater des Kindes** ist der Mann, der bei der Geburt des Kindes mit der Mutter verheiratet ist, der die Vaterschaft mit Zustimmung der Mutter anerkennt oder dessen Vaterschaft gerichtlich festgestellt wird.
- **Zwei-Eltern-Prinzip:** Selbst, wenn sich ein Paar der Hilfe eines Dritten zur Zeugung eines Kindes bedient, bleibt es dabei, dass das Kind nicht mehr als zwei rechtliche Eltern haben soll. Eine Mehrelternschaft wird nicht eingeführt. Weitere Personen können allerdings sorgerechtliche Befugnisse oder ein Umgangsrecht erhalten.

III. Die Neuerungen im Überblick

Das Abstammungsrecht soll in zeitgemäßer Weise fortgeschrieben und die Defizite des geltenden Rechts sollen behoben werden, ohne dass dabei bewährte Grundsätze aufgegeben werden.

Vorgesehen sind folgende **Neuerungen**:

- **Mutterschaft einer Frau, die das Kind nicht geboren hat:** Neben der Geburtsmutter soll künftig auch eine weitere Frau kraft Ehe oder Anerkennung Mutter werden können. Ergänzend soll es Übergangslösungen für Kinder geben, die nach Einführung der „Ehe für alle“ geboren wurden und noch nicht adoptiert worden sind.
- **Elternschaftsvereinbarungen**: Künftig soll es möglich sein, durch **beurkundete Vereinbarung** rechtssicher zu bestimmen, wer – neben der Geburtsmutter – zweiter Elternteil des Kindes wird. Das kann eine Frau oder ein Mann sein. Durch Elternschaftsvereinbarung kann etwa verabredet werden, dass der leibliche Vater dem Kind sogleich als rechtlicher Vater zugeordnet werden soll, ohne dass es einer Ehe mit der Mutter, einer Anerkennung oder einer familiengerichtlichen Feststellung bedarf. Der biologische Vater kann aber auch auf seine rechtliche Vaterschaft verzichten, für die sich eine andere Person stark macht und als Elternteil die Verantwortung für das Kind übernimmt.

- **Rechtliche Vaterschaft des leiblichen Vaters erleichtern:**

  Betreibt der mutmaßlich leibliche Vater eines Kindes ein gerichtliches Verfahren zur Feststellung seiner Vaterschaft, soll künftig während dieses Verfahrens die Anerkennung der Vaterschaft durch einen anderen Mann nicht möglich sein.

  Außerdem soll die Anfechtung durch den leiblichen Vater nicht mehr zwingend ausgeschlossen sein, wenn eine sozial-familiäre Beziehung des Kindes zum zweiten Elternteil besteht. Vielmehr soll das Familiengericht nach Feststellung einer sozial-familiären Beziehung zwischen rechtlichem Vater und Kind künftig im Einzelfall prüfen, ob das Anfechtungsinteresse das Interesse am Fortbestand der bisherigen rechtlichen Vaterschaft überwiegt. Im Rahmen dieser Interessenabwägung sind sämtliche Umstände des Einzelfalles zu berücksichtigen, beispielsweise ob sich der leibliche Vater von Anfang an um das Kind bemüht hat, ob seine rechtliche Vaterschaft gezielt verhindert werden sollte und auch, ob die Zuordnung des leiblichen Vaters dem Wohl des Kindes besser entspricht als die Beibehaltung der bestehenden Vaterschaft. Vorrang soll dabei im Zweifel das Interesse am Erhalt der gelebten Familie haben.

  Erwartet eine verheiratete Frau ein Kind von einem anderen Mann als ihrem Ehemann, z.B. ihrem neuen Lebensgefährten, soll dieser andere Mann die Vaterschaft künftig ohne weiteres anerkennen können, sofern die (werdende) Mutter und ihr Ehemann zustimmen. Es bedarf hierzu weder der Anfechtung der Vaterschaft des Ehegatten noch der Einleitung eines Scheidungsverfahrens. Acht Wochen nach der Geburt des Kindes endet diese Möglichkeit.

- **Anfechtung:** Die Frist zur Anfechtung der Vaterschaft und zukünftig allgemein der Elternschaft, für die bisher eine Frist von zwei Jahren gilt, soll im Interesse des Kindes auf ein Jahr verkürzt werden. Die Mutterschaft der weiteren Frau soll dementsprechend unter denselben Voraussetzungen angefochten werden können wie die Vaterschaft. Für heranwachsende Anfechtungsberechtigte aber soll die Frist nicht vor Vollendung ihres 21. Lebensjahres enden. Künftig soll auch bei einer Anfechtung durch die Geburtsmutter oder das Kind das Bestehen einer sozial-familiären Beziehung des Kindes zum zweiten Elternteil berücksichtigt werden. Das Familiengericht soll auch insoweit im Einzelfall prüfen, ob das Anfechtungsinteresse das Interesse am Fortbestand der bisherigen Elternschaft überwiegt. Auch hier soll im Zweifel das Interesse am Erhalt der gelebten Familie Vorrang haben.

- **Erklärung des Nichtbestehens der Elternschaft**: Im Einvernehmen mit der Geburtsmutter soll der Ehemann bzw. die Ehefrau der Geburtsmutter in den ersten Wochen nach der Geburt des Kindes durch gemeinsame Erklärung vor dem Standesamt und

Vorlage bestimmter Nachweise die Auflösung seiner bzw. ihrer Elternschaft bewirken können

- **Recht des Kindes auf Kenntnis seiner leiblichen Abstammung**: Es soll ein familiengerichtliches Feststellungsverfahren eingeführt werden, mit dem die leibliche Abstammung festgestellt werden kann, ohne dass zuvor die rechtliche Vaterschaft angefochten werden muss, durch die das Kind den rechtlichen Vater verlieren würde. Künftig soll die Regelung auch den mutmaßlich genetischen Elternteil umfassen. Das Samenspenderregister soll zu einem Spenderdatenregister erweitert werden, das auch Altfälle, Embryonenspenden und private Samenspenden erfasst.

IV. Die Reformvorschläge im Einzelnen

1. Mutterschaft einer weiteren Frau und Eintrag der Elternschaft im Personenstandsregister

a) Mutterschaft einer weiteren Frau

Neben der Frau, die das Kind geboren hat, soll künftig eine weitere Frau Mutter des Kindes sein können: Mutter des Kindes soll auch die Frau sein,

- die im Zeitpunkt der Geburt mit der Geburtsmutter verheiratet ist oder
- die die Mutterschaft anerkennt.

Für die Anerkennung der Mutterschaft durch eine Frau sollen dieselben Regelungen gelten wie für die Anerkennung der Vaterschaft durch einen Mann.

Das **Zwei-Eltern-Prinzip** wird dabei beibehalten: Die zweite Elternstelle soll entweder durch einen Mann als Vater oder durch eine weitere Frau als Mutter besetzt werden können.

b) Eintrag der Elternschaft im Personenstandsregister

Mit der Reform wird zudem klargestellt, dass Personen ohne Angabe eines Geschlechts im Personenstandsregister, Personen mit dem Geschlechtseintrag „divers" oder Personen, die ihren Geschlechtseintrag geändert haben, entsprechend den allgemeinen Regelungen des Abstammungsrechts als rechtlicher Elternteil bzw. Vater oder Mutter in das Personenstandsregister eingetragen werden können.

2. Elternschaftsvereinbarungen

Durch **Elternschaftsvereinbarung** soll künftig rechtssicher bestimmt werden können, welche Person Vater oder Mutter neben der Geburtsmutter werden soll. Sie soll dazu dienen, frühzeitig klare Verhältnisse unter allen Beteiligten zu schaffen. Die Elternschaftsvereinbarung muss aufgrund ihrer weitreichenden Folgen **öffentlich beurkundet** werden, beispielsweise von einem Notar oder einem Urkundsbeamten des Jugend- oder des Standesamts.

Beispielhaft sind folgende Anwendungsfälle der Elternschaftsvereinbarung denkbar:

- Ein schwules Ehepaar und ein lesbisches Ehepaar verabreden die Zeugung eines Kindes. Es besteht Einvernehmen, dass die Geburtsmutter und der leibliche Vater die rechtlichen Eltern des Kindes sein sollen. Ihre beiden Ehepartner sollen eine unterstützende Funktion im Leben des Kindes einnehmen (**Regenbogenfamilie**). Die Beteiligten schließen eine beurkundete Elternschaftsvereinbarung. Kraft Elternschaftsvereinbarung wird der leibliche Vater dem Kind im Zeitpunkt der Geburt unmittelbar rechtlich als Vater zugeordnet; einer Ehe, Anerkennung oder Feststellung durch das Familiengericht bedarf es nicht.
- Ein Mann stellt sich einem Paar als privater Samenspender zur Verfügung und will selbst die Verantwortung für das Kind nicht übernehmen. Die Vaterschaft oder Mutterschaft soll – abgesehen von der Geburtsmutter – von deren Partner oder Partnerin übernommen werden; dieser oder diese will für das Kind einstehen. Das Paar und der private Samenspender schließen eine beurkundete Elternschaftsvereinbarung. Aufgrund der Elternschaftsvereinbarung wird der Partner oder die Partnerin der Mutter zweiter Elternteil des Kindes, der private Samenspender kann gerichtlich nicht als rechtlicher Vater festgestellt werden.

Die Elternschaftsvereinbarung soll die abstammungsrechtlichen Zuordnungstatbestände (Ehe, Anerkennung und gerichtliche Feststellung) ergänzen. Für die rechtliche Ausgestaltung ist Folgendes vorgesehen:

- Eine Elternschaftsvereinbarung soll **nur vor der Zeugung des Kindes** zulässig sein. Mit der Zeugung des Kindes soll feststehen, wer für die Entstehung des Kindes die Verantwortung trägt.
- Die Elternschaftsvereinbarung soll **Vorrang gegenüber den anderen Zuordnungstatbeständen** (Ehe, Anerkennung und gerichtliche Feststellung) haben.
- Die Elternschaftsvereinbarung soll **direkt zur Elternschaft führen**, ohne dass es einer Ehe, Anerkennung oder einer Feststellung bedarf.
- Die Elternschaftsvereinbarung schafft damit einen sicheren Weg zur Elternschaft – auch und gerade in Konstellationen, in denen das Kind andernfalls im Zeitpunkt der Geburt nicht unmittelbar zwei Elternteile erhielte.
- Die Elternschaftsvereinbarung soll nur **befristet gelten**. Sofern nichts anderes vereinbart wird, soll sie nur für das erste Kind gelten, das innerhalb der nächsten **drei Jahre**

gezeugt und geboren wird. Für ein nach Ablauf der Frist gezeugtes Kind gelten die allgemeinen Regelungen.

- Die Elternschaftsvereinbarung soll **widerruflich bzw. aufhebbar sein, solange kein Kind gezeugt wurde**. Jeder Beteiligte soll seine Erklärung **widerrufen**, alle Beteiligten sollen die Vereinbarung einvernehmlich **aufheben können**. Widerruf und Aufhebung sind zu beurkunden.
- Die Daten der Geburtsmutter und eines etwaigen Samenspenders werden dem Spenderdatenregister automatisch von der Beurkundungsstelle **übermittelt.** Nach der Geburtsanmeldung wird das Spenderdatenregister durch das **Geburtsstandesamt über die Geburt des Kindes informiert**. Im Geburtenregister des Kindes (nicht in der Geburtsurkunde) wird **ein Hinweis auf die Elternschaftsvereinbarung** aufgenommen. Dem Kind wird ermöglicht, durch Einblick in sein Geburtenregister festzustellen, ob es ein Spenderkind ist und Daten im Spenderdatenregister eingetragen sind.

Exkurs: Elternschaftsvereinbarungen und Sorge- und Umgangsrecht

Neben der Reform des Abstammungsrechts ist für diese Legislaturperiode auch eine **Reform des Kindschaftsrechts** geplant. Das Kindschaftsrecht regelt das Rechtsverhältnis zwischen einem minderjährigen Kind und seinen rechtlichen Eltern, insbesondere Fragen des Sorge- und Umgangsrechts. Beide Reformen werden **aufeinander abgestimmt**: Denn wenn Personen eine Elternschaftsvereinbarung schließen, stellen sich damit einhergehend auch Fragen des Sorge- und Umgangsrechts. Die für Elternschaftsvereinbarungen relevanten Aspekte der geplanten Reform des Kindschaftsrechts sind folgende:

Originäres Sorgerecht des zweiten Elternteils: Neben der Geburtsmutter soll auch der durch die Elternschaftsvereinbarung bestimmte zweite Elternteil das „volle" Sorgerecht für das Kind haben. Es bleibt dabei, dass das Sorgerecht nur einer Person oder zwei Personen gemeinsam zustehen kann.

Gewährung sorgerechtlicher Befugnisse für bis zu zwei weitere Erwachsene: Durch eine mit den rechtlichen Eltern zu schließende Vereinbarung sollen sorgerechtliche Befugnisse (nicht aber das Sorgerecht selbst) bis zu zwei weiteren Erwachsenen eingeräumt werden können. Diese Möglichkeit zur Vereinbarung sorgerechtlicher Befugnisse soll das derzeit vorgesehene gesetzliche „kleine Sorgerecht" des Ehegatten des alleinsorgeberechtigten Elternteils ersetzen. Hierdurch können die sorgerechtlichen Befugnisse flexibler und passgenauer an die Interessen und Bedürfnisse der Beteiligten angepasst werden.

Vereinbarungen über den Umgang des Kindes: Personen, die keine rechtlichen Eltern sind, sollen mit den rechtlichen Eltern Vereinbarungen über den Umgang mit dem Kind schließen können oder auch auf ein ihnen kraft Gesetzes zustehendes Umgangsrecht verzichten können. Möglich soll insbesondere sein:

- der zu beurkundende (weil unabänderliche) Verzicht des Samenspenders auf Umgang mit seinem leiblichen Kind, wenn er nicht an dessen Leben teilhaben möchte,
- die Vereinbarung des Umgangs des leiblichen Vaters mit dem Kind mit einer konkreten Regelung von Zeiten und Modalitäten,
- die Vereinbarung des Umgangs von Ehegatten oder Partnerinnen bzw. Partnern der rechtlichen Eltern mit dem Kind (Trennungs- und Regenbogenfamilien).

Ergeben sich **Meinungsverschiedenheiten über die Durchführung des Umgangs auf Grundlage der Umgangsvereinbarung**, soll das Familiengericht über den Umgang entscheiden. Maßstab ist das Kindeswohl.

Die **Auflösung der Umgangsvereinbarung** soll einvernehmlich durch die Beteiligten oder einseitig durch den Berechtigten oder die rechtlichen Eltern erfolgen können. Auch nach Beendigung der Vereinbarung kann ein gesetzliches Umgangsrecht bestehen, beispielsweise des leiblichen Vaters. Beruft sich jemand, der gemäß einer Umgangsvereinbarung zum Umgang berechtigt war, nach Auflösung der Vereinbarung auf ein gesetzliches Umgangsrecht, wird vermutet, dass der Umgang so wie er in der Vergangenheit entsprechend der Vereinbarung gelebt wurde, dem Wohl des Kindes auch weiterhin dient. Das Familiengericht soll aber eine andere Entscheidung treffen, wenn es Anhaltspunkte dafür gibt, dass der Umgang oder seine Modalitäten dem Kindeswohl nicht dienen, etwa, wenn Streit entsteht, der das Kind in einen schweren Loyalitätskonflikt bringt.

---

3. Erleichterung der Erlangung der rechtlichen Vaterschaft für den leiblichen Vater

a) Sperrwirkung eines anhängigen Feststellungsverfahrens

Solange ein gerichtliches Verfahren zur Feststellung der Vaterschaft eines Mannes eingeleitet wurde und noch nicht beendet ist, soll es nicht möglich sein, dass ein anderer Mann die Vaterschaft für dieses Kind anerkennt. Eine Ausnahme gilt dann, wenn der Mann, der die Vaterschaft mit Zustimmung der Mutter anerkennt, nachweislich der leibliche Vater des Kindes ist.

Mit dieser Regelung soll verhindert werden, dass eine Elternschaft nur zu dem Zweck anerkannt wird, die gerichtliche Feststellung des leiblichen Vaters zu verhindern. Damit soll eine Regelungslücke geschlossen werden, die es dem leiblichen Vater erschwert bzw. unter Umständen sogar dauerhaft unmöglich macht, rechtlicher Vater seines Kindes zu werden.

Beispiel: Ein Mann und eine Frau leben in nichtehelicher Lebensgemeinschaft zusammen und zeugen ein Kind. Während der Schwangerschaft trennt sich das Paar. Der leibliche Vater möchte die Vaterschaft anerkennen, die Mutter stimmt nicht zu. Daraufhin leitet der leibliche Vater ein gerichtliches Verfahren zur Feststellung seiner Vaterschaft ein. Die Mutter sucht einen Bekannten auf, der die Vaterschaft nur anerkennen soll, um die gerichtliche Feststellung der Vaterschaft des leiblichen Vaters zu verhindern (sog. Sperrvater). Eine solche Vaterschaftsanerkennung soll nach der geplanten Neuregelung keine Wirksamkeit entfalten.

b) Interessenabwägung bei festgestellter sozial-familiärer Beziehung

Ist ein Mann, der nicht leiblicher Vater des Kindes ist, rechtlicher Vater des Kindes geworden und will der leibliche Vater im Wege der Anfechtung seinerseits rechtlicher Vater werden, scheitert er derzeit häufig daran, dass das Kind bereits eine sozial-familiäre Beziehung zu dem anderen Mann aufgebaut hat. Um sämtlichen Umständen des Einzelfalls im Rahmen des Anfechtungsverfahrens besser Rechnung tragen zu können – etwa einer persönlichen Beziehung des Kindes auch zu seinem leiblichen Vater –, soll eine sozial-familiäre Beziehung des Kindes zu dem rechtlichen Vater oder der rechtlichen Mutter, die nicht die Geburtsmutter ist, die Anfechtung des leiblichen Vaters künftig nicht mehr ausnahmslos ausschließen.

Vielmehr soll die Anfechtung für den leiblichen Vater nur dann ohne Erfolg bleiben, wenn eine sozial-familiäre Beziehung des Kindes zum zweiten Elternteil besteht und das Familiengericht im Rahmen einer Interessenabwägung, die es künftig vorzunehmen hat, zu dem Ergebnis kommt, dass sein Anfechtungssinteresse das Interesse am Fortbestand der bisherigen Elternschaft nicht überwiegt. Im Rahmen der Interessenabwägung sind sämtliche Umstände des Einzelfalls zu berücksichtigen, beispielsweise, ab wann sich der leibliche Vater um das Kind bemüht hat, ob er über die Existenz des Kindes getäuscht wurde oder ob der andere Mann nur rechtlicher Vater wurde, um dem leiblichen Vater die Möglichkeit eines Feststellungsverfahrens zu nehmen, durch das er die Vaterschaft erlangen würde. Bedeutung hat auch das Kindeswohl, das abhängig vom Alter des Kindes und seiner Bindung an den rechtlichen Vater oder an den leiblichen Vater der entscheidende Faktor sein kann. Das Interesse am Erhalt der gelebten Familie soll im Zweifel Vorrang haben.

Beispiel: Eine Frau und ein Mann zeugen planmäßig ein Kind. Während die Frau kurz nach der Geburt des Kindes wieder ihrem Beruf nachgeht, übernimmt in erster Linie der Mann die Verantwortung für das Kind, indem er dieses täglich umsorgt und erzieht. Über einen Zeitraum von mehr als zwei Jahren leben die Frau und der Mann harmonisch mit dem Kind in einem Haushalt zusammen. Zu einer Anerkennung des Mannes kommt es nicht. Als sich die Frau einem anderen Mann zuwendet, trennt sie sich – für diesen unerwartet – vom leiblichen Vater des Kindes. Nach nur wenigen Tagen zieht sie mit dem Kind zu ihrem neuen Partner. In der Folgezeit kommt es aber weiterhin zu mehrtägigen Umgangskontakten des leiblichen Vaters mit dem Kind. Der neue Partner der Frau hingegen ist häufig beruflich im Ausland unterwegs. Wenige Wochen später erkennt dieser die Vaterschaft für das Kind mit Zustimmung der

Frau an. Der leibliche Vater leitet daraufhin ein Anfechtungsverfahren bei dem Familiengericht ein. Als die Verhandlung erst ein Jahr später stattfindet, stellt das Familiengericht fest, dass eine lose sozial-familiäre Beziehung des Kindes zum neuen Partner der Mutter entstanden ist. Im Rahmen der deshalb vorzunehmenden Interessenabwägung würdigt das Familiengericht aber, dass eine enge sozial-familiäre Beziehung des Kindes zu seinem leiblichen Vater besteht, der von vornherein die Verantwortung für das Kind getragen hat und dies im Rahmen regelmäßiger mehrtägiger Umgangskontakte auch weiterhin tut.

c) Anerkennung der Vaterschaft mit Zustimmung auch des Ehegatten der Mutter

Damit die Eltern-Kind-Zuordnung des Ehegatten in unstreitigen Sachverhalten einfacher, insbesondere ohne ein familiengerichtliches Anfechtungsverfahren, korrigiert werden kann, soll die – schon im geltenden Recht vorgesehene – Anerkennung der Vaterschaft mit Zustimmung auch des Ehegatten der Mutter ausgeweitet werden. Diese betrifft Kinder, die in eine Ehe hineingeboren werden und für die der Ehemann der Mutter kraft Gesetzes rechtlicher Vater wird, obwohl alle Beteiligten wissen, dass ein anderer Mann der leibliche Vater ist. Gegenwärtig kann der leibliche Vater die Vaterschaft nur dann mit Zustimmung der Mutter und ihres Ehemannes anerkennen, wenn schon vor der Geburt des Kindes ein Scheidungsverfahren eingeleitet wurde. Die Erklärung führt rückwirkend auf den Zeitpunkt der Geburt dazu, dass der Anerkennende anstelle des Ehemannes der Mutter der rechtliche Vater des Kindes wird.

Eine Anerkennung der Vaterschaft mit Zustimmung auch des Ehegatten der Mutter soll künftig **auch ohne Scheidungsverfahren** möglich sein: Schon während der Schwangerschaft, spätestens **bis acht Wochen nach der Geburt des Kindes** soll eine andere Person – in der Regel der neue Lebensgefährte der Mutter, der das Kind gezeugt hat – die Elternschaft mit Zustimmung der Mutter und ihres Ehemannes – dem bisherigen rechtlichen Vater des Kindes – anerkennen können. Auf diese Weise soll den Beteiligten der bislang zwingend erforderliche Gang zum Familiengericht (Scheidungsantrag oder Vaterschaftsanfechtung) erspart werden, wenn sich alle einig sind.

Beispiel: Ein Mann und eine Frau sind miteinander verheiratet. Die Frau hat eine sexuelle Beziehung zu einem anderen Mann, aus der ein Kind hervorgeht. Das Ehepaar hält an der Ehe fest. Beide Ehegatten und der genetische Vater des Kindes sind sich aber einig, dass der leibliche Vater die rechtliche Verantwortung für das Kind tragen soll. Der leibliche Vater erkennt daher schon vor der Geburt des Kindes die Vaterschaft mit Zustimmung beider Ehegatten an.

4. Anfechtung der Elternschaft

Im Zuge der Reform des Abstammungsrechts sollen weitere Regelungen über die Anfechtung der Elternschaft angepasst werden.

- **Anfechtungsberechtigt** sollen – wie bisher – die rechtlichen Eltern, das Kind und jede dritte Person sein, die die Elternschaft unter Berufung auf ihre (mutmaßlich) leibliche Vaterschaft anstrebt.
- Die Anfechtung soll weiterhin grundsätzlich Erfolg haben, wenn das Kind **genetisch nicht von seinem rechtlichen Vater abstammt**.
- Die Anfechtung der Vaterschaft soll im Fall einer Samenspende aber ausgeschlossen sein, wenn der Samenspender auf seine Vaterschaft verzichtet hat und der rechtliche Vater **die Entstehung des Kindes gewollt und dies auch erklärt hat,**
  - indem er durch Elternschaftsvereinbarung die Verantwortung für die Entstehung des Kindes übernommen hat, oder
  - indem er in die medizinisch unterstützte künstliche Befruchtung der Geburtsmutter mittels Samenspende eines Dritten eingewilligt hat,

  Eine Anfechtung ist auch in diesen Fällen aber beispielsweise möglich, wenn:
  - gar keine Elternschaftsvereinbarung geschlossen oder sie nicht beurkundet wurde,
  - die Elternschaftsvereinbarung unwirksam ist, z.B. infolge Täuschung,
  - oder das Kind nicht von dem Samenspender gezeugt wurde, den der zweite Elternteil mit ausgesucht und akzeptiert hat.

Beispiel: Ein Mann und eine Frau sind miteinander verheiratet. In einer Elternschaftsvereinbarung haben sie vereinbart, dass der Mann rechtlicher Vater eines mit privater Samenspende gezeugten Kindes wird. Als das Kind zehn Jahre alt wird, wird die Ehe geschieden. Aufgrund der Elternschaftsvereinbarung steht die Vaterschaft des Ehemannes fest. Sie ist nicht anfechtbar, auch nicht auf Antrag des Kindes. Allerdings kann das Kind über die Elternschaftsvereinbarung (und das Spenderdatenregister) in Erfahrung bringen, wer sein leiblicher Vater ist. Eine Anfechtung der Vaterschaft ist dagegen möglich, wenn sich herausstellt, dass das Kind mit der Samenspende eines anderen Mannes gezeugt wurde als in der Elternschaftsvereinbarung verabredet.

- **Soziale Bindungen des Kindes** sollen künftig **ebenso wie bei der Anfechtung durch den mutmaßlich leiblichen Vater berücksichtigt werden, wenn die Geburtsmutter oder das Kind die Vaterschaft anfechten.** Besteht eine sozial-familiäre Beziehung des Kindes zum rechtlichen Vater, soll das Familiengericht deshalb prüfen, ob das Anfechtungsinteresse im Einzelfall das Interesse am Erhalt der bisherigen Vaterschaft überwiegt. Unberührt bleibt das Anfechtungsrecht des rechtlichen Vaters.

- Die **Mutterschaft der weiteren Frau** soll künftig **unter den gleichen Voraussetzungen** angefochten werden können wie die Vaterschaft.

- Darüber hinaus soll ein Mann, der die Vaterschaft anerkennt, obwohl er schon bei der Anerkennung **weiß**, dass er das Kind **weder gezeugt hat noch in eine ärztlich unterstützte künstliche Befruchtung der Frau mittels Samenspende eines Dritten eingewilligt hat**, künftig nicht mehr anfechten können. Die Anfechtung ist nur bei sicherer Kenntnis ausgeschlossen, Zweifel genügen nicht. Dasselbe soll auch für die Mutter neben der Geburtsmutter gelten; bei sicherer Kenntnis soll sie ebenfalls nicht anfechten können. Für die Geburtsmutter, die der Anerkennung zugestimmt hat, soll Entsprechendes gelten.

Beispiel: Eine Frau erkennt mit Zustimmung der Geburtsmutter die Mutterschaft für das Kind an, mit dem ihre Partnerin bereits schwanger ist, als die beiden sich kennenlernen. Beide Frauen wissen mithin, dass das Kind auch nicht aus einer medizinisch unterstützten künstlichen Befruchtung stammt, in die die anerkennende Frau vor der Zeugung des Kindes eingewilligt hat. Die Frau, die in diesem Fall durch Anerkennung Mutter neben der Geburtsmutter wird, kann ihre Mutterschaft daher nicht anfechten. Auch die Geburtsmutter kann die Mutterschaft ihrer Partnerin nicht anfechten.

Hätten die beiden Frauen vor der Geburt geheiratet, wäre die zweite Mutterschaft nach allgemeinen Grundsätzen anfechtbar.

- Um längere Zeiten der Unsicherheit zu vermeiden und damit möglichst früh feststeht, wer die rechtlichen Eltern eines Kindes sind, soll die **Anfechtungsfrist** für alle Beteiligten **auf ein Jahr verkürzt werden.** Da die Anfechtung dazu führt, dass die Verwandtschaft des Kindes zum Vater und beispielsweise auch zu den Großeltern väterlicherseits rückwirkend entfällt, soll die Frist für gerade volljährig gewordene Anfechtungsberechtigte aber nicht vor Vollendung ihres 21. Lebensjahres enden, um diese vor einer übereilten Entscheidung in der Phase des Heranwachsens zu schützen.
- Im Übrigen soll es dabei bleiben, dass die Anfechtungsfrist für das Kind erneut zu laufen beginnt, wenn es von Umständen erfährt, die die Vaterschaft oder Mutterschaft der weiteren Frau für das Kind unzumutbar machen.
- Für das gerichtliche Verfahren ist zudem geplant, dass das Familiengericht das Anfechtungsverfahren künftig **aussetzen können soll**, solange und soweit eine **Kindeswohlgefährdung** besteht.

5. Erklärung des Nichtbestehens der Elternschaft des Ehegatten der Geburtsmutter

Verheirateten Eltern soll es künftig leichter möglich sein, die Eltern-Kind-Zuordnung des **Ehegatten der Geburtsmutter**, der kraft Gesetzes Elternteil des Kindes geworden ist, zu korrigieren: Ein gerichtliches Anfechtungsverfahren soll in solchen Fällen entbehrlich sein. Stattdessen soll es den Ehegatten möglich sein, einvernehmlich das Nichtbestehen der Elternschaft gegenüber dem Standesamt zu erklären, etwa in Fällen, in denen die Ehe eines Mannes und einer Frau seit Längerem nicht mehr gelebt wird und daher feststeht, dass der Ehemann das Kind nicht gezeugt hat.

Anwendungsbereich der Erklärung des Nichtbestehens der Elternschaft:

- Das Nichtbestehen der Elternschaft kann **nur einvernehmlich** von den **verheirateten rechtlichen Eltern des Kindes** erklärt werden.
- Das Nichtbestehen der Elternschaft soll – genau wie bei der Erleichterung der Anerkennung der Vaterschaft auch mit Zustimmung des Ehegatten der Mutter (vgl. III.3 b)) – nur **bis zum Ablauf von acht Wochen nach der Geburt des Kindes** erklärt werden können.

Prüfung durch das Standesamt: Bevor es die Erklärung der Ehegatten beurkundet, soll das Standesamt durch Einsichtnahme in das Geburtenregister der Eltern und durch Einsichtnahme in bestimmte, von den Ehegatten selbst vorzulegende Urkunden prüfen, ob die Vaterschaft bzw. Mutterschaft des zweiten Elternteils **nach Aktenlage** ausgeschlossen ist. Um gleiche Ergebnisse wie bei einer gerichtlichen Anfechtung zu erreichen, soll das Standesamt auf der Grundlage vorzulegender oder durch Registerabfrage zu beschaffender Nachweise sicherstellen, dass das Kind nachweislich nicht von dem Ehegatten der Mutter abstammt und dieser im Vorfeld der Zeugung auch nicht durch Elternschaftsvereinbarung oder durch Einwilligung in die medizinisch assistierte künstliche Befruchtung mittels Samenspende eines Dritten die Verantwortung für die Entstehung des Kindes übernommen hat. Nachweise in diesem Sinne sind beispielsweise: ein negatives Abstammungsgutachten, eine Negativauskunft aus dem Spenderdatenregister und das Fehlen einer zum Geburtsstandesamt der Mutter gemeldeten Elternschaftsvereinbarung.

Rechtsfolgen: Sind diese Voraussetzungen belegt, soll das **Standesamt die gemeinsame Erklärung der Ehegatten beurkunden**, dass der Ehemann bzw. die Ehefrau der Geburtsmutter nicht der Vater bzw. die Mutter des Kindes ist – die Erklärung des Nichtbestehens der Elternschaft. Damit wird die **Vaterschaft bzw. die Mutterschaft der weiteren Frau beseitigt**. Das Geburtenregister des Kindes ist zu berichtigen. Liegen die Nachweise nicht vor, lehnt das Standesamt die Beurkundung der Erklärung ab. Den Beteiligten steht dann das gerichtliche Anfechtungsverfahren zur Verfügung, so dass kein eigenständiger Rechtsschutz erforderlich ist.

Beispiel: Zwei Frauen sind miteinander verheiratet. Ungeplant zeugt eine der beiden Frauen mit einem Mann ein Kind – ohne vorherige Absprache mit ihrer Partnerin. Die Ehefrau der Mutter wird bei Geburt des Kindes kraft Gesetzes Mutter neben der Geburtsmutter. Die beiden Frauen sind darüber einig, dass die zweite Frau nicht Mutter des Kindes sein soll, weil sie nicht im Vorfeld der Zeugung die Verantwortung für die Entstehung des Kindes übernommen hat. Sie gehen daher zum Standesamt und erklären übereinstimmend, dass die zweite Frau nicht Mutter des Kindes ist. Dazu legen sie die erforderlichen

Nachweise vor. In einem zweiten Schritt prüft das Standesamt, ob beim Geburtsstandesamt der Mutter eine Elternschaftsvereinbarung gemeldet ist. Da auch das nicht der Fall ist, beurkundet das Standesamt die Erklärung mit der Folge, dass die Ehefrau der Geburtsmutter nicht rechtliche Mutter des Kindes ist.

6. Bekämpfung missbräuchlicher Anerkennungen der Vaterschaft und der Mutterschaft sowie von missbräuchlichen Elternschaftsvereinbarungen

Die Anerkennung der Vaterschaft kann gezielt gerade zu dem Zweck erklärt werden, um einem Elternteil oder dem Kind missbräuchlich ein Aufenthaltsrecht zu vermitteln. Bei den bisherigen Regelungen sind im Ergebnis einer Evaluierung Defizite erkennbar geworden. Die bestehenden Regelungen zur Bekämpfung missbräuchlicher Vaterschaftsanerkennungen sollen im Wege eines gesonderten Gesetzgebungsvorhabens verbessert werden. Diese Regelungen sollen auf die neu einzuführenden Mutterschaftsanerkennungen und Elternschaftsvereinbarungen erweitert werden.

7. Recht auf Kenntnis der eigenen Abstammung

Vor allem um das Recht des Kindes auf Kenntnis seiner leiblichen Abstammung zu stärken, sind verschiedene gesetzliche Änderungen geplant.

- Es soll ein sog. **statusunabhängiges Feststellungsverfahren** eingeführt werden: Mit diesem soll zukünftig auch die gerichtliche Feststellung der leiblichen Elternschaft **eines mutmaßlich genetischen Elternteils (Vater oder Mutter)** ermöglicht werden – ohne dass sich daraus Konsequenzen für die rechtliche Elternschaft ergeben. Das neue Verfahren soll an die Stelle des bisherigen Abstammungsklärungsanspruchs treten. Der gerichtliche Beschluss soll feststellen, ob die leibliche Abstammung besteht oder nicht. Es soll keine Frist für die Verfahrenseinleitung und keinen Vorrang oder Nachrang zu Statusverfahren (Anfechtung bzw. Feststellung der rechtlichen Elternschaft) geben.
- Das **Samenspenderregister** soll ausgebaut werden **zu einem allgemeinen Spenderdatenregister**, in dem neben offiziellen und privaten Samenspenden auch Embryonenspenden erfasst werden können. Zudem soll geprüft werden, ob eine freiwillige Eintragung im Ausland durchgeführter Eizellspenden ermöglicht werden kann. Die **Eintragung privater Samenspenden** in das Spenderdatenregister soll bei **Elternschaftsvereinbarungen** durch eine automatische Mitteilung der Beurkundungsstelle ermöglicht werden. **Altfälle von Samenbank-Spenden aus der Zeit vor 2018** sollen ebenfalls in das Register eingetragen werden, soweit die Daten noch verfügbar sind.
- Die Reform soll **Übergangsvorschriften für Kinder**, die **nach der Einführung der „Ehe für alle" gezeugt worden sind**, und zur stufenweisen Einführung der notwendigen technischen Vorkehrungen für die Register vorsehen.

8. Sonstige Punkte

- Es wird gesetzlich klargestellt, dass die Mitwirkung eines Wunschelternteils an der Durchführung einer künstlichen Befruchtung **nicht bestraft wird**, wenn die Geburtsmutter einverstanden ist und eine private Samenspende verwendet wird. Da das Embryonenschutzgesetz für künstliche Befruchtungen einen Arztvorbehalt aufstellt, ist die künstliche Befruchtung mittels privater Samenspende für die Person, die die künstliche Befruchtung vornimmt, strafbar. Lediglich die Strafbarkeit der Geburtsmutter und des Samenspenders selbst ist bislang ausgeschlossen. Die sog. Becherspende aber sollte auch für den Wunschelternteil nicht zur Strafbarkeit führen können. Im Übrigen soll die Strafbarkeit unberührt bleiben.
- Für Kinder, die **nach Einführung der „Ehe für alle" und vor Inkrafttreten der Reform** in Ehen von zwei Frauen hineingeboren wurden, soll die Anerkennung der Mutterschaft durch die Ehefrau der Geburtsmutter ermöglicht werden, sofern eine Adoption noch nicht erfolgt ist. Eine automatische Zuordnung wird nicht vorgesehen.

- **Eckpunkte für eine Reform des Kindschaftsrechts vom 25. Januar 2024**[641]

Bundesministerium der Justiz

25. Januar 2024

Eckpunkte des Bundesministeriums der Justiz für eine Reform des Kindschaftsrechts:

Modernisierung von Sorgerecht, Umgangsrecht und Adoptionsrecht

Zusammenfassung

Das deutsche Familienrecht trägt an zahlreichen Stellen der Realität des Familienlebens nicht mehr Rechnung. Modernisiert werden müssen insbesondere die Regeln über das Sorge- und Umgangsrecht sowie das Adoptionsrecht. Im Koalitionsvertrag für die 20. Legislaturperiode haben die Regierungsparteien eine entsprechende Reform vereinbart. Das Bundesministerium der Justiz (BMJ) hat hierfür Vorschläge erarbeitet. Die Vorschläge zielen zum einen darauf, Trennungsfamilien besser dabei zu unterstützen, eine am Kindeswohl orientierte partnerschaftliche Betreuung minderjähriger Kinder zu verwirklichen. Dazu sollen Autonomie und Gestaltungsmöglichkeiten der Eltern gestärkt werden. Außerdem soll der Schutz vor häuslicher Gewalt in Sorge- und Umgangsverfahren verbessert werden. Darüber hinaus soll die Rechtsstellung von Kindern gestärkt werden: Kinder sollen eigene Rechte auf Umgang und auch aktive Mitwirkungsmöglichkeiten erhalten; zudem soll ihr Recht auf Kenntnis der eigenen Abstammung besser geschützt werden. Des Weiteren soll das Adoptionsrecht liberalisiert werden: Das Bestehen einer Ehe soll für die gemeinsame Adoption minderjähriger Kinder keine Voraussetzung mehr sein, die Einzeladoption durch einen Ehegatten soll zugelassen werden. Schließlich soll das Kindschaftsrecht durch die Reform an systematischer und begrifflicher Klarheit gewinnen.

I. Ausgangslage

Die Beziehung des minderjährigen Kindes zu seiner Familie ist im Bürgerlichen Gesetzbuch (BGB) geregelt. Die entsprechenden Regeln werden häufig unter dem Oberbegriff Kindschaftsrecht zusammengefasst. Das Kindschaftsrecht enthält Regelungen zur elterlichen Sorge, zu Umgangsrechten und zum Kindesschutz. Die elterliche Sorge umfasst die Pflicht und das Recht der Eltern, für das minderjährige Kind zu sorgen. Gegenstand des Umgangsrechts ist jede Form des Kontakts und die Pflege persönlicher Beziehungen zwischen dem Kind und seinen Eltern.

---

641 Das Eckpunktepapier für eine Reform des Kindschaftsrechts vom 25. Januar 2024 ist online abrufbar unter: https://www.bmj.de/SharedDocs/Downloads/DE/Themen/Nav_Themen/240115_Eckpunkte_Kindschaftsrecht.html?nn=110490 (zuletzt aufgerufen am 17. Mai 2024).

Eine umfassende Reform des Kindschaftsrechts wird seit langem gefordert.[1] Die letzte grundlegende Reform erfolgte im Jahr 1998, also vor einem Vierteljahrhundert im letzten Jahrtausend. Seitdem hat sich in vielen Bereichen ein weitreichender gesellschaftlicher Wandel vollzogen. Dieser hat bislang allerdings nur zu punktuellen gesetzgeberischen Änderungen geführt, zum Beispiel bei der rechtlichen Stellung von Vätern sowie bei speziellen Konstellationen der Personensorge.[2] Insgesamt trägt das Kindschaftsrecht modernen Familienkonstellationen nur unzureichend Rechnung. Davon betroffen sind insbesondere nichteheliche Lebensgemeinschaften, Trennungs-, Patchwork- und Regenbogenfamilien.

Eltern nehmen heute vermehrt gemeinsam Erziehungsverantwortung wahr, auch wenn sie getrennt leben und zum Beispiel ihre Kinder im Wechselmodell betreuen. Das Kindschaftsrecht ist darauf nicht hinreichend eingestellt. Auch dann, wenn die elterliche Sorge (umgangssprachlich: das Sorgerecht) beiden Elternteilen zukommt, geht das Kindschaftsrecht von einem Betreuungsmodell aus, bei dem ein Elternteil das Kind überwiegend betreut und der andere Elternteil das Kind lediglich an einzelnen Tagen und in den Ferien sieht. Das hat eine rechtliche Ungleichbehandlung der Elternteile zur Folge: Der Elternteil, der aus Sicht des Kindschaftsrechts der betreuende Elternteil ist, darf „Angelegenheiten des täglichen Lebens" des Kindes allein entscheiden und benötigt nur bei „Angelegenheiten von erheblicher Bedeutung" das Einvernehmen des anderen Elternteils; der andere Elternteil darf dagegen lediglich „Angelegenheiten der tatsächlichen Betreuung" allein entscheiden.

Nicht hinreichend Rechnung trägt das Kindschaftsrecht ferner dem Umstand, dass heute viele Eltern zum Zeitpunkt der Geburt nicht verheiratet sind. Ein nicht mit der Mutter verheirateter Vater erhält das gemeinsame Sorgerecht ohne ein gerichtliches Verfahren nur, wenn die Mutter mit ihm gemeinsam eine Sorgeerklärung abgibt. Gerade weil heute viele Väter von Geburt an Verantwortung für das Kind übernehmen wollen, ist diese Regelung nicht mehr zeitgemäß.

Defizite weist das geltende Kindschaftsrecht ferner auf, soweit es um die Berücksichtigung von häuslicher Gewalt in Sorge- und Umgangsverfahren geht. Zwar muss das Familiengericht bereits nach derzeitiger Rechtslage häusliche Gewalt bei der Prüfung einer Einschränkung oder eines Ausschlusses des Umgangsrechts berücksichtigen. Insgesamt mangelt es dem Gesetz nach Einschätzung von Expertinnen und Experten insoweit aber an Klarheit. Deutschland hat

---

[1] Bereits die vom BMJ im Jahr 2018 eingesetzte Arbeitsgruppe „Sorge- und Umgangsrecht, insbesondere bei gemeinsamer Betreuung nach Trennung und Scheidung" forderte eine Reform des Kindschaftsrechts, die elterliche Verantwortung stärken, die Gestaltungsmöglichkeiten der Eltern verbessern sowie einvernehmliche Lösungen erleichtern und fördern sollte. Die vorliegenden Eckpunkte nehmen zahlreiche Empfehlungen der Arbeitsgruppe auf.

[2] Gesetz zur Reform der elterlichen Sorge nicht miteinander verheirateter Eltern vom 16. April 2013; Gesetz zur Stärkung der Rechte des leiblichen, nicht rechtlichen Vaters vom 13. Juli 2013; Gesetz zur Einführung eines familiengerichtlichen Genehmigungsvorbehaltes für freiheitsentziehende Maßnahmen bei Kindern vom 17. Juli 2017; Gesetz zum Schutz von Kindern mit Varianten der Geschlechtsentwicklung vom 12. Mai 2021; Gesetz zur Stärkung von Kindern und Jugendlichen vom 3. Juni 2021.

im Jahr 2017 das Übereinkommen des Europarats zur Verhütung und Bekämpfung von Gewalt gegen Frauen und häuslicher Gewalt, die sogenannte Istanbul-Konvention, ratifiziert. Die Expertengruppe des Europarats zur Bekämpfung von Gewalt gegen Frauen und häuslicher Gewalt (GREVIO) hat an die deutschen Behörden nachdrücklich appelliert, die Auswirkungen der gegenwärtigen gerichtlichen Praxis bei der Entscheidung über das Sorge- und Umgangsrecht auf die Sicherheit von gewaltbetroffenen Elternteilen und ihrer Kinder einer Prüfung zu unterziehen.

Weitere Defizite des geltenden Rechts betreffen das Umgangsrecht. So haben Kinder ein Recht auf Umgang bislang nur gegenüber beiden rechtlichen Elternteilen – und nicht gegenüber anderen Personen wie etwa den Großeltern.

Das Adoptionsrecht soll punktuell im Hinblick auf die Aufträge aus dem Koalitionsvertrag angepasst werden. So werden die Vorschriften über die Zulässigkeit von Einzeladoption bei Verheirateten und gemeinsamer Adoption bei unverheirateten Personen modernisiert. Darüber hinaus wird mit einer Änderung des § 1758 BGB gesetzlich klargestellt, dass Kinder ab 16 Jahren eine Alleinentscheidungsbefugnis haben, was die Zustimmung zur Offenbarung oder Ausforschung von Tatsachen über die Adoption anbelangt.

II. Die Ziele der Reform und die Reformvorschläge im Überblick

Die Regeln über das Sorge- und Umgangsrecht sowie das Adoptionsrecht sollen so modernisiert werden, dass sie *allen* in der Gesellschaft gelebten Familienformen hinreichend Rechnung tragen und die Rechtsstellung von Kindern gestärkt wird; die Defizite des geltenden Rechts sollen behoben werden, Autonomie und Gestaltungsmöglichkeiten der Eltern sollen ausgebaut werden, das Kindschaftsrecht soll dadurch auch weniger streitanfällig werden. Im Einzelnen sind insbesondere folgende Änderungen vorgesehen:

- **Mehr Gestaltungsmöglichkeiten in Bezug auf das elterliche Sorgerecht:** Eltern sollen künftig mehr Autonomie in Bezug auf ihr Sorgerecht haben und zum Beispiel Vereinbarungen über das Sorgerecht schließen können.
- **„Kleines Sorgerecht": Vereinbarungen der Eltern mit Dritten über sorgerechtliche Befugnisse:** Die Sorgeberechtigten (im Regelfall also die Eltern) sollen künftig durch Vereinbarung bis zu zwei weiteren Personen – zum Beispiel ihren jeweils neuen Partnern – sorgerechtliche Befugnisse einräumen können.
- **Vereinbarungen über das Umgangsrecht zwischen den Eltern:** Eltern sollen künftig Vereinbarungen über die Regelung des Umgangs schließen können, die sofort vollstreckbar sind: also von einem Elternteil gegen den anderen durchgesetzt werden können, ohne dass der Elternteil, der die Vereinbarung geltend macht, sich hierfür einen Titel vor Gericht beschaffen muss.

- **Vereinbarungen über Umgangsrechte Dritter:** Auch mit Dritten – zum Beispiel mit dem leiblichen Vater des Kindes – sollen die sorgeberechtigen Eltern künftig Vereinbarungen über den Umgang mit dem Kind und dessen Ausgestaltung schließen können.
- **Erklärung über den Verzicht auf das Umgangsrecht**: Personen, die nicht rechtliche Eltern sind, sollen künftig den Verzicht auf ihr gesetzliches Umgangsrecht gegenüber den Sorgeberechtigten unabänderlich erklären können. Hierfür besteht insbesondere in Fällen von privaten Samenspenden und Adoptionen ein Bedürfnis.
- **Stärkung der Rechte des nicht mit der Mutter verheirateten Vaters:** Der Vater soll bei einem gemeinsamen Wohnsitz einfacher das gemeinsame Sorgerecht erlangen können. Wenn die Mutter nicht widerspricht, soll künftig eine einseitige, beurkundete Erklärung ausreichen. Gleiches soll nach der Reform des Abstammungsrechts entsprechend für eine weitere Mutter gelten.
- **Partnerschaftliche Betreuung nach Trennung:** Im Gesetz soll ausdrücklich festgeschrieben werden, dass das Gericht auch eine Betreuung im Wechselmodell (als hälftige Betreuung, sogenanntes symmetrisches Wechselmodell, oder als erheblichen Anteil an der Betreuung, sogenanntes asymmetrisches Wechselmodell) anordnen kann, wenn dies dem Wohl des Kindes am besten entspricht. Bereits nach geltendem Recht ist dies möglich; allerdings geht dies aus dem Gesetz bislang nicht klar hervor.
- **Schutz vor häuslicher Gewalt:** Kinder und gewaltbetroffene Elternteile sollen bezüglich des Sorge- und Umgangsrechts besser vor Gewalt geschützt werden. Dabei soll den Vorgaben der Istanbul-Konvention Rechnung getragen werden.
- **Stärkung der Kinderrechte**: Kinder sollen eine stärkere Rechtsposition erhalten. Neu eingeführt werden soll unter anderem ein eigenes Recht des Kindes auf Umgang mit Großeltern und Geschwistern, ferner ein eigenes Umgangsrecht des Kindes mit anderen Bezugspersonen sowie mit leiblichen, nicht rechtlichen Elternteilen.
- **Systematische Neufassung des Kindschaftsrechts:** Die Regelungen über die elterliche Sorge – der Zentralabschnitt des Kindschaftsrechts – sollen eine neue Struktur erhalten. Dadurch sollen die Regelungen verständlicher werden, ohne dabei eine inhaltliche Änderung zu erfahren.
- **Modernisierung des Adoptionsrechts:** Das Adoptionsrecht soll liberalisiert werden. Die Ehe soll für die gemeinsame Adoption minderjähriger Kinder keine Voraussetzung mehr sein. Die Einzeladoption durch einen Ehegatten soll zugelassen werden. In § 1758 BGB wird gesetzlich klargestellt, dass Kinder ab 16 Jahren eine Alleinentscheidungsbefugnis haben, was die Zustimmung zur Offenbarung oder Ausforschung von Tatsachen über die Adoption anbelangt.

III. Die Reformvorschläge im Einzelnen

1. Mehr Gestaltungsmöglichkeit in Bezug auf das elterliche Sorgerecht

Eltern sollen in Bezug auf das elterliche Sorgerecht künftig mehr Gestaltungsmöglichkeit haben:

- Die in der Reform des Abstammungsrechts vorgesehenen **Elternschaftsvereinbarungen** darüber, wer der andere rechtliche Elternteil eines Kindes sein soll, **sollen auch für das gemeinsame Sorgerecht relevant sein**: Sind in der Elternschaftsvereinbarung nicht miteinander verheiratete Personen als rechtliche Eltern des Kindes bestimmt, so soll ihnen ohne weitere Schritte auch das gemeinsame Sorgerecht für das Kind zustehen.

***Beispiel**: A und B sind ein unverheiratetes Paar, sie schließen mit C eine öffentlich beurkundete Vereinbarung, dass B der rechtliche Vater des von A auszutragenden Kindes sein wird, obwohl C der genetische Vater sein soll. Ist das Kind geboren, steht A und B das gemeinsame Sorgerecht ohne weitere Schritte zu. Sie müssen keine Sorgeerklärung abgeben.*

- Eltern, denen das **Sorgerecht gemeinsam** zusteht, sollen künftig bei beiderseitigem Einverständnis unter Einbeziehung des Jugendamts **die Alleinsorge eines Elternteils vereinbaren können.** Die Eltern können am besten beurteilen, welches Sorgerechtsmodell am besten zu ihnen passt. Grenze bleibt die Gefährdung des Kindeswohls, bei der das Familiengericht die jeweils erforderlichen Maßnahmen ergreifen kann.

  Hat ein Elternteil das alleinige Sorgerecht, sollen die Eltern einvernehmlich die **gemeinsame elterliche Sorge** – ebenfalls durch eine Vereinbarung unter Einbeziehung des Jugendamts – **(wieder-)herstellen** können. Auch eine **Übertragung der elterlichen Sorge von einem Elternteil auf den anderen** soll künftig unter erleichterten Voraussetzungen möglich sein.
- Die Vereinbarung einer Gegenleistung oder einer Vertragsstrafe soll bei Vereinbarungen zu Sorge und Umgang unzulässig sein.

2. „Kleines Sorgerecht“: Vereinbarungen der Eltern mit Dritten über sorgerechtliche Befugnisse

Die Sorgeberechtigten (im Regelfall also die Eltern) sollen künftig durch Vereinbarung bis zu zwei weiteren Personen sorgerechtliche Befugnisse einräumen können. Relevant ist dies vor allem für Patchwork- und Regenbogenfamilien. Schon das geltende Recht kennt mit § 1687b BGB ein sogenanntes „kleines Sorgerecht“. Dieses ist allerdings wenig flexibel: Es steht kraft Gesetzes dem Ehegatten eines alleinsorgeberechtigten Elternteils zu und ermöglicht die Mitentscheidung in Angelegenheiten des täglichen Lebens im Einvernehmen mit dem alleinsorgeberechtigten Elternteil. Künftig sollen Eltern die Möglichkeit haben, die für die konkrete Familiensituation passende Regelung zu treffen. Im Einzelnen sind folgende Regelungen vorgesehen:

- Die Gewährung sorgerechtlicher Befugnisse sollen beide Sorgeberechtigte **schriftlich** mit einem Dritten vereinbaren können.
- Sorgerechtliche Befugnisse sollen **bis zu zwei weiteren Personen** gewährt werden können; diese müssen *nicht* mit einem sorgeberechtigten Elternteil verheiratet sein. Die Eltern können die **Person**, der die sorgerechtlichen Befugnisse eingeräumt werden sollen, **frei auswählen**.
- **Gegenstand** der eingeräumten Befugnisse sollen – ähnlich wie beim derzeit geltenden „kleinen Sorgerecht" – in der Regel nur die **Angelegenheiten des täglichen Lebens** sein.
- Die **Vereinbarung soll auch vor der Empfängnis abgeschlossen werden können**, zum Beispiel von Regenbogenfamilien, bei denen neben den rechtlichen Eltern auch eine weitere Person (zum Beispiel der leibliche Vater oder der Partner/die Partnerin eines rechtlichen Elternteils) das Kind mitbetreuen soll.
- Diejenigen, die sorgerechtliche Befugnisse durch Vereinbarung erhalten, sollen verpflichtet sein, diese im **Einvernehmen mit beiden sorgeberechtigten Elternteilen** auszuüben. Leben die gemeinsam sorgeberechtigten Eltern getrennt, soll es bei der Durchführung nur auf das Einvernehmen des Elternteils ankommen, in dessen Betreuungszeit die zu entscheidende Angelegenheit des täglichen Lebens fällt.
- Die Sorgeberechtigten selbst werden weiterhin **allein** Entscheidungen zu den Angelegenheiten des täglichen Lebens des Kindes treffen können, **ohne den Dritten, dem die sorgerechtlichen Befugnisse lediglich übertragen sind, mit einzubeziehen**.
- Die Vereinbarung soll durch die Sorgeberechtigten einerseits und den Inhaber der sorgerechtlichen Befugnisse andererseits **jederzeit durch eine schriftliche Erklärung aufgelöst** werden können. Meinungsverschiedenheiten zwischen bis zu vier Personen mit sorgerechtlichen Befugnissen können zu belastend für das Kind sein. So können die Sorgeberechtigten die Vereinbarung auch sofort beenden, wenn der Inhaber der sorgerechtlichen Befugnisse sich nicht an die Vorgaben der Sorgeberechtigten hält. Gemeinsam Sorgeberechtigte sollen über die Auflösung der Vereinbarung gemeinsam entscheiden müssen. Von der Auflösung der Vereinbarung über sorgerechtliche Befugnisse unberührt bleiben gesetzliche oder vereinbarte Umgangsrechte des vormaligen Inhabers sorgerechtlicher Befugnisse.
- Für die Entscheidungsbefugnisse von Pflegepersonen soll es bei den bisherigen Regelungen bleiben.

***Beispiel 1 (Regenbogenfamilie)**: A und B sind die rechtlichen Eltern von C, dessen genetischer Vater D ist. D betreut C jeden Freitagnachmittag. Um abzusichern, dass D in dieser Zeit auch Sorgeentscheidungen für C treffen kann, haben A und B mit D schon vor der Zeugung von C eine Vereinbarung über die sorgerechtlichen Befugnisse abgeschlossen, sodass D Angelegenheiten des täglichen Lebens von C im Einvernehmen mit A und B mitentscheiden kann. D kann damit zum Beispiel C von der Kita abholen, mit C Freizeitmöglichkeiten wahrnehmen (Ausübung von Vereinssport, Aufnahme von Hobbys, Schwimmbadbesuch o.Ä.) oder leichtere Infektionskrankheiten von C ärztlich behandeln lassen.*

***Beispiel 2 (Patchwork-Familie)**: A und B sind die Eltern von C. Sie haben sich getrennt und betreuen C im Wechselmodell. A wohnt mit ihrem neuen Partner D zusammen und B mit seiner neuen Partnerin E. Wenn C sich in den Haushalten von A oder B aufhält, betreuen D oder E ihn jeweils mit. Um dies abzusichern, schließen A und B sowohl mit D als auch mit E eine Vereinbarung, dass D bzw. E Angelegenheiten des täglichen Lebens von C im Einvernehmen mit A bzw. B mitentscheiden können. Damit können D oder E eine Entschuldigung für die Schule schreiben, wenn C krank ist, oder erlauben, dass er an einem Ausflug teilnimmt. Sie müssen im Einvernehmen mit dem Elternteil handeln, dessen Betreuungszeit ihre Entscheidung betrifft.*

3. Vollstreckbare Vereinbarungen über das Umgangsrecht zwischen den Eltern

Eltern sollen künftig Vereinbarungen darüber, wie sie die Betreuung ihres Kindes untereinander zeitlich aufteilen möchten, mit einer Beurkundung der sofortigen Vollstreckung unterwerfen können. Dadurch soll im Streitfall die Durchsetzung der Vereinbarung durch den einen Elternteil gegen den anderen Elternteil ermöglicht werden. Das geltende Recht sieht eine solche Möglichkeit nur im Rahmen eines Vergleichs vor dem Familiengericht vor. Die Neuregelung soll die Autonomie der Eltern stärken. Um Kindeswohlgefährdungen auszuschließen, sollen sich die Eltern zuvor vom **Jugendamt** beraten lassen müssen.

4. Vereinbarungen über das Umgangsrecht mit Dritten

Auch mit Dritten sollen die sorgeberechtigen Eltern künftig Vereinbarungen über den Umgang mit dem Kind und dessen Ausgestaltung schließen können. Hierfür sind folgende Regelungen vorgesehen:

- Die sorgeberechtigten Eltern sollen die **Person des Dritten frei wählen** können.
- Die Vereinbarung soll **auch vor Zeugung des Kindes** geschlossen werden können, zum Beispiel als weitere Vereinbarung neben der von der Reform des Abstammungsrechts vorgesehenen Vereinbarung zur rechtlichen Elternschaft.
- Die Vereinbarung soll der **Schriftform** bedürfen; sie soll **nicht vollstreckbar** sein.

***Beispiel 1**: A und B sind die Eltern von C, dessen genetischer Vater D ist. A, B und D haben schon vor der Zeugung von C eine Vereinbarung abgeschlossen, dass D jeden Freitagnachmittag von 14 bis 18 Uhr Zeit mit C verbringen soll; wenn C drei Jahre alt geworden ist, soll D außerdem das erste* *und dritte Wochenende im Monat mit ihm verbringen, wenn dieses nicht in die Ferienzeiten des Landes Brandenburg fällt*

***Beispiel 2**: A und B sind die Eltern von C. Nach der Geburt von C wird B vorübergehend pflegebedürftig und von A gepflegt. C wächst deshalb zwei Jahre lang bei der Großmutter D auf und sieht seine Eltern nur einmal pro Woche. Danach wohnt er wieder bei A und B. Mit D entsteht Streit, wie oft sie ihren Enkel noch sehen kann. Um ein Gerichtsverfahren abzuwenden, schließen A und B eine Vereinbarung mit D, dass C jedes zweite Wochenende bei ihr verbringt.*

- Diese Vereinbarungen sollen jederzeit von den sorgeberechtigten Eltern oder den Dritten **aufgelöst werden können**. Die rechtlichen Eltern müssen als Inhaber des Sorgerechts auch die Möglichkeit haben, eine Umgangsvereinbarung aufzulösen, wenn sie der Auffassung sind, dass der Umgang dem Kind nicht mehr guttut. Auch nach Auflösung einer Vereinbarung sollen Dritte ein ihnen zustehendes **gesetzliches Umgangsrecht** ausüben können, das sie zum Beispiel als enge Bezugsperson des Kindes oder als leiblicher, nicht rechtlicher Elternteil haben können.
- Bei der Entscheidung über ein gesetzliches Umgangsrecht einer sozialen Bezugsperson oder eines leiblichen Elternteils soll das Familiengericht den in der Vergangenheit ausgeübten Kontakt zum Kind, der aufgrund einer inzwischen **aufgelösten Umgangsvereinbarung** ausgeübt wurde, **berücksichtigen** müssen: Es soll eine **gesetzliche Vermutung** geben, dass ein in der Vergangenheit **auf Grund einer Vereinbarung ausgeübter Umgang dem Wohl des Kindes auch weiterhin dient**. Das Familiengericht soll aber eine andere Entscheidung treffen, wenn es Anhaltspunkte dafür gibt, dass der Umgang oder seine Modalitäten dem Kindeswohl nicht dienen, zum Beispiel, wenn Streit entsteht, der das Kind in einen schweren Loyalitätskonflikt bringt.

***Beispiel 3:** A und B sind die Eltern von C, dessen genetischer Vater D ist. A, B und D haben schon vor der Zeugung von C eine Vereinbarung abgeschlossen, dass D jeden Freitagnachmittag von 14 bis 18 Uhr Zeit mit C verbringen soll; acht Jahre lang ging alles gut. Dann treten erhebliche Differenzen zwischen A und B einerseits mit D andererseits auf. Daraufhin erklären A und B die Vereinbarung zum Umgang per Brief an D für beendet. D kann ein Verfahren auf Umgang mit C nach § 1686a BGB beim Familiengericht einleiten. Das Familiengericht wird zunächst annehmen, dass der zuvor vereinbarte und gelebte Umgang weiterhin dem Wohl von C dient. Es wird dazu A, B und D, insbesondere aber auch C anhören. Gelangt das Gericht zu der Auffassung, dass aus Gründen des Kindeswohls eine andere Umgangsregelung angezeigt ist, kann es den Umfang des Umgangs auch reduzieren.*

5. Erklärung über den Verzicht auf gesetzlichen Umgang

Personen, die nicht rechtliche Eltern sind und gesetzlich zum Umgang berechtigt sind, sollen künftig auf ihr Umgangsrecht unabänderlich verzichten können. Hierfür besteht insbesondere bei privaten Samenspenden und ggf. bei der Einwilligung in die Adoption ein Bedürfnis.

- Aufgrund der umfassenden Rechtswirkung soll der Verzicht auf das Umgangsrecht **beurkundet werden** müssen.
- Das in den Eckpunkten neu vorgesehene **Recht des Kindes** auf Umgang mit seinem genetischen Elternteil soll durch einen Verzicht **unberührt** bleiben.

6. Gemeinsames Sorgerecht von nicht mit der Mutter verheiratetem Vater bei gemeinsamem Wohnsitz

Ein nicht mit der Mutter verheirateter Vater soll künftig in den Fällen, in denen die Eltern einen **gemeinsamen Wohnsitz** haben, das gemeinsame Sorgerecht erlangen können, indem der Vater eine **einseitige, beurkundete Erklärung abgibt**. Bislang ist hierfür eine Sorgeerklärung von Vater und Mutter erforderlich. Angesichts der Tatsache, dass viele unverheiratete Väter heute von Geburt an und mit Einverständnis der Mutter Verantwortung für das Kind übernehmen wollen, ist diese Regelung nicht mehr zeitgemäß. Wenn die Mutter widerspricht, soll sie das alleinige Sorgerecht behalten. Wenn der Vater gleichwohl die gemeinsame Sorge erlangen möchte, muss er – wie bislang – das Familiengericht anrufen (Maßstab des § 1626a Absatz 2 BGB). Diese Regelungen sollen nach der Reform des Abstammungsrechts entsprechend für eine weitere Mutter gelten.

7. Partnerschaftliche Betreuung nach Trennung

Um eine partnerschaftliche Betreuung nach einer Trennung zu fördern, soll das Kindschaftsrecht in verschiedener Hinsicht fortentwickelt werden.

- Es soll gesetzlich klargestellt werden, dass das Familiengericht eine Betreuung durch beide Elternteile im **Wechselmodell** anordnen kann, wenn es in einem Umgangsverfahren eine Regelung zur zeitlichen Aufteilung der Betreuung des Kindes zwischen den Eltern trifft.[3] Eine solche Anordnung soll sowohl eine hälftige Teilung der Betreuungszeit der Eltern (sogenanntes symmetrisches Wechselmodell) als auch einen erheblichen Anteil des weniger betreuenden Elternteils an der gesamten Betreuungszeit (sogenanntes asymmetrisches Wechselmodell) zum Gegenstand haben können. Damit soll das Wechselmodell **erstmalig im Gesetz** geregelt werden. Das Kindeswohl soll zentraler Maßstab für die Anordnung des Betreuungsmodells bleiben.

Beispiel 1: *A und B haben die Betreuung des Kindes C wie folgt aufgeteilt: A hat die Arbeitszeit um 50 Prozent reduziert und holt C an drei von fünf Nachmittagen von der Kita ab. B hat die Arbeitszeit auf 75 Prozent reduziert und holt C an zwei von fünf Nachmittagen ab. Nach der Trennung sucht sich*

[3] Auch wenn dies aus dem Gesetz nicht eindeutig hervorgeht, ist eine entsprechende Anordnung bereits nach geltendem Recht möglich. Siehe BGH, Beschluss vom 27. November 2019, XII ZB 512/18, juris Randnummer 14 ff. (Fortführung BGH, Beschluss vom 1. Februar 2017, XII ZB 601/15, juris, vgl. insb. Rn. 19 ff., 24 ff.).

B eine Wohnung in A's Nähe. C sucht die Nähe zu beiden Elternteilen. A und B gelingt es trotz der Trennung, sich über die Belange von C konstruktiv auszutauschen. Für die Betreuung am Wochenende treffen die Eltern individuelle Vereinbarungen, dabei kommt es zum Streit. B leitet ein Umgangsverfahren ein. Das Familiengericht ordnet das Wechselmodell an, weil es dem Wohl des Kindes in diesem Fall am besten entspricht.

- Das **Wechselmodell** (sowohl als hälftige Teilung der Betreuung als auch als erheblicher Anteil an der gesamten Betreuung, aber unterhalb von 50 Prozent) soll **auch Gegenstand der Beratung** in Fragen der Partnerschaft, Trennung und Scheidung (§ 17 SGB VIII) sein: Mit den Eltern soll erörtert werden, ob sie sich eine Betreuung im Wechselmodell vorstellen können.

Beispiel 2: *A und B sind die Eltern von C und haben sich getrennt. Sie nehmen eine Beratung beim Jugendamt zu Fragen der Trennung wahr. Der Berater fragt sie, ob sie sich eine Betreuung von C zu wesentlichen Anteilen im Wechselmodell vorstellen könnten. A und B sind zunächst unsicher, weil sie davon ausgehen, dass C ein eindeutiges Zuhause braucht. Die Beratung weist darauf hin, dass es dem Kindeswohl diene, eine bedeutende Beziehung zu beiden Elternteilen zu haben.*

- **Alleinentscheidungsbefugnis**: In Angelegenheiten des täglichen Lebens des Kindes sollen getrenntlebende Elternteile mit gemeinsamem Sorgerecht künftig jeweils allein entscheiden können für den Zeitraum, in dem sich das Kind bei ihnen aufhält – und zwar unabhängig vom Betreuungsmodell. Betrifft eine Angelegenheit des täglichen Lebens nicht nur diesen Zeitraum, müssen beide Eltern einverstanden sein.

Beispiel 3*: A und B sind die Eltern von C und haben sich getrennt. A betreut C von Montagnachmittag bis Mittwochmorgen, B betreut C von Mittwochabend bis Freitagmorgen, die Zeit von Freitagnachmittag bis Montagmorgen betreuen sie im Wechsel. A kann C für Cellounterricht am Dienstagnachmittag anmelden. Für die Anmeldung zum Malkurs am Freitagnachmittag benötigt A jedoch die Zustimmung von B, da jeden zweiten Freitagnachmittag B betreut.*

- Zur frühzeitigen Vermeidung von Hochkonfliktfällen soll das Familiengericht eine **Umgangspflegschaft** künftig auch dann anordnen können, wenn die Eltern dies übereinstimmend wollen. Derzeit ist dies nur möglich, wenn ein Elternteil erheblich gegen die Pflicht zum Wohlverhalten gegenüber dem anderen Elternteil verstößt.

Beispiel 4*: A und B sind die Eltern von C und haben sich getrennt. Sie können sich nicht über ihre Anteile an der Betreuung von C einigen. Absprachen über die Betreuung von C und Übergaben enden oft in Streit und gegenseitigen Schuldvorwürfen. Die Familienrichterin sagt A und B, dass sie eine Umgangspflegschaft für sinnvoll hält und bittet um die Zustimmung von A und B. Diese sind einverstanden. Der Umgangspfleger setzt sich mit beiden in Verbindung und unterstützt sie dabei, Meinungsverschiedenheiten bei Absprachen sachorientiert zu lösen.*

- Bei einer Umgangsregelung soll das Gericht für **die notwendigen Kosten der Ausübung des Umgangsrechts** Regelungen vorsehen können, wonach der andere Elternteil die Kosten ganz oder zum Teil trägt, wenn die Billigkeit dies erfordert.

8. Schutz vor häuslicher Gewalt bei Sorge und Umgang

Gesetzliche Neuregelungen und Klarstellungen sollen sicherstellen, dass Familiengerichte in Umgangs- und Sorgeverfahren die staatliche Verpflichtung zum Schutz vor häuslicher Gewalt besser wahrnehmen können.

- Es soll klargestellt werden, dass das Familiengericht in Umgangsverfahren etwaige **Anhaltspunkte für häusliche Gewalt** gegenüber dem Kind und/oder dem anderen Elternteil und deren Auswirkungen **umfassend und systematisch ermittelt** und eine Risikoanalyse vornimmt.
- Ein **gemeinsames Sorgerecht soll n**icht nur bei Gewalt gegenüber dem Kind, sondern auch bei Partnerschaftsgewalt **regelmäßig nicht in Betracht** kommen.
- Es soll klargestellt werden, dass das Familiengericht den Umgang beschränken oder ausschließen kann, wenn dies erforderlich ist, **um eine konkrete Gefährdung des gewaltbetroffenen betreuenden Elternteils abzuwenden**. Das dient auch der ausdrücklichen Berücksichtigung von Artikel 31 Istanbul-Konvention.
- Als weitere Schutzmaßnahme soll das Familiengericht zur Abwendung einer Gefährdung der Sicherheit des gewaltbetroffenen Elternteils auch eine **Umgangspflegschaft** anordnen können.

Das Familiengericht soll weiterhin anhand der Umstände des konkreten Falls prüfen, ob das Kindeswohl eine Beschränkung oder einen Ausschluss des Umgangs erfordert (§ 1684 Absatz 4 Satz 1 und 2 BGB).

Beispiel: *A und B sind die Eltern von C. An einem Abend schlägt A B so heftig, dass die Nachbarn die Polizei rufen und B ärztlich behandelt werden muss. A wird deshalb verboten, in der gemeinsamen Wohnung zu wohnen und sie zu betreten. A möchte Umgang mit C. Das Familiengericht muss ermitteln, wie das Verhältnis zwischen A und C ist, ob und inwiefern A unmittelbar Gewalt gegen C gerichtet hat sowie, ob und wie intensiv C die partnerschaftliche Gewalt zwischen A und B miterlebt hat. Es muss auch ermitteln, inwiefern es vorherige gewalttätige Vorfälle gab. Ist es überzeugt, dass ein Umgang von A mit C das Wohl von C nicht gefährdet, muss es eine Risikoanalyse anstellen, inwiefern der Umgang den anderen Elternteil, hier B, konkret gefährden würde. Dafür kommt es insbesondere auf das Ausmaß der erfolgten Gewalt an, das Verhalten von A nach der Tat und ob eine Umgangspflegschaft eine konkret mögliche Alternative zur Gewährleistung der Sicherheit von B ist.*

9. Stärkung der Kinderrechte

Kinder sollen eine stärkere Rechtsposition im Kindschaftsrecht erhalten:

- Kinder sollen ein **eigenes Recht auf Umgang mit** ihren **Großeltern** und **Geschwistern**, mit anderen **Bezugspersonen** sowie mit **leiblichen**, nicht rechtlichen **Elternteilen** erhalten. Bislang haben Kinder nur ein eigenes Recht auf Umgang mit ihren rechtlichen Eltern. Großeltern, Geschwister, soziale Bezugspersonen und der genetische Vater haben dagegen bereits nach derzeit geltender Rechtslage ein Recht auf Umgang mit dem Kind; dieses soll das Kind nun spiegelbildlich erhalten. Voraussetzung des Umgangsrechts wird sein, dass der Umgang dem Wohl des Kindes dient.
- Der für das Kindschaftsrecht sehr bedeutsame **Begriff des Kindeswohls** soll **klarer konturiert** werden: Die verschiedenen Aspekte, die bei der Ermittlung des Kindeswohls regelmäßig zu beleuchten und zu gewichten sind, sollen als nicht abschließender Katalog im Gesetz benannt werden.
- Das Recht des Kindes auf Kenntnis seiner Abstammung soll besser geschützt werden. Dazu soll die geltende Rechtsprechung kodifiziert werden, der zufolge ein Kind gegen seine Eltern einen Anspruch auf Informationen über seine Abstammung geltend machen kann.
- Kinder ab dem vollendeten 14. Lebensjahr sollen im **Sorge- und Umgangsrecht** künftig **Mitentscheidungsbefugnisse haben**. So soll ein Kind ab dem vollendeten 14. Lebensjahr eine erneute Entscheidung über eine bereits getroffene Umgangsregelung beantragen können. Bei der Begründung der gemeinsamen Sorge nicht miteinander verheirateter Eltern soll ein Kind ab dem vollendeten 14. Lebensjahr die Möglichkeit haben zu widersprechen. Schließen die Sorgeberechtigten Vereinbarungen zu Sorge und Umgang, soll ein Kind ab dem vollendeten 14. Lebensjahr zustimmen müssen. Im Übrigen bleibt es dabei, dass – entsprechend der derzeitigen Praxis in der Rechtsprechung – der Kindeswille (auch der eines Kindes unter 14 Jahren) als ein Kriterium für eine Vielzahl von Entscheidungen, die das Kind betreffen, zu berücksichtigen ist.

10. Umgangsrecht leiblicher Elternteile und Anwendung auf Adoption

Das Recht eines leiblichen Elternteils (der nicht rechtlicher Elternteil ist) auf Umgang mit dem Kind soll in verschiedener Hinsicht gestärkt bzw. ausgeweitet werden.

- Die bisherige Vorschrift des § 1686a BGB, die das Recht des leiblichen, nicht rechtlichen Vaters auf Umgang mit dem Kind regelt, soll durch eine geschlechtsneutrale Vorschrift ersetzt werden. So soll sich etwa auch eine Frau (die infolge von Adoption nicht mehr die rechtliche Mutter des Kindes ist) auf die Vorschrift berufen können.

- Das Umgangsrecht sollen künftig auch leibliche Elternteile haben können, die in die Freigabe des Kindes zur Adoption eingewilligt haben. Voraussetzung für ein Umgangsrecht soll sein, dass es dem Wohl des Kindes dient und die leiblichen Eltern ein ernsthaftes Interesse am Kind gezeigt haben. Die Grundsätze der bisherigen Rechtsprechung des Bundesgerichtshofs zu diesem Fragenkomplex sollen auch künftig gelten.

11. Weitere Änderungen im Kindschaftsrecht

- Bei der **Personensorge** soll durch einen sogenannten Regelkatalog konkreter ausformuliert werden, was sie beinhaltet. Personensorge ist der gesetzliche Oberbegriff für die Pflicht und das Recht, das Kind zu pflegen, zu erziehen, zu beaufsichtigen und seinen Aufenthalt zu bestimmen (vgl. § 1631 BGB). Dadurch soll das Gesetz eine bessere Orientierung bieten für die Gestaltung von Vereinbarungen, die Erteilung von Vollmachten und die teilweise Übertragung von Sorgerechtsbefugnissen.
- Die **Vorschrift über die Abänderung einer gerichtlichen Entscheidung zum Sorge- und Umgangsrecht** (derzeit § 1696 Absatz 1 BGB) soll neu gefasst werden. Durch die Änderung soll den Entwicklungen in der Rechtsprechung und dem Umstand Rechnung getragen werden, dass für Sorge- und Umgangsverfahren unterschiedliche Maßstäbe gelten müssen. Die Schwelle, ab der – aus Gründen des Kindeswohls – eine Abänderung einer getroffenen gerichtlichen Entscheidung zu erfolgen hat, soll moderat abgesenkt werden. Zugleich soll sichergestellt werden, dass ein Abänderungsverfahren nicht voraussetzungslos eingeleitet werden kann, um das Kind vor der Belastung stetiger Gerichtsverfahren zu schützen.

12. Systematische Neufassung des Kindschaftsrechts

Der zentrale Abschnitt des Kindschaftsrechts im Bürgerlichen Gesetzbuch – der Titel „Elterliche Sorge" – soll insgesamt neu strukturiert werden. Dadurch sollen die Regelungen zugänglicher werden, ohne eine inhaltliche Änderung zu erfahren. Geplant ist:

- Grundsätze wie das Kindeswohlprinzip, die Berücksichtigung des Kindeswillens und das Recht auf gewaltfreie Erziehung sollen an den Anfang des Titels gestellt werden.
- Regelungen zu Sorge im Allgemeinen, Personensorge, Vermögenssorge, Umgang und Kindern in Familienpflege sollen systematisch zusammengeführt werden.

13. Änderungen im Adoptionsrecht

Das Adoptionsrecht soll durch die Zulassung von Einzeladoption bei Verheirateten und gemeinsamer Adoption bei unverheirateten Personen liberalisiert werden:

- Auch unverheiratete Paare sowie Paare in eingetragenen Lebenspartnerschaften sollen künftig gemeinsam ein fremdes Kind adoptieren dürfen. **Das Bestehen einer Ehe soll für die gemeinsame Adoption fremder minderjähriger Kinder keine Voraussetzung mehr** sein.
- **Verheiratete Personen sollen künftig auch allein ein Kind adoptieren können.** Nach geltender Rechtslage können Ehepaare derzeit grundsätzlich nur gemeinsam ein Kind adoptieren, § 1741 Absatz 2 Satz 2 BGB. Für nicht verheiratete Personen ist eine Einzeladoption hingegen zulässig, § 1741 Absatz 2 Satz 1 BGB.

  Darüber hinaus soll mit einer Änderung des § 1758 BGB gesetzlich klargestellt werden, dass **Kinder ab 16 Jahren eine Alleinentscheidungsbefugnis** haben, was die Zustimmung zur Offenbarung oder Ausforschung von Tatsachen über die Adoption anbelangt. Derzeit herrscht Unsicherheit darüber, ob Kinder ab 16 Jahren allein die Zustimmung erteilen können – oder ob es auch der Zustimmung der Annehmenden (also der Adoptiveltern) bedarf. Ein solches Erfordernis der kumulativen Zustimmung ist jedoch unzeitgemäß – und ohnehin nicht praktikabel. Denn bereits heute haben angenommene Kinder ab dem vollendeten 16. Lebensjahr ein Recht, Einsicht in das Personenstandsregister (beglaubigter Registerauszug) und in die Adoptionsvermittlungsakte zu nehmen. Schon heute können sie damit selbst entscheiden, wie sie mit der Information über die Adoption umgehen.

www.ingramcontent.com/pod-product-compliance
Ingram Content Group UK Ltd.
Pitfield, Milton Keynes, MK11 3LW, UK
UKHW021935290926
8980IPUK00016B/1630

9 783631 948750